Estratégias Competitivas para Pequenas e Médias Empresas de Tecnologia

Antonio Valerio Netto, Dr.

Estratégias Competitivas para Pequenas e Médias Empresas de Tecnologia

QUALITYMARK

Copyright© 2007 by Antonio Valerio Netto

Todos os direitos desta edição reservados à Qualitymark Editora Ltda.
É proibida a duplicação ou reprodução deste volume, ou parte do mesmo,
sob qualquer meio, sem autorização expressa da Editora.

Direção Editorial SAIDUL RAHMAN MAHOMED editor@qualitymark.com.br	Produção Editorial EQUIPE QUALITYMARK
Capa WILSON COTRIM	Editoração Eletrônica MS EDITORAÇÃO

CIP-Brasil. Catalogação-na-fonte
Sindicato Nacional dos Editores de Livros, RJ

V256e

Netto, Antonio Valerio

Estratégias competitivas para pequenas e médias empresas de base tecnológica /
Antonio Valerio Netto – Rio de Janeiro : Qualitymark, 2007

Anexos
Inclui bibliografia
ISBN 978-85-7303-694-7

1. Indústria de serviços de tecnologia – Administração. 2. Empreendimentos.
3. Pequenas e médias empresas – Administração. 4. Planejamento estratégico.
I. Título.

07-1138
CDD: 658.4012
CDU: 65.012.2

2008
IMPRESSO NO BRASIL

Qualitymark Editora Ltda. Rua Teixeira Júnior, 441 São Cristóvão 20921-405 – Rio de Janeiro – RJ Tel.: (0XX21) 3295-9800 ou 3860-8422	Fax: (0XX21) 3295-9824 www.qualitymark.com.br E-Mail: quality@qualitymark.com.br QualityPhone: 0800-263311

"Precisamos passar do mundo de Francis Bacon, que afirmava no século XVII que conhecimento é poder, para o de Adam Smith, que cem anos depois escreveu que o conhecimento pode ser transformado em riqueza."
Carlos H. Brito Cruz

"Quando sopram os ventos da mudança, alguns constroem abrigos e se colocam a salvo; outros constroem moinhos e ficam ricos."
Claus Möller

Dedicatória e Agradecimentos

Quero dedicar este livro a minha amada esposa Danielle e a nosso filho Breno, fruto de nosso amor pela vida. Agradeço ao carinho que sempre me acompanha dos meus familiares, avó, pais e irmãos, sogros e cunhadas e, principalmente, ao senhor bom Deus que me ilumina todo tempo e em todo lugar.

Agradeço à Ricardo da APL de TI de Brasília (DF), a todos os colaboradores da empresa Cientistas Associados Desenvolvimento Tecnológico Ltda. e aos professores e alunos do MBA de marketing da Fundace (FEA-RP/USP). Também, gostaria de agradecer a Fundação Parqtec pelo apoio e pela confiança ao longo destes anos e a Fundação de Amparo à Pesquisa do Estado de São Paulo (FAPESP) pelo apoio financeiro, em particular, ao seu programa de inovação para pequenas empresas, o PIPE.

Muito obrigado a todos vocês e que Deus os abençoem.

Antonio Valerio Netto

Prefácio

A grande maioria das pequenas e médias empresas de tecnologia surgiu do desejo pessoal e da empreitada de pessoas ligadas à área técnica, são eles, engenheiros, físicos, cientistas da computação etc., que identificaram a possibilidade de abrir seus próprios negócios de tecnologia e se tornarem auto-suficientes e, em alguns casos, reconhecidos pelo seu trabalho. Estas pessoas tinham como crença que uma boa idéia era o fundamental para empreender. Principalmente, se essa idéia possuía um cunho de desafio tecnológico, onde ninguém, a princípio, poderia copiar, isto é, acreditava que o conhecimento estava somente com ele. Porém, boas idéias não necessariamente se tornam bons negócios. Empreender uma boa idéia, mas que não é um bom negócio, tem chances de não dar certo. Essas chances aumentam quando o futuro empresário não possui estrutura emocional adequada e conhecimentos específicos para realizar um planejamento estratégico para sua empresa.

É importante que o empresário de tecnologia tenha uma visão ampla do seu produto e/ou serviço para entender quais as peças que estão faltando para completar o quebra-cabeça, isto é, quem vai vender, como vai vender, quem vai entregar, quanto vai custar etc. É importante que essas perguntas sejam respondidas corretamente antes da abertura de seu empreendimento. Se isto não foi realizado antes, é necessário que estas perguntas sejam respondidas o quanto antes para permitir que sejam tomadas decisões importantes para colocar a empresa no caminho do sucesso. As perguntas mais importantes que devem ser respondidas pelos empresários de tecnologia são: quem é meu cliente e quanto ele está disposto a pagar pelo o que tenho a oferecer. Nos casos de serviços, acrescenta-se a estas perguntas, a questão se o meu futuro cliente confia que eu vou realizar o trabalho corretamente e no tempo adequado. Todas estas questões devem ser respondidas baseadas em um contexto interno da empresa, pois, muitas vezes, a empresa não consegue cumprir as expectativas do cliente. Neste caso, dificilmente, o cliente repete a compra e, em muitas situações, sua insatisfação é externada a outros possíveis clientes.

Este livro busca expor informações sobre estratégias que permitirão aos pequenos empresários de tecnologia se basearem para realizar a criação do seu próprio planejamento estratégico, adequando os conceitos à sua realidade de mercado. No passado, a dificuldade de acesso às informações era o grande motivo dos insucessos empresariais. O profissional da área técnica ao abrir a sua empresa não possuía uma bagagem conceitual sobre técnicas de negociação, estratégias administrativas e de marketing. Acreditava que somente a qualidade de seus produtos ou serviços técnicos seria o suficiente para vencer no mercado. No processo de manter a sua empresa funcionando, tornando-a rentável o suficiente para poder viver do seu trabalho, ele acaba por identificar que outras variáveis são tão ou mais importantes que a parte técnica. A empresa exige dele conhecimentos nas áreas de negociação, de gestão de projetos e de pessoas, de planejamento de marketing e, principalmente, do fortalecimento de uma rede de contatos (*networking*) e de estratégias para alcançar e conquistar o cliente.

É importante salientar que o objetivo de uma empresa é produzir produtos e/ou serviços para satisfazer a necessidade dos clientes. Qualquer outra motivação principal que não seja esta não condiz com o perfil adequado de uma empresa de sucesso. Na área de tecnologia, contudo, quase sempre os empresários devem antecipar quais serão as necessidades dos clientes, e para isto, o planejamento estratégico é fundamental para o sucesso do empreendimento.

Sumário

1. Introdução 1
2. Desenvolvimento de uma Visão Estratégica 9
   2.1 Modificação da Cultura Organizacional 21
   2.2 Atividade Empreendedora e Liderança 30
3. Estratégias de Negócios para Empresas de Tecnologia 37
   3.1 Processo de Decisão de Compras 53
4. Identificação de Oportunidades de Negócios 59
   4.1 Levantamento das Necessidades de Mercado 69
5. Ciclo de Vida de Adoção Tecnológica 81
6. Planejamento e Gestão Estratégica de Marketing (PGEM) 101
   6.1 Decisões de Produtos, Serviços e Marcas 112
   6.2 Decisões de Comunicação 117
   6.3 Canais de Distribuição e Força de Vendas 121
   6.4 Precificação como Estratégia Competitiva 128

Anexo 1: *Checklist* de Oportunidades 137

Anexo 2: Exemplo de Elaboração de PGEM 147

Referências Bibliográficas e Bibliografia Consultada 235

1 Introdução

Constituir uma empresa de tecnologia é um desafio ímpar, requer de seu fundador ou fundadores um profundo conhecimento técnico da área de atuação, atrelado ao entendimento de como atingir o seu mercado-alvo. Trata-se de um sistema dinâmico devido à sua necessidade de estar a todo o momento se reinventando e renovando para permanecer no mercado. Diferentes das empresas cuja base é tradicional, as de base tecnológica nutrem um dinamismo de se manterem sempre atualizadas, onde o conhecimento, outrora um diferencial significativo, pode ser adquirido por outros e não ser mais destaque competitivo. Onde uma rede de relacionamentos (*networking*) pode ajudar a abrir portas, contudo a ausência de resultados provavelmente dificultará sua permanência no mercado. Onde o principal ativo é o conhecimento aplicado para resolver problemas e criar soluções. Quando o destaque é o conhecimento, o ator principal é uma pessoa. Uma empresa de tecnologia é, em sua essência, uma empresa de homens e mulheres pensantes.

Devido aos prazos incertos e aos riscos tecnológicos envolvidos quando se realiza um projeto de Pesquisa e Desenvolvimento (P&D), cada vez menos ocorre a compra desse tipo de serviço por parte de empresas de outros segmentos em nosso País. Muitas vezes, quanto maior a empresa, menos se tem o desejo de inovar. Isto é compreensivo quando se observa um ambiente externo desfavorável, como, por exemplo, altas taxas de juros e carga tributária elevada. Porém, o principal aspecto é a inexistência de uma cultura para realizar inovações. Muitas vezes, as empresas estão em mercados pouco competitivos, o que não exige delas um esforço de superar os seus concorrentes. Outro aspecto importante é que na existência da pressão dos concorrentes ou na dificuldade de ser competitiva no mercado, a empresa prefere diminuir seus custos por meio de cortes financeiros (demissões, contenções etc.) para alcançar um preço mais baixo que realizar algum tipo de atualização ou incremento nos seus produtos que permita conquistar novos clientes e reconquistar o interesse dos antigos.

É importante compreender por que as empresas buscam realizar projetos de P&D. Basicamente, são dois pontos principais, o primeiro diz respeito à conquista ou à manutenção de mercado, isto é, a empresa inova para vender mais, para atingir novos clientes e manter satisfeitos os clientes já conquistados. O segundo se refere à economia de dinheiro por meio de uma melhoria do processo produtivo já existente ou a implantação de um novo processo que possibilitará a empresa produzir seu produto com mais eficiência e com isto reduzir desperdícios. Na ausência desses fatores de estímulo à inovação, torna-se menos favorável a compra de projetos e serviços de tecnologia. Diante desses aspectos, as empresas de tecnologia devem planejar corretamente suas ações e definir suas estratégias para que possam destacar-se no mercado e superar estes obstáculos culturais que permeiam o nosso mercado. Este mercado rigoroso faz com que as empresas de base tecnológica necessariamente devam ser ágeis em suas tomadas de decisão e assumam os altos riscos técnicos juntamente com seus clientes.

Atualmente, é um diferencial, uma pequena empresa de tecnologia que consegue manter seus custos disciplinados e as suas tomadas de decisões são realizadas baseada em um planejamento em médio e longo prazos. Isto é óbvio, quando se identifica um cenário que uma ou duas decisões equivocadas podem fechar a empresa. Os empreendedores das pequenas e médias empresas de base tecnológica não podem errar, eles precisam predizer o futuro, pois trabalham com inovação no seu dia-a-dia, mas necessitam possuir produtos e serviços competitivos nos dias atuais, pois precisam pagar suas contas. Não adianta pensar em um produto que vai ser vencedor daqui a dois anos, se o empresário não tem fluxo de caixa e capital de giro para pagar a estagiária de secretariado que sua empresa atualmente tem contratada. Praticamente, isto é um paradoxo, é como se tivesse a mente no futuro e o corpo no presente, se você não alimenta o corpo, a mente morre. Mas se você não tem a mente olhando para o futuro, o corpo não sabe para onde ele deve ir, vai gastar energia,

1. Introdução

cansar-se e envelhecer. Com um corpo cansado, não será possível ir muito longe e, então, as decisões serão tomadas apenas para sobrevivência, nunca para crescer. Os obstáculos ficarão instransponíveis, e os mais jovens passarão na frente. É importante salientar que se trata de uma competição onde apenas existe espaço para os vencedores.

Planejar e gerir estratégias precisam estar atrelados ao empreendedor de tecnologia; se não for dessa forma, a taxa de insucesso pode ser grande, salvo os empresários que possuem sorte. A sorte quase sempre é o fator divisor de águas de um empresário de sucesso, mas que não planejou. Muitas vezes, a sorte bate na porta do empresário, na figura de um primeiro grande cliente que por acaso o encontrou, ou de um investidor que estava em busca de um empreendimento e se identificou com algum produto ou serviço. Trata-se de um caso positivo e isolado que acontece e que faz com que o empresário cresça. Se lhe perguntarem como aconteceu, ele não vai saber responder. Como a sorte não aparece para todos, a grande maioria dos empresários precisa e deve investir no planejamento e na gestão de sua estratégia para em curto, médio e longo prazos.

Uma figura de linguagem simples que pode explicar bem a importância do papel do planejamento e da gestão de uma estratégia é a realização de uma viagem de carro de longa duração. Dificilmente, o motorista sai para esta viagem sem saber para onde ir, como chegar ao local definido, que tipo de estrada vai encontrar, com quem ele vai viajar, que documentos precisa levar, quanto dinheiro irá gastar para chegar até o destino final, quanto combustível irá precisar, quantas horas ou dias durará a viagem, onde irá comer, dormir etc. São tantas perguntas, que é necessário que o motorista prepare a viagem, verifique até se o carro que ele se propôs a dirigir está em perfeito estado para agüentar a viagem.

Quando o motorista começa a planejar, começa também a definir ações e atitudes, que podem ser chamadas de estratégias. Essas estratégias é que vão possibilitar ao motorista chegar ao destino que ele escolheu. A estratégia está vinculada ao quanto dinheiro ele deve levar nessa viagem, quantas paradas para abastecer o carro irá fazer ao longo da viagem, quais as rodovias irá pegar para chegar ao destino. Com a informação de quanto tempo tem para realizar a viagem, ele poderá planejar como atingir o seu destino no tempo hábil. Importante fator é se ele vai sozinho ou acompanhado nessa viagem. Caso vá acompanhado qual o perfil estratégico que esta pessoa ou pessoas deve(em) ter para ir junto. E se houver mais pessoas, onde serão colocadas as bagagens? O carro tem espaço? Também será necessário mais dinheiro para pagar a alimentação e a estadia dessas pessoas em possíveis hotéis perto da entrada. Mas, quanto mais é necessário levar? Além disso, existem hotéis e restaurantes nas estradas que foram escolhidas para servirem de caminho? Para planejar esta viagem, o motorista precisa estudar o mapa rodoviário e entender como é a região por onde passará o carro. Ele precisa montar um itinerário com datas e metas a serem alcançadas. Provavelmente, também pensará em planos de contenção caso tenha um pneu furado ou alguma avaria mais séria no carro.

Em todo projeto, é necessário que se planejem e se definam as estratégias, na criação e na manutenção de uma pequena empresa de tecnologia não é diferente. Trata-se de um projeto com resultados em médio e longo prazos, em que o empreendedor deve realizar pelo menos um planejamento básico e algumas perguntas devem ser respondidas. Como, por exemplo, o produto ou o serviço que a empresa possui é para qual cliente, isto é, quem vai adquirir? Quem irá pagar para ter este produto ou serviço? O que este produto ou serviço tráz de benefício para o cliente? Quanto esse cliente está disposto a pagar para tê-lo? Podem parecer perguntas simples, mas, na área de tecnologia, onde o empresário deve olhar para necessidades futuras do cliente, isto passa a ser um grande desafio. Onde não existe uma ciência exata e a "percepção" do empresário é muito importante. Quem conhece bem o mercado que irá atuar ou está atuando, quase sempre, tem mais chances de acertar o desejo do cliente, pois identifica tendências e situações de compra.

Quem trabalha com inovação tecnológica deve possuir sensibilidade suficiente para não cometer enganos e deixar-se seduzir pela tecnologia. Muitas vezes, o empresário oriundo da área técnica comete o erro de se envolver ou torna-se obcecado com a tecnologia que domina a ponto de se tornar cego aos interesses dos clientes. Isto é, a tecnologia é mais importante que o usuário que irá adquirí-la. O fracasso nestes casos é quase eminente, pois, se o cliente não identifica uso para tal tecnologia, ele não irá comprá-la. E se não existe comprador para tecnologia, não existe negócio. Na ausência do negócio, não existe justificativa da existência de uma empresa. Trata-se de um raciocínio simples,

1. Introdução

e que pode muitas vezes ofender alguns empreendedores com formação acadêmica elevada (mestres e doutores) que dedicaram parte de sua vida profissional a pesquisar e a desenvolver trabalhos com tecnologia que não encontram espaço em um ambiente comercial competitivo. Essas tecnologias muitas vezes estão fadadas a serem temas de artigos científicos e patentes sem operacionalidade.

Na criação de uma pequena empresa de base tecnológica, entender qual o negócio que está por trás da tecnologia aplicada é fundamental. Quando se desenvolve um equipamento, por exemplo, provavelmente esse equipamento deve ter um uso específico, isto é, uma área de atuação. O equipamento vai resolver o problema de alguém. Este uso deve ser desejado por um grupo de pessoas, isto é, seus potenciais clientes. Caso se tenha uma concorrência, este equipamento deve ter um diferencial competitivo que o destaque entres os outros. Para isto, é preciso comunicar corretamente seus benefícios aos seus clientes e definir a melhor forma de fazer com que o equipamento chegue às mãos desse cliente. Também, deve-se ter uma força de venda capaz de alcançar o cliente, realizar a venda efetivamente e, posteriormente, trabalhar a pós-venda. Além disso, o equipamento tem um preço que deve ser interpretado pelo cliente como adequado, não deve ser caro e nem barato aos seus olhos, e sim justo. O cliente fica satisfeito quando adquire um produto ou um serviço por um preço justo.

Para todas as decisões que devem ser tomadas para se criar a harmonia desse processo citado, é essencial realizar o planejamento e a gestão estratégica marketing da empresa. Com o processo definido, as chances de sucesso aumentam. Foi com este objetivo, expor ao leitor algumas estratégias competitivas que possibilitem que suas pequenas e médias empresas de tecnologia sejam vencedoras junto aos seus mercados, que o livro foi escrito. Além desse primeiro capítulo que apresenta uma introdução contextualizando o livro para o leitor, existem mais cinco capítulos.

Nos Capítulos 2 e 3, são abordados os aspectos referentes ao desenvolvimento de uma visão estratégica e as possíveis estratégias de negociação aplicada a uma empresa de tecnologia. São apresentadas informações sobre formas de se estabelecerem estratégias de negociação para viabilizar a venda final do produto ou serviço ao cliente. O Capítulo 2, além de apresentar o propósito e os benefícios da criação de uma estratégia organizacional focada a resultados, mostra quem é o responsável pela sua implementação e execução dentro da empresa. O Capítulo discute também as informações a respeito dos pontos fortes e fracos da empresa e as oportunidades e ameaças externas, além das informações a respeito das ambições, da filosofia do negócio (missão e visão) e da necessidade do estabelecimento de objetivos (de desempenho em curto, médio e longo prazos). Também será apresentada uma análise das cinco forças que pressionam o empresário na sua tomada de decisão. No Capítulo 3, o destaque é para a importância da presença da estratégia de negócios e a necessidade de o foco ser no cliente para o desenvolvimento de produtos e serviços. Também são expostas informações a respeito de como realizar o desenvolvimento da visão estratégica baseada em informações importantes sobre as variáveis incontroláveis (fatores político-legais, socioculturais, econômico-naturais e tecnológicos) e as variáveis controláveis (estratégicas). Nesse capítulo, é apresentado o processo de decisão de compra por parte do cliente e os atores presentes nesse processo de decisão de compras.

No Capítulo 4, são tratadas as características pertinentes à identificação de oportunidades de negócios para pequenas e médias empresas de base tecnológica, baseada no levantamento de dados realizado pela inteligência de mercado. É preciso que o empreendedor tenha em mente que o sucesso dos empreendimentos, especialmente os inovadores, está relacionado a algo mais abrangente que a consolidação pura de uma idéia. O sucesso depende dos ambientes interno e externo da organização que deve ser captado por meio de ferramentas adequadas. O capítulo trata de características para a realização de inteligência de mercado, especialmente voltadas à pequena e à média empresa de base tecnológica. Discute informações a respeito de segmentação, diferenciação e posicionamento de mercado e suas conseqüências junto ao planejamento estratégico. Também discute o ciclo de vida dos produtos e a análise de portfólio. Por fim, no capítulo são apresentadas informações de como realizar o levantamento de requisitos e pesquisa de mercado para poder mensurá-lo. Por meio da geração e coleta de dados, é possível uma tomada de decisão baseada nos dados fornecidos que servirão de base para montar o planejamento estratégico de marketing com foco no direcionamento da empresa para o sucesso.

No Capítulo 5, é apresentado o ciclo de vida de adoção tecnológica. Esse ciclo de vida funciona como um modelo para entender como o mercado absorve as novas tecnologias. O mercado se divide em cinco tipos de clientes (inovadores, visionários, pragmáticos, conservadores e retardatários) que possuem desejos e necessidades diferentes. Para conquistar cada parte desse mercado, é necessária uma estratégia diferente. Uma má execução da estratégia pode colocar a empresa no abismo das boas idéias.

No Capítulo 6, são mostrados conceitos e questões referentes ao marketing que devem ser utilizados como base para a formulação das estratégias voltadas ao mercado. O objetivo é permitir que o empreendedor conheça cada um dos panoramas envolvidos com o tema, e aplicá-los para a construção das estratégias voltadas para o desenvolvimento da empresa com a intenção de obter vantagens competitivas junto aos seus concorrentes. Nesse capítulo, são apresentados conceitos dos compostos de marketing no contexto de um planejamento e gestão de marketing (PGEM). Por meio desses itens, podem-se formular as estratégias, voltadas para o crescimento da empresa e, também, para a sua consolidação no mercado em que atua. As empresas de base tecnológicas, principalmente as pequenas e médias, possuem características que as diferem de outros seguimentos, pois trabalham na promoção e na geração de inovação tecnológica, e isso faz com que tenham um trabalho de marketing diferenciado. Basicamente, serão abordados temas relacionados à análise do ambiente com enfoque na rede da empresa e na situação interna e dos concorrentes. No capítulo, também são apresentados aspectos dos compostos de marketing para auxiliar nas decisões do planejamento estratégico de marketing. São discutidos assuntos sobre produtos, decisões de comunicações, distribuição e logística, decisões de força e administração de vendas e decisões de precificação.

Por fim, nos Anexos 1 e 2, existem informações a respeito de um *checklist* para análise de oportunidades para negócios tecnológicos e um exemplo de um PGEM elaborado para auxiliar o empreendedor na definição do seu negócio.

2 Desenvolvimento de uma Visão Estratégica

A maioria dos empresários de pequenas e médias empresas de tecnologia constituiu seus empreendimentos sem uma visão em médio e longo prazos. Basicamente, montaram o negócio e foram para o mercado. Em uma pesquisa junto aos empresários, foi identificado que mais de 48% não tinham nenhuma estratégia por trás dos seus empreendimentos. Isto acaba refletindo nos números obtidos pelo Sebrae-SP e Fipe (Fundação Instituto de Pesquisas Econômicas) referentes ao índice de permanência das pequenas e médias empresas (PME) no mercado (Figura 2.1).

Figura 2.1 – Índice de permanência das PMEs no mercado.

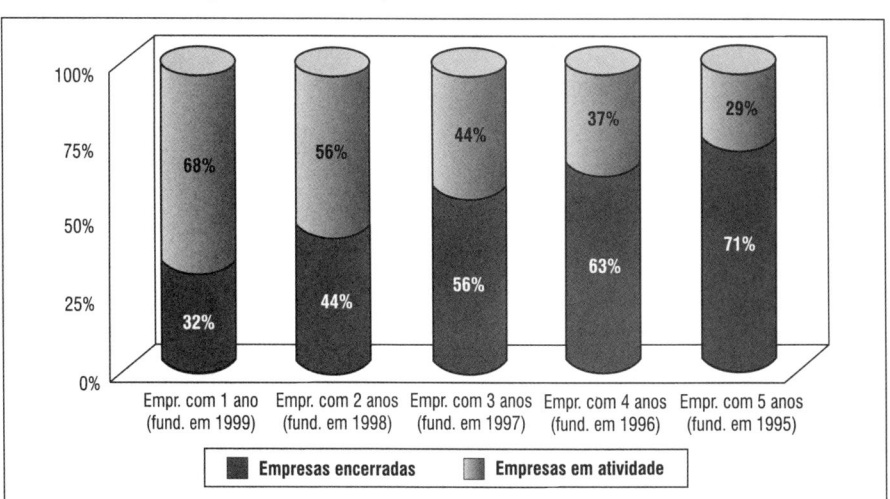

Fonte: SEBRAE-SP/FIPE (rastreamento realizado em nov./dez. 2002).

Esses números mostram que, sem planejamento em médio prazo, o empreendimento tende a se encerrar, pois, como um barco que não sabe o destino que deve seguir e qual porto deve chegar, naufraga em alto mar, seja por causa de seus tripulantes que desistem ou se rebelam, sejam porque acabaram a comida e a água potável. Uma empresa que não identificou corretamente quem são seus clientes e o que oferecer para eles, depois de passado o período inicial, começa a ter problemas de foco e de não saber qual atitude correta a ser tomada.

É fato que a grande maioria das pequenas empresas de tecnologia surgem da necessidade de algum conhecido do fundador ou de um dos fundadores que encomenda o desenvolvimento de um pequeno projeto ou solução. Este cliente contrata o desenvolvimento do projeto e realiza o pagamento, quase sempre, sem nota fiscal (para abaixar os custos). Com o sucesso dos primeiros trabalhos, os empreendedores ganham confiança e decidem fundar uma empresa, contudo sem atentarem para os custos da formalidade (emissão da nota fiscal, existência de endereço comercial etc.).

Diante disso, o custo fixo aumenta, e por não possuírem estrutura de negócios, rede de contatos etc, acabam tendo dificuldades de manterem a empresa aberta. Não foi realizado um planejamento estratégico de como alcançar outros clientes que não sejam apenas os contatos iniciais. Também não foi definido um portfólio de soluções que possam atrair possíveis novos clientes. Além disso, existe um agravante quando o *core business* da empresa é serviço especializado (desenvolvimento de projetos): o custo de comunicar ao cliente potencial e as habilidades para negociação desse tipo de serviço é elevado e requer experiência por parte dos empresários envolvidos.

Em uma visão geral, o baixo índice de permanência no mercado das pequenas empresas está associado principalmente à (a):

- Ausência ou deficiência no planejamento e na gestão estratégica, dificultando o acesso ao cliente.
- Dificuldade de obtenção de crédito e pressão dos custos fixos e variáveis da empresa.
- Problemas pessoais entre os sócios ou pressão familiar (principalmente do cônjuge).
- Mercado consumidor retraído e o acirramento da concorrência.

2. Desenvolvimento de uma Visão Estratégica

Ao longo do negócio, o empresário nunca deve perder o foco no que realmente é importante se distraindo com tarefas operacionais. Muitas vezes, o empreendedor se esconde na rotina operacional do dia-a-dia, o que não permite que tenha uma visão de médio e longo prazos. Uma empresa de tecnologia possui como fator diferencial seu dinamismo e sua habilidade de antecipar as necessidades do cliente. Quando o empresário permanece na rotina operacional, ele perde a característica de observar o mercado e suas tendências, perde também o hábito de ampliar e manter a sua rede de relacionamentos. O empresário que não está perto do seu cliente não poderá desenvolver os produtos e os serviços que são necessários para conquistar o mercado. É importante salientar que a obtenção de uma tecnologia é um processo longo. Não adianta prever, por exemplo, em um curto espaço de tempo que tal tecnologia irá ser utilizada para solucionar o problema em tal mercado. Pois se pode levar meses e até anos para que a empresa possa adquirir essa tal tecnologia. Não será possível entrar no mercado em tempo hábil. E mesmo que entre tardiamente, pode ser que o custo/benefício não seja atrativo.

Dentro da visão estratégica que se deseja criar, o principal fator que o empresário deve trabalhar é a missão da empresa, isto é, o que ela faz. É uma pergunta simples, mas, para o empresário de tecnologia, torna-se complexo, pois, muitas vezes, sua mente está voltada para a tecnologia em si, isto é, como fazer, e não para a aplicação, cujo resultado final deverá ser o que o cliente deseja. Provavelmente, ele saberá responder detalhadamente características da tecnologia que utiliza e discorrer benefícios sobre a mesma, aplicada para várias áreas sem focar em uma solução específica. Um dos grandes problemas é quando o empresário técnico ficar vislumbrado pela tecnologia, isto é, para qualquer tipo de aplicação, ele quer solucionar com a mesma tecnologia que ele domina, mesmo sendo inadequada.

Um exemplo prático é a empresa que trabalha com processamento e análise de imagens. Seu *core business* é processar e retirar informações oriundas de imagens digitais para tomada de decisão. Se a pergunta é qual a missão da empresa, o empresário provavelmente responderá que é processamento e análise de imagens para tomada de decisão. Contudo, essa missão não deixa claro quem é o seu cliente. A empresa processa imagens para o que e para quem? Como é possível direcionar os esforços de venda e de comunicação se não se sabe quem a empresa quer atingir como cliente? No caso dessa missão, qualquer um pode ser um cliente em potencial, um hospital, uma fábrica, uma empresa de segurança, projetos aeroespaciais etc. Isto torna o planejamento estratégico um caos. Eu não sei quem é meu cliente, então eu não vou saber preparar-me para vender meu produto. É óbvio que esta tecnologia de processamento e análise de imagens é factível de atuar em todas essas áreas citadas, mas o pequeno empresário deve entender que existe um limite físico a ser respeitado, muitas vezes existe apenas um vendedor na empresa (provavelmente o próprio dono da empresa), e o mesmo não pode trabalhar em várias frentes de negociação com perfis de clientes completamente diferentes. A abordagem para um médico é diferente de uma abordagem comercial para um gerente de fábrica. Os valores pessoais são distintos e as estratégias para conquistar a confiança de cada um são opostas. Não é possível preparar um material de comunicação (promoção) que sirva para os dois universos.

Diante deste fato, é importante lembrar que mesmo uma longa caminhada inicia-se com um simples passo de cada vez. O empresário deve escolher uma única área de atuação, consolidar-se nela e, posteriormente, verificar se possui fôlego (pessoal e dinheiro) e conhecimento para colocar sua tecnologia em outra área. Esta decisão deve-se refletir na missão da empresa; no nosso exemplo, a missão poderia ser completada da seguinte forma: processamento e análise de imagens para tomada de decisão na área têxtil. Com a definição da área de atuação comercial, é possível levantar quantas empresas do setor existem no País, quanto eles investem para atualizar seus processos etc. É importante entender onde realmente pode ser aplicada a tecnologia de processamento e análise de imagens, para isto é necessário estreitar os laços com empresas do setor. Visitar seus processos, conversar com as pessoas envolvidas com o trabalho têxtil e recolher informações que permitirão identificar as necessidades da empresa. Uma empresa têxtil, por exemplo, investiria em tecnologia de processamento de imagens para reduzir custos ou para aumentar suas vendas. Isto pode passar por processos de qualidade até envolver sistemas de logística.

Posteriormente, com um caso definido, é importante montar um piloto do projeto e colocar para funcionar na fábrica. Com os resultados positivos, o empresário irá possuir um caso de sucesso, e isto é importante para a empresa de tecnologia quando a mesma for vender a solução

2. Desenvolvimento de uma Visão Estratégica

para outras empresas do setor têxtil. O caso de sucesso é uma forma de provar que a inovação proposta funciona e que o risco técnico está solucionado ou mapeado. Muitas empresas sentem-se arredias em investir na contratação de soluções que ainda não tenham comprovação no mercado. Cabe ao empresário de tecnologia diminuir este sentimento de desconfiança e transmitir segurança para os clientes potenciais.

Com a missão definida, o próximo passo é estabelecer a visão da empresa. Isto é, onde ela quer estar daqui a dois anos ou quem ela pretende ser daqui a cinco anos. Esta informação é fundamental para realizar o planejamento estratégico. Sabendo de antemão onde se quer chegar, fica claro que metas parciais precisam ser cumpridas para alcançar o objetivo final. A visão determina os rumos da empresa, obriga o empreendedor a definir que patamar pretende estar daqui algum tempo. Faz com que ele pense no médio prazo e que ao longo dessa caminhada coloque pontos de checagem *(milestones)* para saber se está no caminho certo ou precisa fazer pequenas alterações de percurso para não desviar do objetivo final.

No caso do exemplo da empresa de processamento de imagens, uma visão seria a de se tornar líder de mercado em soluções de processamento e análise de imagens para área têxtil. Contudo, falta definir um prazo, isto é, quando a empresa pretende alcançar esta visão. É importante completar a visão com um prazo, por exemplo, em 2015 se tornar líder de mercado (posicionamento da empresa) em soluções de processamento e análise de imagens para área têxtil. Contudo, algumas pessoas têm-me perguntado se a visão da empresa pode ser algo diferente do posicionamento da mesma em um certo período de tempo. Não existem restrições, é importante que o empresário tenha uma visão da sua empresa em médio e longo prazos e divulgue isto para as demais pessoas, principalmente aos seus colaboradores internos e a seus clientes. Para os clientes, saber informações sobre quem o seu fornecedor quer ser e onde ele quer estar daqui alguns anos, por exemplo, permite certa sensação de segurança e a possibilidade de verificar se o rumo que o fornecedor escolheu irá atender às suas expectativas no futuro. Para os colaboradores, entender no que a empresa trabalha e quais são seus objetivos futuros permite que os mesmos possam auxiliar com atitudes e ações pertinentes as metas da empresa.

As definições da missão e visão da empresa têm um papel fundamental que é externar para o público interno (colaboradores e funcionários) e o externo (clientes, fornecedores etc.) qual é a ambição e as metas a serem atingidas em médio e longo prazos. Também, tem o papel de facilitar com que os sócios permaneçam em sintonia ou mesmo identifiquem se estão com os mesmos objetivos, isto é, se o foco de cada um está ajustado para uma mesma direção. Caso não esteja, é necessário reaver a sociedade, pois focos muito diferentes, dificilmente, permitirão que a empresa encontre o caminho do sucesso. É importante que os sócios definam, em comum acordo, qual é a missão e qual é a visão da empresa para os próximos anos. E que o sócio descontente seja afastado de um cargo de tomada de decisão ou mesmo se retire da sociedade. A decisão da saída de um ou mais sócio não é fácil, envolve certo constrangimento e muitas vezes valores financeiros que a empresa não pode arcar naquele momento. Porém, a presença de um sócio sem foco pode prejudicar a empresa na sua base aumentando as chances do insucesso.

Com a sinergia dos sócios, e com a missão e a visão definidas, será possível realizar a montagem das estratégias que a empresa deve adotar para alcançar os seus objetivos. Por exemplo, sabendo onde quer chegar e como quer chegar, é possível contratar colaboradores com perfil correto para empresa e realizar esforços de comunicação adequados (saber o que falar, como falar e para quem falar sobre seus produtos).

É importante salientar que a missão e a visão de uma pequena empresa de tecnologia devem ser revistas periodicamente, pelo menos uma vez por ano. Este compromisso permite reavaliar se decisões tomadas, em certo contexto (baseado em informações sobre o ambiente interno e externo da empresa), persistem ou não. Caso este contexto já não exista mais ou alguma nova informação importante foi adquirida pelo empresário, ele deve, necessariamente, rever sua estratégia. Isto também é importante quando a empresa possui mais de um sócio, muitas vezes um ou outro sócio perdeu o interesse pelo negócio atual, e isto precisa ser detectado rapidamente para não comprometer a estratégia montada.

É fundamental rever periodicamente o planejamento estratégico da empresa juntamente com os sócios e os colaboradores seniores da empresa, pois uma pequena e média empresa de tecnologia deve realizar um ranking de prioridades que permitam se manterem no mercado.

Uma situação comum, por exemplo, é modificar a tecnologia empregada nas soluções ou adotar uma nova tecnologia para resolver os problemas do cliente ou, até, modificar ou ampliar o seu *core business* a despeito da concorrência ou encolhimento de mercado ou mesmo a perda de um profissional sênior que dominava a tecnologia aplicada. Uma pequena empresa do setor de tecnologia deve estar sempre se renovando e inovando, caso contrário pode perder mercado para outras empresas com mais prestígio (marca, rede de relacionamentos e forte estrutura de negociação) ou com menor custo (pequenas empresas com menores custos fixos e variáveis).

Quando se monta um planejamento estratégico de dois a três anos (macros objetivos), são colocados, pelo menos a cada seis meses, um ponto de checagem. Para cada ponto, são definidos objetivos claros a serem alcançados. Quase sempre, estes objetivos estão relacionados com o desempenho financeiro da empresa, com a prospecção de novas oportunidades (crescimento da rede de contatos), com a manutenção dos clientes já existentes (satisfação pelo serviço ou produto) e com os prazos de entrega. De forma geral, é necessário que existam, dentro da empresa, objetivos em todos os níveis de gerenciamento; cada grupo deve ter suas metas parciais, seja para o departamento de P&D, seja para o de negócios. Todos devem alcançar as metas pontuais. Caso isto não ocorra, será possível diagnosticar os motivos e remediar a tempo para que os macros objetivos não sejam prejudicados.

É importante salientar que, para um departamento de P&D, existe uma situação ímpar, isto é, não é possível definir prazos. E se não é possível definir prazo, não é possível precificar. Se não tem prazo e preço, nenhum cliente irá interessar-se em realizar algum tipo de negócio (compra de serviço ou produto). Diante deste fato, o empresário deve minimizar os riscos tecnológicos antes de iniciar o processo de prospecção de clientes. O que é possível realizar nesta situação é buscar investidores de alto risco (angel ou capital semente) ou captar dinheiro junto aos órgãos governamentais de fomento à pesquisa para a realização do P&D.

Na Figura 2.2, é apresentada uma visão geral em formato de estrutura que simboliza as ações envolvidas para atingir um planejamento estratégico de sucesso.

Figura 2.2 – Visão geral das ações necessárias para atingir os resultados esperados no planejamento estratégico.

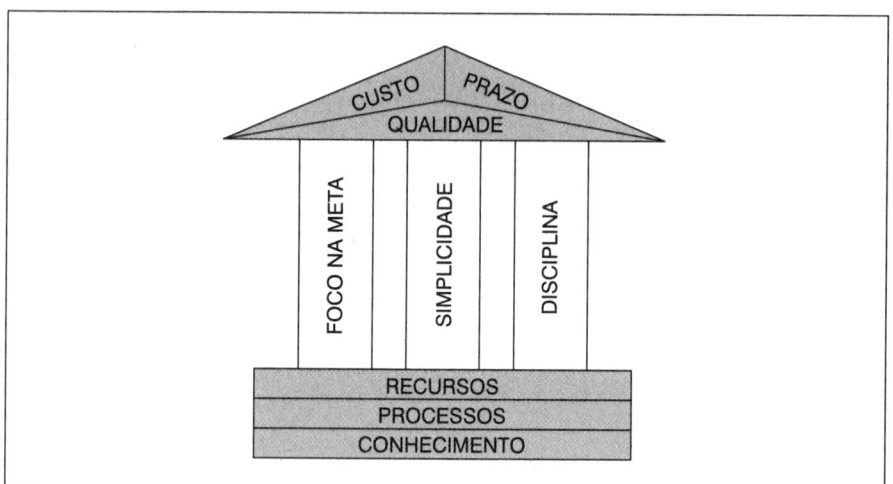

A pequena e média empresa deve ter em sua base três características: o conhecimento, a definição do processo (forma que irá trabalhar) e os recursos necessários para que esse processo seja realizado. Para satisfazer o cliente com um custo financeiro adequado, um prazo de entrega suficiente e possuir qualidade em seus produtos e serviços; a empresa deve-se concentrar em possuir três metas: foco no trabalho, simplicidade nas soluções e a disciplina rigorosa de suas equipes técnicas e de negócios. Caso falte algum desses pilares, a empresa dificilmente conquistará a satisfação de seu cliente, pois todo cliente exige qualidade, prazos e custos adequados.

Para realizar um planejamento estratégico condizente, é importante que o empresário conheça corretamente quem são os atores (quem faz o quê) na sua empresa. Uma pequena empresa de tecnologia pode possuir em torno de cinco a 30 profissionais realizando as mais diversas tarefas no seu cotidiano. Contudo, são dois os atores principais que devem estar no foco da estratégia da empresa: o Vendedor (V) e o responsável técnico por entregar o projeto, o chamado *Deliverer* (D) ou entregador. Apesar de muitas empresas optarem por possuir uma hierarquia com vários níveis, diversos gerentes e diretores etc., em uma visão simples e correta, a presença de um vendedor e de um entregador, ambos competentes, já é suficiente para iniciar o trabalho do planejamento.

2. Desenvolvimento de uma Visão Estratégica

É importante definir para cada colaborador da empresa qual o seu papel, ou é de vendedor ou de entregador; dessa forma, o empresário terá uma visão real da importância do colaborador no contexto da empresa. Além dos dois principais papéis, existe o pessoal de Apoio (A) que trabalha para auxiliar o vendedor a realizar a negociação, por exemplo, são os profissionais que trabalham com pré-venda ou pós-venda técnica ou pessoal de inteligência de mercado e marketing; em empresas maiores pode incluir o pessoal que trabalha com relações públicas. Enfim, todos que contribuem diretamente no relacionamento com o cliente para o fechamento do negócio.

Dando assistência a todos estes atores está o pessoal de Suporte (S) que vai desde o pessoal do departamento financeiro (muitas vezes, somente o contador), passando pela secretária administrativa até o responsável por compras da empresa (*supply chain*).

Na Figura 2.3, é apresentado o esquema de relacionamento dos atores existentes na empresa.

Figura 2.3 – Atores existentes na empresa (V: Vendedor; D: Entregador; A: Apoio; S: Suporte).

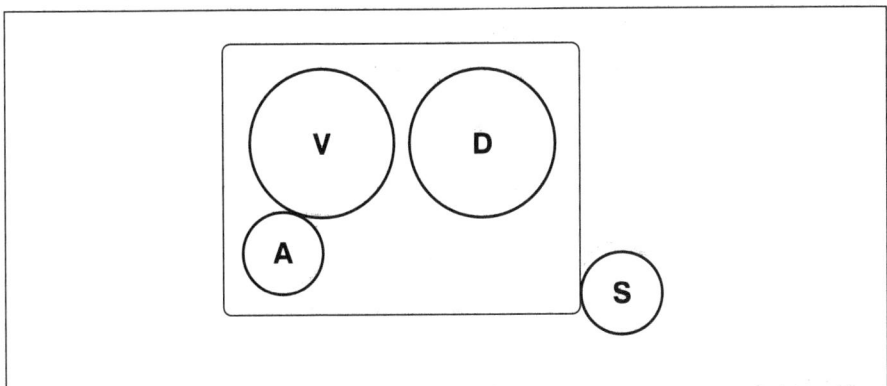

Muitas vezes, quando o empresário realiza esta identificação de profissionais nas quatro categorias, constata a presença ou a ausência de alguns dos atores. Este fato pode demonstrar que a empresa está com muitos profissionais com habilidades repetidas e com carência em outras. Caso o ator que esteja faltando seja um vendedor ou um entregador, a empresa pode estar correndo sério risco de fracassar.

Em uma pequena empresa de tecnologia onde a maioria dos sócios possui formação técnica (engenharia, computação, física etc.), é quase certa a ausência de um vendedor ou de um executivo de negócios, isto é, o profissional capaz de realizar a negociação junto ao cliente. Nesse caso, é importante que os sócios busquem essa habilidade no mercado, contratando ou associando-se a este profissional. Em muitos casos, um dos sócios técnicos deve-se dedicar exclusivamente ao trabalho de vendedor.

Para isto, deve-se preparar para a tarefa realizando cursos específicos e, sempre que possível, acompanhar a rotina de vendedores com mais experiência. Não é aconselhável que o mesmo empreendedor acumule os papéis de vendedor e entregador. São tarefas complexas com habilidades pessoais e inteligência emocional diferentes. É muito raro encontrar um indivíduo que consiga dedicar-se ao mesmo tempo, pois cada um dos papéis necessita que o profissional se dedique o tempo todo (*full time*) para realizar um bom trabalho. Apenas se dedicar tempo parcial nessas ações pode colocar em risco todo o planejamento estratégico da empresa, e por conseqüência o seu sucesso.

Ao trabalhar o desenvolvimento da visão estratégica, é importante que o empresário identifique o propósito e os benefícios da criação de uma estratégia organizacional focada em resultados. Além disso, definir quem serão os demais responsáveis juntamente com ele pela implementação e execução dessa estratégia na empresa. Para isto, é necessário realizar uma análise da situação, isto é, identificar os pontos fortes e fracos da empresa e as oportunidades e ameaças externas. Basicamente, é uma análise de SWOT (*Strenght, Weakness, Opportunities, Threats* – Pontos Fortes, Fracos, Oportunidades e Ameaças).

Nos próximos capítulos, serão apresentados os fatores que auxiliarão o leitor na descrição dos pontos fortes e fracos internos da empresa. Estes fatores estão relacionados ao produto, à comunicação, à distribuição e força de vendas e ao preço praticado, os chamados "4Ps" dos compostos de marketing (Produto, Promoção, Praça e Preço). No caso das oportunidades e ameaças externas, serão apresentados os fatores incontroláveis (externos à empresa) que permitirão ao empresário compreender quais são seus riscos para que possa mensurar as suas chances de mercado. Esses fatores estão relacionados a PEST (Político-legais, Econômico-naturais, Socioculturais e Tecnológicos) e a concorrência.

2. Desenvolvimento de uma Visão Estratégica

Na Tabela 2.1, é apresentada a diferença da abrangência entre o que é planejamento estratégico e o que significa planejamento estratégico de marketing. É importante que o leitor identifique essas diferenças para poder prosseguir com o desenvolvimento da estratégia.

Tabela 2.1 – Diferenças entre planejamento estratégico e de marketing (Neves, 2006).

Planejamento estratégico	Planejamento de marketing
Preocupação geral com a direção da organização em longo prazo.	Preocupação com o desempenho e os resultados do dia-a-dia.
Providenciar uma estrutura de longo prazo para a organização.	Representa apenas um estágio do desenvolvimento da organização.
Orientação geral necessária para combinar a organização e seu desenvolvimento.	Orientação funcional e profissional tende a ser predominante.
Objetivos e estratégias são avaliados por uma perspectiva geral.	Objetivos são subdivididos em alvos específicos.
A relevância dos objetivos e das estratégias é evidente somente em longo prazo.	A relevância dos objetivos e das estratégias é evidente de imediato.

Um conceito importante que o empreendedor deve possuir para montar o seu plano estratégico está relacionado às forças que influenciam uma tomada de decisão profissional. Para muitos, uma decisão somente é tomada considerando a posição do cliente ou mesmo dos concorrentes, mas, para realizar um planejamento estratégico adequado, faz-se necessário estudar todas as forças envolvidas.

Na literatura básica de administração, são cinco forças que pressionam uma tomada de decisão. Contudo, existe uma sexta força envolvendo o empreendedor de uma pequena e média empresa, e que toma grandes proporções quando se trata de uma empresa na área de tecnologia onde os resultados são em médio e longo prazos. Trata-se da pressão dos familiares mais próximos, cujo principal exemplo é o cônjuge. Muitas vezes, a falta de apoio desse cônjuge faz com que o empreendedor tenha dificuldade de tomar decisões importantes para a empresa. A necessidade de resultados rápidos para que exista uma estabilidade financeira torna-se o único objetivo desse empreendedor. É importante salientar que, nessa busca por estabilidade em curto prazo, o empreendedor de uma empresa de base tecnológica poderá ter mais chances de fracassar. Reconhecer seus limites e os limites das pessoas que estão envolvidas emocionalmente com ele significa possuir uma inteligência emocional mais apurada. Para muitos empreendedores, a decisão de criar uma pequena empresa de base tecnológica deve ser discutido extensamente com o cônjuge. Esse cônjuge deve apoiar a idéia, caso contrário ele já obteve sua primeira derrota na longa caminhada para o sucesso.

As outras forças envolvidas estão relacionadas com a competição dos concorrentes, com o poder dos fornecedores e clientes, com a concorrência dos substitutos e com as ameaças dos novos entrantes. A seguir, são detalhadas estas forças:

- Competição dos concorrentes: é necessário verificar a concentração e a diversidade desses concorrentes, o potencial de diferenciação do produto, as condições de custos das empresas, a estagnação e declínio do negócio, os preços e termos de vendas não observáveis e identificar os pontos fortes e fracos dos concorrentes.

- Poder dos compradores (clientes): identificar a sensibilidade do comprador ao preço, o poder de barganha, a disponibilidade de suprimentos substitutos, a integração entre fornecedores, a capacidade de os fornecedores determinarem o preço, o relacionamento e atendimento.

- Poder dos fornecedores: são os mesmos fatores que determinam o poder dos compradores; também é importante analisar quem são, quantos são e onde estão localizados. Qual a oferta total e seus preços de venda. Identificar os prazos de venda e entrega e a qualidade dos produtos.

- Concorrência dos substitutos: propensão dos compradores de substituir, preços e desempenhos dos substitutos e disponibilidade de substitutos próximos.

- Ameaças de novos entrantes: verificar quais as barreiras para evitar a entrada de concorrentes, qual a necessidade de capital, existência da necessidade de escalabilidade (produzir em série), diferenciação do produto ou serviço, acesso a canais de distribuição, barreiras legais e regulatórias, retaliação, expectativas sobre competição futura e alta valorização da marca pelos clientes.

2. Desenvolvimento de uma Visão Estratégica

2.1 Modificação da Cultura Organizacional

Para realizar o desenvolvimento de uma visão estratégica, é necessário trabalhar a cultura organizacional da empresa. Muitas vezes, a dificuldade está na conscientização dos colaboradores internos sobre as metas e os objetivos da empresa. Fazê-los se envolver com estas questões é um desafio ímpar e para isto é importante contar com uma cultura organizacional que de alguma forma já está implantada na empresa. A cultura é o que seus colaboradores fazem no dia-a-dia dentro da empresa, como eles procedem diante de uma situação, de uma tarefa que lhe são passadas etc. Pode ser que a cultura organizacional que atualmente esteja na empresa não seja a adequada para o planejamento estratégico que foi definido. Diante disso, será necessário modificar esta cultura. E este é um desafio à altura de bons líderes.

As pequenas empresas da área de tecnologia enfrentam basicamente os mesmos obstáculos que as empresas tradicionais. Possuem menor controle sobre seu ambiente externo, o seu nível de maturidade organizacional é muito baixo, trabalham com estratégias intuitivas e pouco formalizadas. A maioria das tomadas de decisão é baseada na experiência do dono, não existe um departamento estratégico na empresa etc. (Leone, 1999). Porém, a grande diferença está na caracterização do corpo de colaboradores, que nas empresas de tecnologia é altamente qualificado. Em um ambiente altamente competitivo, a difusão eficaz do conhecimento tem sido considerada uma fonte de vantagem competitiva sustentável. Uma empresa de tecnologia bem-sucedida é aquela que sabe lidar com o conhecimento que possui, sabe adquirir mais conhecimento, sabe criá-lo, armazená-lo e transmití-lo; enfim, é uma empresa que aprende constantemente. O produto não é mais um diferencial para a empresa de tecnologia competir no mercado. Dentro de um contexto globalizado, a empresa, seja ela pequena, seja ela média ou grande, que tem um determinado produto como vantagem competitiva dificilmente o terá daqui a dois anos. O conhecimento tornou-se a fonte de valor para a organização. Os ativos intangíveis são considerados como fonte de valor competitivo, pois não podem ser negociados ou replicados por competidores, afinal estão fortemente ligados à história e à cultura da organização. O aumento e a manutenção da vantagem competitiva estão associados diretamente à mobilização de conhecimentos, às habilidades tecnológicas e experiências voltadas ao desenvolvimento de novos produtos, processos e serviços, ou seja, estão diretamente associados ao processo de inovação.

O conhecimento não se refere somente a dados e informações. Os dados são um conjunto de fatos distintos e objetivos relativos a um evento. Todas as organizações possuem dados, e estes são necessários para a empresa, porém apenas descrevem um fato que aconteceu, mas não fornecem julgamentos nem interpretações para qualquer tomada de decisões. As informações são dados que fazem a diferença, ou seja, têm como finalidade mudar o modo como o indivíduo vê algo, exercendo algum impacto sobre seu julgamento e comportamento. Já o conhecimento existe dentro das pessoas e faz parte da complexidade e imprevisibilidade humana. Nas organizações, o conhecimento em ação pode ser muito útil para a tomada de decisões com relação a estratégias, concorrentes, clientes, produtos etc. Porém, o que pode ser apenas dados para uma pessoa pode ser conhecimento para outra.

O conhecimento organizacional é desenvolvido na própria empresa por meio da integração dos indivíduos. É importante ressaltar que o conhecimento individual pode ser transferido para outra empresa por meio da admissão de colaboradores. Mas o conhecimento organizacional, desenvolvido por meio de atividades que favorecem a integração dos colaboradores, dificilmente é imitado por outras empresas, pois se trata de conhecimento criado e revelado na prática do dia-a-dia da empresa, inserida em sua própria cultura e enraizada aos seus valores, que são compartilhados entre seus grupos de trabalho. É este conhecimento que agrega valor à empresa (Fleury, 2002). O conhecimento pode ser classificado de acordo com sua facilidade de transferência:

- Conhecimento explícito: algo formal e sistemático que pode ser expresso por meio de palavras ou números. Esse tipo de conhecimento é facilmente comunicado e compartilhado sob a forma de dados brutos, fórmulas científicas, procedimentos codificados ou princípios universais.

- Conhecimento tácito: algo dificilmente visível e exprimível. Trata-se de um conhecimento altamente pessoal e difícil de formalizar, que pode ser exemplificado como conclusões, *insights* e palpites subjetivos. Esse tipo de conhecimento está profundamente arraigado em ações e experiências do indivíduo, como também em suas emoções, valores e ideais.

2. Desenvolvimento de uma Visão Estratégica

Depois de ter conceituado o termo conhecimento e ter realizado uma breve relação dos diferentes tipos de conhecimento, é importante definir o que é uma gestão do conhecimento. A definição adotada se refere a todo o esforço sistemático realizado pela organização para identificar, capturar, compartilhar, obter, criar, organizar, utilizar, melhorar, reter e medir o seu conhecimento. Sempre com o objetivo de agregar valor à empresa.

A gestão do conhecimento aborda diferentes focos:

- Aprendizado individual e organizacional (cultura organizacional).
- Relações entre pessoas, diferentes áreas da empresa, diferentes empresas e o ambiente.
- Desenvolvimento de competências individuais e organizacionais.
- Mapeamento, codificação e compartilhamento do conhecimento organizacional.
- Conectividade entre os colaboradores.
- Mensuração do capital intelectual da empresa.

As práticas relacionadas à gestão do conhecimento têm um caráter universal, ou seja, faz sentido tanto para empresas de tecnologia quanto para empresas de setores tradicionais. E também não se limitam, por exemplo, ao chão de fábrica, ao departamento de novos produtos ou às áreas em contato com os clientes.

A difusão do conhecimento tem sido considerada relevante para qualquer tipo de empresa, seja ela grande, seja ela pequena, e para qualquer área da empresa, atingindo, desse modo, todos os colaboradores que nela trabalham. No caso das pequenas empresas de base tecnológica, é necessário salientar a importância de seus líderes terem uma visão voltada para a difusão do conhecimento, assim como ter a consciência que um ambiente inteiramente inovador é caracterizado por uma cultura adaptativa, ou seja, uma cultura capaz de mudar de acordo com a necessidade da empresa sem que isso prejudique o seu processo de desenvolvimento.

A cultura organizacional é um importante aspecto de uma organização que, na maioria dos casos, não é levado em consideração. Trata-se de um sistema de valores e crenças compartilhados que influenciam o comportamento do colaborador.

Muitas são as forças que moldam a cultura de uma organização. Geralmente, sua origem está nos valores, na prática administrativa e na personalidade de seu fundador ou fundadores. A cultura organizacional pode ser influenciada pela presença de fortes líderes. Um aspecto importante é que a cultura organizacional está fortemente ligada à cultura da sociedade na qual a empresa está inserida. As multinacionais, por exemplo, têm que adequar a empresa de acordo com cada país.

Uma pequena empresa de base tecnológica se diferencia no seu ambiente interno de uma empresa tradicional, pois a mesma deve nutrir uma flexibilidade que permita estar em constante mudança em decorrência de sua necessidade de inovar. Por isso, ela é caracterizada por uma cultura adaptativa, que pode ser definida como um ambiente caracterizado por mudanças necessárias para seu desenvolvimento.

A necessidade de a empresa possuir uma cultura adaptativa entra em conflito ao que muitos autores chamam de resistência à mudança. As pessoas resistem às mudanças por fatores que acreditam ser importantes, e a principal resistência decorre do medo de obter um resultado desfavorável. Mas o que seria esse resultado desfavorável? Pode ser menos dinheiro, mais trabalho, inconveniências pessoais, decepções, entre outras. Quando, porém, as pessoas não vêem na mudança um perigo em potencial, elas simplesmente resistem por medo do desconhecido.

As dimensões ou os elementos da cultura ajudam a compreender a natureza das forças que influenciam as ações dos indivíduos. Para facilitar a compreensão do tema, são citadas a seguir as dimensões da cultura organizacional:

- Valores: são as bases da cultura e guiam o comportamento diário. Eles são construídos, principalmente, pela cúpula e estão amarrados aos objetivos organizacionais. O valor pode ser considerado o coração da cultura, isto é, trata-se de um fator importante para se atingir o sucesso organizacional.

- Histórias organizacionais com resultados subjacentes: muitas histórias correm no ambiente organizacional para reforçar os princípios que a gerência considera importante. Tais histórias podem ser consideradas como crenças e pressupostos que são comunicados dentro da organização para que determinados valores sejam passados para todos que ali trabalham.

- Mitos: estes se referem a narrativas dramáticas e eventos imaginários sobre a história da própria organização, os quais contribuem para a criação de lendas dentro da organização, que ajudam a unificar o grupo e podem também gerar vantagem competitiva.
- Grau de estabilidade: as empresas são diferentes umas das outras, algumas são mais dinâmicas que outras; desse modo, possuem uma cultura diferenciada. Os executivos da organização sinalizam o ritmo da empresa de acordo com seu próprio comportamento dinâmico. O grau de estabilidade influencia o quão forte e enraizada a cultura da empresa pode ser.
- Alocação de recursos e recompensas: o modo como o dinheiro e os recursos são alocados exerce uma influência fundamental na cultura. Os investimentos transmitem a mensagem sobre os valores da empresa.
- Ritos e rituais: algumas organizações são marcadas por suas tradições e ritos, os quais fazem parte de sua cultura. Alguns deles podem ser citados: ritos de passagem que facilitam a mudança de status; ritos de degradação que geralmente são usados nos casos de demissão, afastamento, denunciam falhas e incompetências; ritos de reforço, ou seja, a celebração pública de resultados positivos; ritos de renovação visando a renovar e a aperfeiçoar estruturas e seu funcionamento, como treinamentos e programas de desenvolvimento; ritos de redução de conflitos usados para restaurar o equilíbrio em relações sociais perturbadas; ritos de integração para encorajar e reviver sentimentos comuns e manter as pessoas comprometidas com o sistema social.
- Tabus: referem-se às proibições, orientando comportamentos que não devem ser permitidos em determinada organização.
- Heróis: são certos personagens que incorporam os valores da empresa e acabam a representando. Muitos executivos podem ser chamados de "heróis", pois marcaram o desenvolvimento e o sucesso da organização. O herói geralmente é cultuado pelos demais colaboradores, podendo até ser imitado.

A atenção dada à cultura organizacional é de extrema importância para seu crescimento e desempenho. Muitos comportamentos são compreendidos à medida que os elementos da cultura organizacional são percebidos por seus líderes. Essas dimensões da cultura não estão apenas nas grandes empresas, mas podem ser notadas também nas pequenas empresas, as quais são caracterizadas por seus valores, mitos, tabus, heróis etc.

A característica mais importante a ser considerada nas empresas de base tecnológica é o fato de esta ter uma cultura adaptativa, como colocado anteriormente. O que implica uma atenção especial por parte de seus líderes e colaboradores, pois no processo de mudança é preciso o apoio e a responsabilidade de todos os participantes da empresa.

Vale ressaltar que, embora a pequena empresa de base tecnológica seja caracterizada por uma cultura adaptativa, é necessário ter um cuidado para evitar o excesso de mudança, pois muitas mudanças em pouco tempo podem levar os colaboradores a um estresse negativo, o que pode prejudicar o processo de crescimento da empresa.

Ações que podem contribuir no processo de desenvolvimento de uma cultura adaptativa em pequenas empresas de base tecnológica são:

- Ser transparente: deixar claro para todos os membros da empresa quais são seus valores, seu objetivos e missão, assim como funciona a sua cultura, a qual é caracterizada por constantes mudanças em decorrência das inovações por ela desenvolvida.

- Permitir a participação dos colaboradores no processo de mudança: desse modo, eles podem ficar sensíveis à necessidade de mudar e compreender o porquê da mudança.

- Destacar os benefícios da mudança: é uma maneira de aliviar a ansiedade do ser humano perante o desconhecido. Sabendo o que vão receber em troca, os colaboradores ficam mais sensíveis à mudança. Esse benefício pode ser financeiro, status, privilégios etc.

- Evitar excesso de mudança: embora ela seja necessária para a pequena empresa de base tecnológica, é preciso evitar mudanças que não são necessárias e que podem criar confusão, levando um desgaste ao processo de inovação no ambiente de trabalho.

2. Desenvolvimento de uma Visão Estratégica

- Evitar coerção e manipulação implícita e explícita: algumas mudanças podem acarretar ameaças aos colaboradores da empresa. Aqueles que se sentirem manipulados ou coagidos podem reagir negativamente à mudança, o que significa um ponto negativo ou um perigo para a pequena empresa.

O conhecimento é fruto do processo de aprendizagem. No caso do conhecimento organizacional, desenvolvido com o objetivo de agregar valor à empresa, o mesmo é obtido por meio da aprendizagem organizacional. Com a globalização, que acarretou mudanças políticas, econômicas e sociais em todo o mundo, as organizações se viram diante de uma hipercompetição e uma explosão de conhecimentos. Tais aspectos levaram pesquisadores e empresários a uma questão: como acompanhar o nível exageradamente crescente de informações e conhecimentos que têm surgido nesse mundo globalizado?

A partir dessa realidade, com base em estudos realizados pela psicologia e teoria organizacional, a única maneira de acompanhar as mudanças organizacionais é adquirindo a capacidade de aprender. Chegou-se à conclusão de que um dos motivos que levam uma empresa à não permanecer no mercado por muito tempo é a falta de sensibilidade ao meio ambiente, que representa a capacidade de a empresa aprender e se adaptar às mudanças. A maioria das empresas sofre de deficiência no aprendizado e, conseqüentemente, tem uma expectativa de vida menor que a esperada (De Geus, 1998). As organizações que desenvolvem essa capacidade de aprender constantemente permanecem no mercado por muito tempo.

A aprendizagem organizacional se concentra na observação e análise distanciadas dos processos envolvidos em aprendizagem individual e coletiva dentro das organizações. Pode ser utilizada ainda para descrever certos tipos de atividades ou processos em qualquer nível da empresa ou como parte de um processo de mudança organizacional. A aprendizagem em si é um subproduto dos esforços de uma pessoa para alcançar uma meta desejada ou de sua participação em uma atividade desejada. Normalmente, a meta visada pela pessoa não é aprender, mas chegar ao estado de quem adquiriu certas habilidades ou alcançou certos objetivos. Algumas características da aprendizagem podem ser destacadas: a aprendizagem resulta em uma transformação de comportamento; ela ocorre como resultado da prática; a aprendizagem constitui uma transformação relativamente permanente; e não é diretamente observável, ou seja, o único meio de estudar a aprendizagem é por meio de um comportamento observável.

O conhecimento e competências desenvolvidos por meio do processo de aprendizagem organizacional envolvem uma série de atividades (saber agir, saber mobilizar, saber transferir, saber aprender, saber engajar-se, ter visão estratégica, assumir responsabilidades) que agregam valor econômico à organização e valor social ao indivíduo. Os meios que levam pessoas, grupos e organizações a aprenderem um conhecimento ou uma competência são:

- Solução sistemática de problemas: em reuniões para solucionar um determinado problema, certamente, muitas opiniões são expostas, conhecimentos são transferidos e novas idéias surgem. Os indivíduos, na tentativa de resolverem um problema existente, podem também criar algo novo.
- Experiências: pela observação de experiências de outras pessoas pode-se aprender muito.
- Contratação de pessoas: as pessoas novas que chegam para trabalhar em uma organização podem ser uma importante fonte de renovação de conhecimentos.
- Comunicação e circulação de conhecimentos: as novas idéias e os conhecimentos têm maior impacto quando são compartilhados por várias pessoas da organização.
- Treinamento: talvez essa seja a forma mais conhecida e corriqueira de pensar o processo de aprendizagem e a disseminação de competências.
- Rotação de pessoas: essa rotação pode-se dar por meio de áreas, unidades ou mesmo posições na empresa. Por meio desse processo, o indivíduo vivencia novas situações de trabalho e compreende a contribuição das diferentes áreas e posições para o sistema organizacional, além, claro, de obter conhecimentos de todas as áreas.
- Trabalho em equipes: o processo de interação entre pessoas pode propiciar a disseminação do conhecimento, assim como novas idéias e soluções para problemas.

2. Desenvolvimento de uma Visão Estratégica

- Experimentação: os experimentos são fontes importantes para a aquisição de novos conhecimentos. A experimentação almeja o aproveitamento de oportunidades e a ampliação dos horizontes.

- Transferência de conhecimento: embora vários processos já citados possam desenvolver a transferência do conhecimento, o conhecimento pode ser disseminado por meio de vários procedimentos: apresentações escritas, orais e visuais sobre determinado conhecimento; visitas a outras localidades; relatórios que resumem descobertas ou descrevem processos e eventos; conferências e seminários etc.

Para uma organização que deseja que seus colaboradores aprendam, todos estes meios citados são importantes para atingir a aprendizagem com o objetivo de transmitir, disseminar e criar conhecimentos. Ações que podem facilitar a aprendizagem em uma pequena empresa de base tecnológica são:

- Aprender constantemente: a liderança e seus colaboradores devem ter em mente a importância de estar aprendendo constantemente dentro da empresa, com seus erros e acertos. Por ser caracterizada por um ambiente inovador, é preciso estar atento aos projetos, processos, serviços e até detalhes que deram certos e os que deram errados.

- Detectar problemas antes de treinar: antes de oferecer aos colaboradores da empresa algum tipo de treinamento, é necessário detectar onde está o problema. Muitas empresas oferecem treinamento a seus colaboradores sem saber o que eles precisam aprender. A pequena empresa de tecnologia não pode dar-se ao luxo de ter essa atitude, principalmente pela falta de recurso. Desse modo, a primeira pergunta a ser respondida é o que é prioridade para a empresa aprender.

- Treinar as pessoas certas, no momento certo: depois de detectar as falhas existentes no processo de desenvolvimento da pequena empresa de base tecnológica, é preciso oferecer um treinamento adequado para solucionar o problema.

- Realizar reuniões: a empresa deve ter em sua rotina reuniões para solucionar problemas, expor idéias e transmitir informações.

2.2 Atividade Empreendedora e Liderança

Fundamental para uma pequena empresa de tecnologia é o estabelecimento de uma atividade empreendedora. Essa atividade está relacionada com a presença de uma atitude pessoal de inquietação, com ousadia e com proatividade na relação com o mundo. Está ligada à competência desenvolvida por características pessoais, pela cultura e pelo ambiente que o indivíduo convive. E, por fim, está condicionada à interferência criativa e realizadora no contexto, em busca de ganhos econômicos e sociais. É importante que os donos das empresas tenham foco no desenvolvimento de competências. Eles devem ter a percepção de agregar valor econômico para a organização e valor social para o indivíduo. Muitos empreendedores de tecnologia são excelentes especialistas em engenharia ou computação, porém possuem grande dificuldade de exercer tarefas, ou mesmo liderança, nas várias áreas que uma empresa exige para se consolidar (financeiro, marketing, jurídico, negócios, inteligência de mercado etc.). É importante que o empresário trabalhe a gestão de pessoas como estratégia competitiva. Ele deve atentar para os três princípios básicos da gestão de pessoas:

- Como gerir pessoal altamente qualificado em uma pequena estrutura.

- Aspectos motivacionais relacionados às equipes: técnicas e de negócios.

- Realizar a gestão de competências (definir tipos de treinamentos, aquisicionar habilidades, colocar o profissional certo no projeto certo e no momento adequado etc.).

Um fator importante a ser apresentado está relacionado aos cinco mitos a respeito do empreendedor. Esses mitos acabam criando certos paradigmas que dificultam o trabalho de sensibilização dos colaboradores envolvidos junto a uma empresa. São eles:

- Todo empresário de Pequena e Média Empresa (PME) é empreendedor.

- Empreendedorismo não tem a ver com grandes empresas.

- Um empreendedor está sempre na posição mais elevada da hierarquia.

2. Desenvolvimento de uma Visão Estratégica

- Um empregado não pode ser considerado empreendedor.
- O empreendedorismo só se manifesta na criação de novas empresas.

Existem seis tipos de perfis de empreendedores que lideram uma pequena ou média empresa de tecnologia. Não existe o melhor ou pior perfil, além disso poucos empreendedores se enquadram em um desses tipos somente. Como é comum a todas tipologias aplicadas no cotidiano, geralmente existe um perfil de empreendedor que combina dois ou três tipos diferentes. Essa classificação tem-se mostrado útil na identificação de um sistema de valores, da intenção de cada indivíduo, compreensão do modo de tomada de decisões, além de suas orientações estratégicas e do desenvolvimento do processo visionário. É importante salientar que alguns empresários mudam de categoria do decorrer de suas carreiras. Uma breve descrição de cada tipo é apresentada na Tabela 2.2 (Valerio Netto, 2006).

Tabela 2.2 – Características relacionadas ao perfil de cada empreendedor.

Categoria	Principais características
Hobbysta	• Utiliza sua energia e o tempo livre aos negócios e, freqüentemente, tem outro emprego "oficial". • Está sempre dividido entre atividades que requerem lógicas operacionais distintas. • Em seu emprego "oficial", trabalha em um nível relativamente baixo, na melhor das hipóteses intermediário. • Não tem de resolver problemas complexos, nem tomar decisões de impacto. Em função disso, não aprende com a experiência como distinguir entre os diferentes níveis de tomada de decisões.
Lenhador	• O mesmo sente-se perdendo tempo quando tem de falar com outras pessoas. • É ambicioso, tem aptidão para o trabalho duro e não tem hora para parar. • Quando trabalhava para um empregador, produzia o dobro dos outros; por isto, acabou convencendo-se de que deveria trabalhar para si próprio. • Prefere pessoas que trabalhem durante muitas horas como ele faz. • O lenhador é o tipo mais comum de empresário de pequenos e médios negócios.

(Cont.)

Categoria	Principais características
Sedutor	• Entrega-se de corpo e alma aos negócios, mas seu entusiasmo nunca dura muito. Lança negócios e logo os vendem. • Gosta que tudo aconteça rápido e é capaz de avaliar os pontos fortes e fracos de uma empresa e o seu mercado potencial com precisão. • É muito sociável e possui uma rede de contatos que pode ajudá-lo em seu negócio. • Caso o trabalho não esteja em constante movimento, o sedutor perde o interesse e começa a dispersar perdendo o foco.
Jogador	• Encara a empresa como um suporte financeiro, um meio de ganhar o suficiente para fazer o que realmente quer da vida. • Freqüentemente, escolherá campos de atuação sazonais ou cíclicos, em que trabalhe muito durante certos períodos, mas não durante outros. • Não está emocionalmente comprometido com o que faz. • O negócio é visto como um meio, isto é, busca limitar o que faz ao que é lucrativo, para que possa dedicar-se mais tempo às atividades que realmente aprecia.
Convertido	• Vinha procurando por anos aquilo que verdadeiramente faria com que se realizasse e utilizasse seu verdadeiro potencial e, finalmente, encontrou. • O convertido construiu uma lógica que explica tudo o que acontece à sua volta. • Ele prefere realizar as ações em vez de verificar os resultados. • Vê a si mesmo como pessoa capacitada e sente que tem o dever de estender suas habilidades à sociedade. • Gosta de estar no controle, tem dificuldade em delegar, pelo menos até que uma outra pessoa prove ser merecedora de sua confiança.
Missionário	• Normalmente, inicia seu negócio sozinho ou compra um negócio de terceiros e realiza nele mudanças substanciais. • Conhece bem o produto e o mercado em que trabalha. • De certa forma, o missionário é o convertido que atingiu determinada maturidade e está menos envolvido emocionalmente. • Conseguiu enxergar o negócio com uma visão mais abrangente e mais clara, melhorando o foco e atentando para os resultados. • Geralmente, organiza os negócios com relativa rapidez, de tal modo que, mesmo quando bem pequenos, possa funcionar sem ele, ou pelo menos sem a sua presença diária. • Delega ao máximo, caso o colaborador não compartilha do mesmo credo ou não quer comprometer-se totalmente, dificilmente terá oportunidade na empresa.

2. Desenvolvimento de uma Visão Estratégica

Para se realizar um bom planejamento estratégico, além de conhecer o perfil dos sócios da empresa, é importante também compreender o perfil de seus liderados. Isto pode facilitar no momento de se definirem metas parciais, obter produtividade e também direcionar os treinamentos a serem realizados internamente. Uma sugestão de agrupamento é por meio dos tipos de prontidão, isto é, uma pessoa está pronta ou não para uma determinada ação. É importante lembrar que se trata de apenas um guia organizacional, pois as pessoas tendem a ser mais complexas. Os tipos de prontidão são divididos em quatro (Aprendizes, Frios, Potenciais e Empreendedores) de acordo com seu conhecimento técnico e suas aspirações junto à empresa (Valerio Netto, 2006).

Uma breve descrição de cada tipo é apresentada na Tabela 2.3.

Tabela 2.3 – Características relacionadas ao perfil dos colaboradores.

Categoria	Características básicas
Empreendedores	• Para canalizar todo potencial deste colaborador, os líderes devem observar quatro importantes pontos a serem trabalhados para mantê-los na empresa: parceria, autonomia, desafios e participação. • Parceria está relacionada a permitir que o empreendedor compartilhe das decisões da empresa. • Autonomia é permitir que o colaborador possa tomar decisões técnicas para o desenvolvimento do projeto. • Desafio é proporcionar ao colaborador as tarefas que ele sinta-se instigado a dar o seu melhor. • Participação está ligada diretamente ao reconhecimento e à remuneração. Se não se reconhecer este colaborador por meio de benefícios diretos (dinheiro, oportunidades de sociedade, cargos de liderança etc.), em questão de tempo, ele abandonará a empresa.
Frios	• Colaborador com grande experiência na área técnica, porém praticamente com as mesmas aspirações do Aprendiz. • A empresa necessita do seu conhecimento técnico e de sua experiência adquirida no decorrer dos anos, mas seu senso de lealdade é muito baixo, falta-lhe o envolvimento emocional. • É necessário que os líderes da empresa criem mecanismos para envolver este colaborador em processos decisórios e apresentar uma visão onde ele não é apenas mais uma engrenagem da máquina. • O colaborador necessita sentir que seu líder confia em suas habilidades técnicas, e que o mesmo pode inovar sem o medo de errar.

(Cont.)

Categoria	Características básicas
	• É importante encorajá-lo a ter aspirações mais complexas junto à empresa, caso contrário será um colaborador cada vez mais caro, pois o único motivador para que o mesmo permaneça trabalhando é a remuneração financeira. Caso outra empresa ofereça maior remuneração e certa estabilidade, ele trocará de emprego.
Potenciais	• São os chamados "diamantes a serem lapidados", isto é, apesar de serem inexperientes tecnicamente, possuem aspirações complexas junto à empresa. • É importante promover treinamento ao logo dos anos e coordená-los passando instruções bem claras para que eles possam realizar corretamente seus trabalhos. • Tem predisposição em aprender e conhecer melhor a estrutura da empresa, pois deseja crescer dentro dela, e entende que o conhecimento é a chave para esta ação. • É importante envolvê-lo nos processos decisórios da empresa de acordo com a experiência profissional que ele adquire no decorrer dos anos.
Aprendizes	• São colaboradores inexperientes com pouco ou nenhum conhecimento técnico e com aspirações simples junto à empresa. • Estas aspirações podem ser simplesmente a estabilidade de um salário no final do mês, ou a necessidade de um estágio de final de curso técnico ou de graduação. • Não tem comprometimento nenhum com a empresa, não nutre nenhum orgulho para com a instituição, não existiu um interesse pessoal em estar trabalhando especificamente na empresa. • É importante que possa ser treinado tecnicamente, contudo deve manter uma supervisão muito próxima das ações que estão sendo realizadas.

A referência de conduta de uma pequena e média empresa de tecnologia está associada diretamente ao seu líder. É importante que o mesmo identifique seus valores e seus desejos pessoais e verifique se realmente estão condizentes com as necessidades da empresa para que a mesma possa caminhar adequadamente.

Fator importante é a sensibilidade desse líder para compreender as quebras de paradigmas envolvendo a gestão de pessoas e competências presentes em um ambiente empresarial na área de tecnologia. Elas são apresentadas na Tabela 2.4.

2. Desenvolvimento de uma Visão Estratégica

Tabela 2.4 – Paradigmas que o líder de uma empresa de tecnologia deve atentar.

De	Para
Recursos Humanos	Capital Intelectual – Capital Humano – Talento
Mão-de-obra	Coração – emoção de obra
Funcionários	Colaborador – parceiro
Chefia – encarregado	Liderança – gestor de pessoas
Tarefas – procedimentos	Conhecimentos – competências – habilidades
Valor do cargo	Valor das pessoas
Especialista	Multifuncional – polivalente

3 Estratégias de Negócios para Empresas de Tecnologia

Para realizar uma estratégia de sucesso para alcançar o cliente potencial, são necessários os conhecimentos sobre quem é este cliente e quais são as suas necessidades. O empresário de tecnologia deve mergulhar na rotina do processo do cliente em questão para entender suas expectativas e dificuldades. É um trabalho consultivo cujo resultado irá permitir adaptar ou identificar qual a tecnologia que pode ser utilizada para solucionar o problema.

O pequeno e médio empresário deve entender que existem apenas duas motivações reais para que uma empresa cliente tenha interesse em adquirir uma tecnologia. Uma é para economizar dinheiro e outra é para ganhar mais dinheiro. É imprescindível que o empreendedor direcione toda a justificativa da aplicação da tecnologia neste contexto.

Em linhas gerais, uma empresa de tecnologia falha ao fechar um negócio pelos seguintes motivos:

- Fornecem serviços comuns (concorrência).
- Má identidade visual e mensagem inadequada ao cliente (comunicação).
- Má apresentação dos consultores e baixa formação técnica da força de venda.
- Não sabem precificar seus produtos (o que é de graça não tem valor, o que é caro não tem cliente).

- Não se adequam às metodologias de desenvolvimento dos clientes.
- Consideram o cumprimento às regras dos clientes como "aumento de custo" ou complicação.
- Não possuem uma metodologia ou processos internos de qualidade.
- Não transmitem confiança com relação ao gerenciamento interno dos projetos;
- Dependências exageradas com relação a poucos clientes (reduzida carteira de clientes).
- Usam tecnologias "estranhas" ao ambiente das empresas ou consideradas "pouco profissionais".
- Falam mal de outras empresas.
- Não conseguem comprovar qual o valor agregado aos seus produtos.

Por outro lado, os motivos que as empresas de tecnologia conseguem fechar negócios são:

- Não cometem os erros anteriores.
- Assumem riscos junto com o cliente.
- Possuem remuneração junto aos colaboradores atrelada aos resultados.
- Têm um patamar claro para o preço dos seus serviços.
- Não aceitam fechar negócio a qualquer custo.
- Têm uma política clara de pré-venda e investem nisso.
- Possuem profissionais extremamente bem qualificados.

Para se montar uma estratégia competitiva, é importante realizar uma análise da situação da empresa, isto é, verificar as variáveis incontroláveis (externas) e as variáveis controláveis (estratégicas) que estão envolvidas. Existe uma equação de vendas onde constam todas essas variáveis. A formulação da equação é:

$$\text{Vendas (\$)} = f\,(\text{PEST; concorrentes; estratégicos})$$

3. Estratégia de Negócios para Empresas de Tecnologia

As variáveis incontroláveis (externos à empresa) estão relacionadas com os fatores PEST. Trata-se de uma sigla para quatro fatores: Político-legais, Econômico-naturais, Socioculturais e Tecnológicos. Além disso, outro fator incontrolável é o concorrente. Não é possível controlar todos estes fatores, mas o empresário pode monitorá-los. Por meio dessa monitoração (pesquisa de mercado), é possível obter informações que auxiliarão na construção da estratégia. Na Tabela 3.1, são apresentados alguns exemplos sobre cada uma das variáveis, além dos dados sobre a concorrência.

Tabela 3.1 – Fatores relacionados ao PEST (Neves, 2006).

Variáveis	Características
Político-legal	• Acesso a mercados fechados (protecionismo). • Leis de reciclagem. • Política antitruste. • Integração econômica (blocos comerciais). • Exigências de rotulagem. Restrições de empacotamento. • Restrições a tipos de comunicações. • Leis trabalhistas. • Estabilidade de governo. • Políticas de subsídios. • Certificação de produtos e/ou processos. • Ambiente tributário. • Leis que influenciam os juros e o câmbio etc.
Econômico-natural	• Mudanças na renda. • Taxas de juros e câmbio. • Nível de desemprego. • Nível de educação profissional. • Custo dos serviços. • Concentração de fornecedores e compradores. • Ciclos de vida do negócio. • Tendências do PIB (Produto Interno Bruto). • Disponibilidade de capital e financiamento. • Inflação. • Disponibilidade de energia. • Restrições de insumos do ambiente natural (água, ar). • Disponibilidade de parceiros e empresas facilitadoras etc.
Sociocultural/ Comportamental	• Mulher no mercado de trabalho. • Concentração da população em grandes centros urbanos. • Demografia (distribuição etária). • Raças/etnia. • Falta de tempo.

(Cont.)

Variáveis	Características
	• Individualidade das pessoas. • Busca por segurança. • Conveniência e lazer. • Mobilidade social. • Distribuição de renda. • Mudança no estilo de vida. • Tamanho e ciclo de vida da família. • Valores e hábitos de trabalho. • Religião etc.
Tecnologia	• Novas soluções tecnológicas. • Vendas por correio e telefone. • Internet e web. • Entregas *just in time*. • Troca eletrônica de dados. • Transferência de fundos eletrônicos. • Telefone celular. • Novas formas de comunicação. • Ensino à distância. • Modificação genética etc.
Concorrência	• Número e tamanho dos concorrentes. • Participação de mercado da empresa e dos concorrentes. • Principais forças e fraquezas dos concorrentes da empresa. • Existência de produtos substitutos. • Possibilidade de novos entrantes no mercado de atuação da empresa. • Concorrentes nacionais e internacionais. • Possibilidade de fusões e aquisições. • Guerras de preço. • Retaliação e intimidação por parte dos concorrentes etc.

Com relação às variáveis controláveis pelos empreendedores, existem os chamados compostos de marketing ou variáveis estratégicas. Popularmente, também são conhecidos como os 4P's: Produto, Promoção, Praça e Preço (Valerio Netto, 2006). Na Figura 3.1, é apresentada uma visão geral das variáveis estratégicas com seus significados.

Contudo, neste livro, a Promoção será chamada de Comunicação e a Praça será dividida em dois novos termos: Canais de Distribuição e Força de Vendas. O intuito dessas mudanças é facilitar o entendimento por parte dos empresários de base tecnológica dos conceitos envolvidos e permitir uma rápida absorção desses princípios com o objetivo de facilitar sua aplicação no dia-a-dia da empresa.

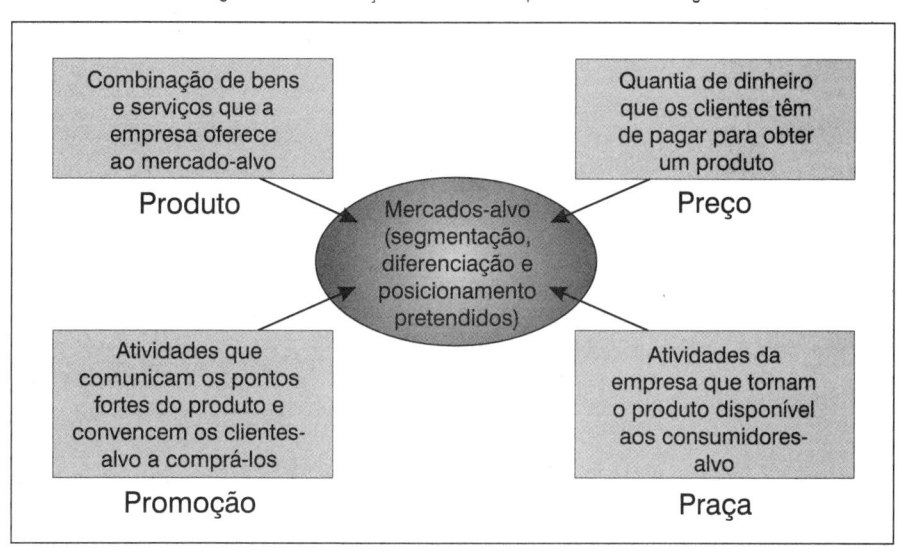

3. Estratégia de Negócios para Empresas de Tecnologia

Figura 3.1 – Descrição do *mix* ou compostos de marketing.

```
Combinação de bens              Quantia de dinheiro
e serviços que a                que os clientes têm
empresa oferece                 de pagar para obter
ao mercado-alvo                 um produto
     Produto    →  Mercados-alvo  ←  Preço
                   (segmentação,
                   diferenciação e
                   posicionamento
                   pretendidos)
Atividades que                  Atividades da
comunicam os pontos             empresa que tornam
fortes do produto e             o produto disponível
convencem os clientes-          aos consumidores-
alvo a comprá-los               alvo
     Promoção                        Praça
```

Na Tabela 3.2, são apresentados alguns exemplos de características relacionadas com as variáveis estratégicas.

Tabela 3.2 – Fatores relacionados aos compostos de marketing (Neves, 2006).

Variáveis	Características
Produtos	• Análise de produtos e linha de produtos. • Linhas de produtos complementares (decisões de expansão). • Lançamento de novos produtos e serviços. • Análise de decisões de marca. • Análise de decisões de embalagens. • Inovação. • Terceirização da produção de linhas de produtos etc.
Comunicação	• Identificação do público-alvo. • Estabelecimento dos objetivos de comunicação. • Definição dos compostos de comunicação (Propaganda, Promoção de vendas, Vendas Pessoais, Relações Públicas e Marketing Direto). • Estabelecimento do orçamento de comunicação. • Mensuração dos resultados do composto de comunicação. • Detalhes para comunicação global. • Estratégias de adaptação da comunicação internacional. • Campanhas individuais *versus* coletivas (cadeias). • Comunicação de marca *versus* comunicação institucional etc.

(Cont.)

Variáveis	Características
Canais de Distribuição	• Descrição dos canais de distribuição. • Análise ambiental. • Especificidade de ativos. • Definição da estratégia de distribuição (intensiva, seletiva, exclusiva). • Análise de agregação de valor/rentabilidade. • Desenvolvimento de novos canais para distribuir. • Definição dos investimentos. • Atacado e varejo. • Franquias, *joint ventures* etc.
Força de Vendas	• Situação atual e objetivos em curto, médio e longo prazos. • Avaliação da adequação da estrutura com o processo de vendas. • Determinação da estratégia e da estrutura de vendas. • Análise do tamanho e das formas de remuneração. • Desempenho, supervisão, motivação e treinamento. • Avaliação e orçamentação. • Automação e tecnologia. • Terceirização da força de vendas etc.
Preço	• Seleção dos objetivos de preço. • Determinação da demanda. • Estimativa de custos. • Análise dos custos, preços e ofertas dos concorrentes. • Seleção de um método de estabelecimento de preço. • Seleção e adaptação do preço final. • Iniciativas e respostas às mudanças de preços etc.

É importante que o empresário de tecnologia compreenda a forma de se utilizar corretamente as informações provenientes de ambas as variáveis. Em um contexto prático, as variáveis externas podem nortear todo o negócio. O empresário deve observar cuidadosamente o que está a sua volta, ele deve olhar para fora da empresa ou do negócio que pretende montar. A grande maioria pensa somente no produto. O que o produto deve fazer, qual a tecnologia deve ser utilizada, quais os itens técnicos que devem constar etc. Alguns chegam a observar o concorrente, porém apenas verificam o preço e quais os atributos o produto tem. Infelizmente, a grande maioria dos empresários-técnicos não observa fatores políticos, econômicos ou socioculturais para tomarem uma decisão de mercado. Este fato acaba tornando-se fatal para o empreendimento. A ausência dessas informações torna o empresário míope. Ele

3. Estratégia de Negócios para Empresas de Tecnologia

não consegue montar uma estratégia, pois lhe falta compreender o mercado em que pretende estar envolvido. Ele não mudou o foco para o cliente, ainda permanece focado no estado da arte do produto. Somente com a compreensão das variáveis externas, principalmente realizando o *benchmark* (observar a concorrência), é possível decidir sobre qual o caminho se deve seguir para que o produto tenha sucesso.

Na Figura 3.2, são apresentados os requisitos necessários para tornar uma empresa competitiva. Basicamente, o empreendedor deve responder duas questões: o que os clientes querem e como é possível superar a concorrência. Em alguns casos, o empreendedor não identifica de imediato a sua concorrência. Isto é perigoso, pois pode passar uma falsa impressão de ele ser o único no mercado. E, dessa forma, entender que não deve preocupar-se em criar estratégias para enfrentar seus possíveis adversários comerciais.

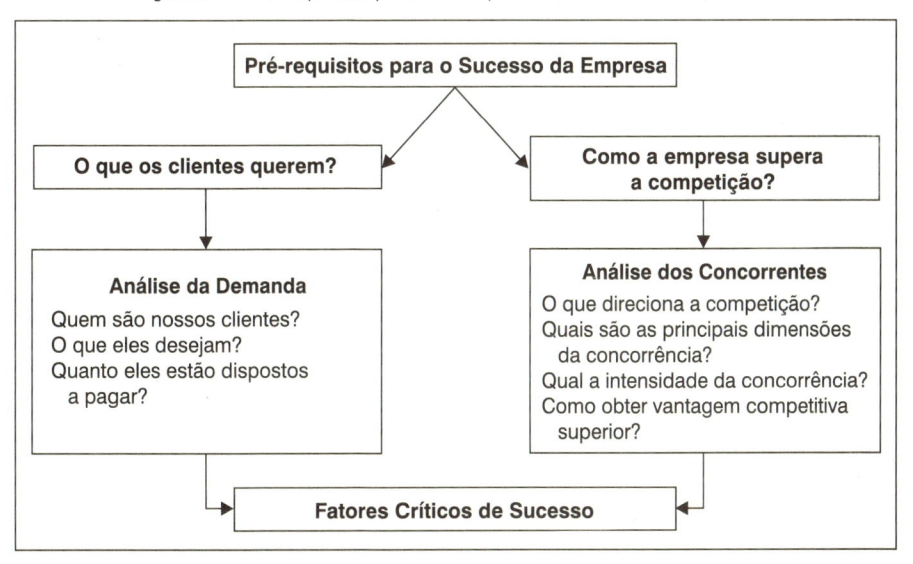

Figura 3.2 – Pré-requisitos para uma empresa de sucesso (Neves, 2006).

```
                    Pré-requisitos para o Sucesso da Empresa
                         /                            \
          O que os clientes querem?          Como a empresa supera
                                                 a competição?
                    |                                  |
            Análise da Demanda                 Análise dos Concorrentes
         Quem são nossos clientes?          O que direciona a competição?
         O que eles desejam?                Quais são as principais dimensões
         Quanto eles estão dispostos             da concorrência?
         a pagar?                           Qual a intensidade da concorrência?
                                            Como obter vantagem competitiva
                                                     superior?
                         \                            /
                           Fatores Críticos de Sucesso
```

É importante frisar que a existência de um produto ou de um serviço advém da necessidade atual de um cliente ou da previsão de uma necessidade futura. E que a inovação é fruto dessa previsão, isto é, os clientes irão precisar desse serviço ou desse produto no futuro, pois foi observada no presente uma necessidade em médio e longo prazos. A inovação eficiente significa que não basta somente inovar tecnicamente, o que pode, a princípio, render respeito e muitos fãs para pequena empresa de tecnologia. É necessário render divisas e lucros. O empresário deve realizar a inovação para vender no mercado, e não por prestígio pessoal. A inovação em si não gera o crescimento da empresa, a correta administração e negociação dessa inovação, sim. Por exemplo, entrar no mercado competitivo a tempo e com preço adequado é vital para o sucesso do empreendimento. Se isto significar licenciar a idéia para um fabricante ou distribuidores, é importante fazê-lo. Além disso, toda inovação que se entende ser fundamental para empresa merece a dedicação de seus donos. Se a criação não parece importante para os donos da empresa, não será importante para mais ninguém (Valerio Netto, 2006).

Uma pequena empresa de base tecnológica é criada, na sua grande maioria, baseada em um único produto ou serviço. Esse produto ou serviço teve como ponto de partida uma idéia, possivelmente não validada no mercado. Muitas vezes, a idéia surgiu do pensamento de um dos sócios ou do único dono. É raro uma pequena empresa de tecnologia que nasce da necessidade de um grupo de clientes (segmento), muitas vezes é uma necessidade pontual de um único cliente. Por exemplo, alguém pediu para desenvolver tal equipamento ou software, e o empreendedor baseado nessa única amostragem acreditou que existiriam mais clientes interessados na solução que foi demandada por aquele único cliente. O que ocorreu foi a falta de um levantamento externo que pudesse encontrar as informações que validassem o produto ou o serviço em questão. Muitas vezes, o empreendedor se sente pouco estimulado a buscar informações no mercado. Ele prefere acreditar que não se tratou de um projeto vindo de uma demanda específica.

É importante que o empreendedor entenda as diferentes características dos clientes quando ele está atuando com B2C (*Business to Customer*) ou B2B (*Business to Business*). Quando se trabalha com B2C, o comportamento de compra é emocional e a decisão de realizar a compra é individual. Além disso, o risco de compra é pequeno e a quantidade de clientes envolvidos é grande. Trabalha-se com escalabilidade (fabricação em série) para se obter lucro. É preciso vender em grande quantidade e para isto é necessário possuir uma estrutura de fabricação ou um parceiro que realize a industrialização. É necessário possuir uma boa rede de fornecedores (*supply chain*) para suprir a fabricação em escala. No caso do B2B, o comportamento de compra é racional e a decisão de compra é compartilhada. O risco de realizar uma compra é alto e a quantidade de clientes é pequena. Vender um projeto ou um produto para uma outra empresa requer habilidades de sensibilização e força de vendas capaz de mostrar ao cliente quanto ele irá economizar ou lucrar com o projeto ou produto em questão. Este tipo de negócio é racionalizado e seu ciclo de negociação pode durar entre três a 12 meses.

Para conquistar o cliente que adquire tecnologia, é importante montar um planejamento estratégico que atenda a três premissas: o valor percebido do cliente para com o produto, a satisfação desse cliente e sua lealdade para reincidir uma nova compra. Na Figura 3.3, é apresentado um modelo que contempla a satisfação e a lealdade do cliente baseado no relacionamento. Para se vender tecnologia no País, é fator de diferenciação o relacionamento com o cliente em potencial. Dificilmente, o cliente adquire tecnologia de alguém em que ele não confia. A relação comercial chega ser pessoal quando está em estágio anterior a tomada de decisão. A decisão de compra nunca é emocional, isto é, baseado em um relacionamento pessoal. Mas a ausência de confiança (sentimento pessoal) pode criar uma situação negativa para o negócio. Uma situação positiva que tráz credibilidade ao empreendedor é a marca de sua empresa ou do próprio nome pessoal do dono da empresa. O cliente, primeiro, irá comprar a postura do executivo de negócios (força de vendas) da empresa para depois comprar o produto ou o serviço. O relacionamento é uma vantagem competitiva.

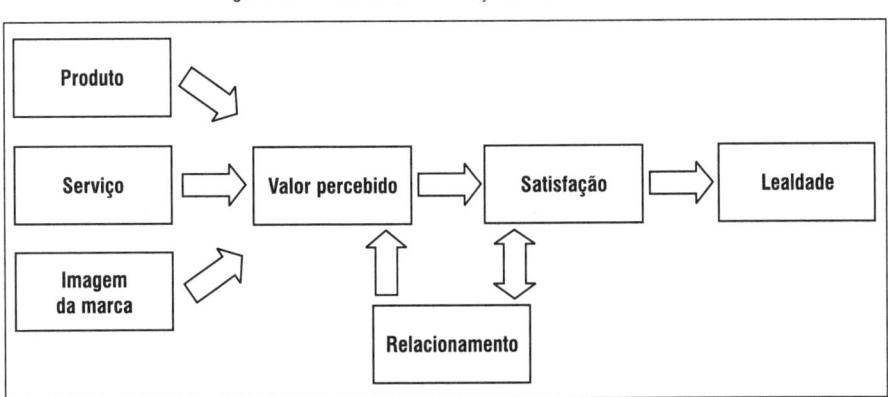

Figura 3.3 – Modelo de satisfação/lealdade do cliente.

É necessário que o empreendedor invista na gestão de relacionamento com o cliente (CRM – *Customer Relationship Management*). Conhecer o cliente significa entender o que é valor para ele. De certa forma, todo cliente quer ser reconhecido. O marketing de relacionamento é uma estratégia de negócios que visa a: entender, atender, antecipar e administrar as necessidades dos clientes atuais e potenciais. Quanto mais tempo uma empresa for cliente, o preço deixa de ser o principal elemento de decisão. Na Figura 3.4 são apresentadas as fases estratégicas do CRM.

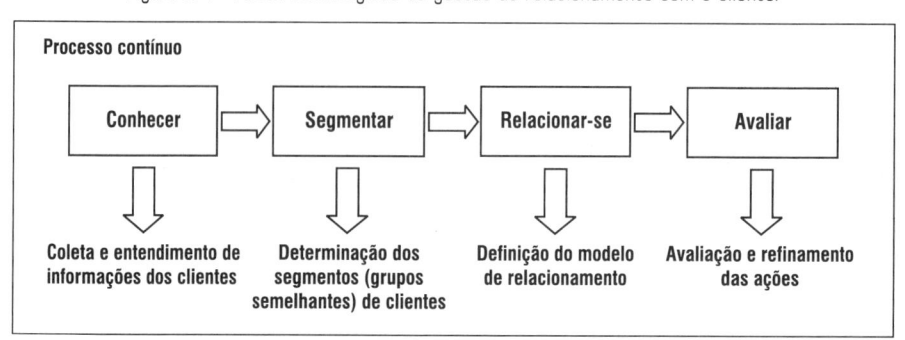

Figura 3.4 – Fases estratégicas da gestão de relacionamento com o cliente.

Processo contínuo

Conhecer ⇒ Segmentar ⇒ Relacionar-se ⇒ Avaliar

- Coleta e entendimento de informações dos clientes
- Determinação dos segmentos (grupos semelhantes) de clientes
- Definição do modelo de relacionamento
- Avaliação e refinamento das ações

É importante que o empreendedor mapeie e melhore os pontos de interação com os seus clientes. Para isto, é necessário dividir a forma de atendimento em três fases. A primeira está relacionada com o marketing (planejamento). No planejamento, trabalha-se a previsão de demanda, a formatação dos compostos de marketing (4P's), a geração de *leads* (potenciais clientes), a precificação dos produtos e serviços, a realização de campanhas de comunicação (promoção). Na fase de vendas, são realizados os contatos, a visitação, a negociação, a contratação e a entrada de pedidos. Por fim, ocorre a fase de pós-venda (*after sale*) onde estão envolvidas as responsabilidades pela cobrança, instalação ou implantação, serviços adicionais (treinamento etc.), garantia e assistência técnica (manutenção). Nessa relação, o empreendedor deve criar uma escala com relação às intenções reais de compra do seu cliente. Existem três patamares antes de realmente o seu cliente contratar seus serviços ou adquirir seus produtos. Infelizmente, na língua portuguesa, a palavra "cliente" é genérica e isto dificulta compreender em que nível de interesse (envolvimento) está realmente a empresa que irá adquirir seus produtos e serviços. No inglês, existem termos que separam as intenções de compra. São eles:

- *Suspects:* está em fase de descoberta, o possível comprador foi prospectado e se está buscando entender suas necessidades e verificar se existe alguma oportunidade de negócio para a empresa.
- *Leads:* foi encontrado alguma oportunidade de negócio e se está buscando apresentar ao possível cliente as informações necessárias para provar que a empresa é capaz de realizar o serviço ou que o produto atende às suas expectativas.
- *Opportunity:* o possível cliente se interessou pelos serviços ou produto da empresa e inicia-se uma negociação para fechar prazos e valores.
- *Customer:* foi assinado o contrato de serviço ou vendido o produto.

É fato que o custo envolvido na manutenção e na aquisição de um cliente é alto. O custo de aquisição de um novo cliente é quatro a dez vezes maior que o custo de retenção de um existente. Além disso, existem abordagens diferentes para cada ação de manutenção e aquisição. Basicamente, são quatro ações importantes:

- Recuperação de clientes: trata-se da ação mais custosa e desgastante, pois, de certa forma, o cliente perdeu a confiança nos seus serviços ou produtos. Pode-se ter perdido o cliente de várias formas, na grande maioria das vezes, o atendimento (marketing, vendas e pós-vendas) é apontado como situação de rompimento.
- Aquisição de clientes: é o trabalho do dia-a-dia da força de vendas auxiliado pelo planejamento estratégico dos compostos de marketing.
- Incremento nos clientes: está relacionado com a manutenção de um cliente já existente. Existem duas técnicas para realizar esta ação: o *up-selling* e o *cross-selling*. O *cross-selling* significa ofertar ao mesmo cliente outros produtos e serviços de seu portfólio. Por exemplo, o cliente comprou um sistema de processamento de imagens para área de qualidade, e sua empresa trabalha também com sistemas computacionais para auxílio à tomada de decisão na área de logística. Isto pode ser ofertado ao cliente, pois ele tem como referência de qualidade, competência e relacionamento o outro projeto. No caso do *up-selling*, é o *upgrade* do produto, isto é, ofertar inovações ou novos módulos baseados no serviço ou produto já vendido.

- Fidelização de clientes: garantir que o cliente tenha a segurança e o interesse de torná-lo um fornecedor exclusivo de suas necessidades de inovação em seus processos e produtos. Um caso extremo é a pequena ou média empresa de tecnologia se tornar praticamente um departamento de P,D&E (Pesquisa, Desenvolvimento & Engenharia) ou P,D&I (Pesquisa, Desenvolvimento & Inovação) do cliente.

Quando o empreendedor trabalha com serviços, é importante que o mesmo tenha o entendimento das características que envolvem este tipo de negócio e como podem afetar a experiência de consumo do cliente. É fato que boa parte do conhecimento em administração, incluindo marketing, vem de empresas industriais. Em vários aspectos importantes, prestar serviços é diferente de fabricar produtos. O chamado marketing de serviços focaliza questões envolvendo a avaliação dos impactos sobre o consumo e ações para melhorar a experiência de utilização do serviço e a satisfação do cliente. Existe muito trabalho emocional, é importante lidar com as emoções e os sentimentos das pessoas e com seus próprios sentimentos pessoais. Deve-se avaliar e decidir casos individualmente. Ouvir bastante o cliente. Suportar pressões de pessoas e grupos, além de trabalhar os conflitos de papéis. Estes conflitos estão relacionados com a aplicação de um procedimento a todos os clientes *versus* avaliação das situações individuais. Mostrar um sentimento que você de fato não sente. Como as relações são de média e longa duração, existe ainda a alta possibilidade de interferência no *script*, isto é, determinadas situações se afastam do previsto.

Basicamente, existem cinco abordagens com relação a produtos e serviços:

- Produto sem serviço.
- Produto com serviço adicionado, isto é, o serviço está diferenciando/agregando ao produto.
- Híbrido: produto e serviço possuem o mesmo peso na decisão de compra do cliente.
- Serviço com produto, isto é, o produto está diferenciando o serviço prestado ao cliente.
- Serviço sem produto.

Existem quatro características presentes nos serviços que o torna completamente diferente de produto e, por isso, deve-se trabalhar estratégicas específicas para atingir o cliente. É importante salientar que um cliente afeta a experiência de outros clientes. As características são:

- Inseparabilidade: serviços são produzidos e consumidos ao mesmo tempo. As possibilidades e o tempo para corrigir um erro/equívoco são menores. O cliente é parte da experiência de serviço. Para melhorar a experiência de consumo do cliente, é necessário implementar mecanismos de controle de desempenho do colaborador da empresa prestadora de serviço e a satisfação do cliente. Deve-se dar mais ênfase na seleção e no treinamento dos colaboradores. Devem-se analisar os processos e as ferramentas de trabalho (aplicar engenharia de processo).

- Intangibilidade: o cliente não experimenta, vê ou toca o serviço antes de consumir. É difícil descrever concretamente a essência dos serviços (experiência). A intangibilidade aumenta o risco percebido antes da compra, isto é, o cliente tende a observar os aspectos tangíveis para decidir pela compra. Para melhorar a experiência de consumo do cliente, deve-se atentar para garantia de serviço, apresentar outros clientes que já receberam ou estão recebendo o serviço, apresentar depoimentos de clientes satisfeitos, fornecer referências independentes da empresa, permitir testar o serviço (projeto piloto etc.). Enfim fornecer o maior número possível de informações para tornar o serviço "palpável".

- Variabilidade: o desempenho de serviço pode e costuma variar. Nunca uma experiência é igual à outra. A possibilidade de assegurar certo nível de quantidade de serviço é menor. Em geral, o cliente vai experimentar problemas de qualidade com o serviço. Basicamente, para melhorar a experiência de consumo do cliente, devem-se seguir as sugestões apresentadas na inseparabilidade.

- Perecibilidade: não há estoque de serviço. Em período de baixa demanda, aumenta os custos e os preços tornam-se altos. Aumenta a demanda, em geral, a qualidade do serviço deteriora. Para melhorar a experiência de consumo do cliente, deve-se atentar para a discriminação de preços, isto é, cobrar preços diferenciados em épocas de alta e baixa demanda (gestão de receitas). Possuir flexibilidade na gestão de colaboradores. Fornecer compensações para os clientes que estão aguardando e envolver o cliente no desenvolvimento do serviço, permitir com que tenha algum tipo de participação.

Existem critérios que os clientes utilizam para avaliar o serviço prestado por uma empresa. Os critérios estão dispostos a seguir em ordem de importância:

- Confiabilidade: entregar o que foi prometido, sempre e sem erros. Entender as promessas feitas pelos colaboradores e pela empresa como meta importante a ser alcançado. Nunca deixar que o cliente perca a credibilidade no seu serviço.
- Capacidade de resposta: está relacionada com o interesse e com a capacidade de servir o cliente dentro dos prazos estabelecidos, com cortesia e atenção. O prazo de atendimento é a expectativa do cliente, mas também é influenciado pelo que a empresa promete para ele. Uma vez acertado o prazo, é preciso cumpri-lo.
- Segurança: é a composição de quatro dimensões que são a habilidade da compreensão das necessidades do cliente, o conhecimento sobre o serviço, a habilidade de saber como prestar esse serviço e a capacidade de solucionar problemas.
- Empatia: é a capacidade de o colaborador da empresa reconhecer os estados emocionais do cliente e de agir segundo este entendimento. Possuir sensibilidade às necessidades do cliente e ver e tratar o cliente como um indivíduo único, com sentimentos, atitudes e comportamentos peculiares. É importante não confundir simpatia e empatia. A simpatia significa identificar-se com ou até mesmo assumir as emoções de outra pessoa. Empatia significa o reconhecimento e a confirmação do estado emocional de outra pessoa, independente do seu próprio. Envolver-se emocionalmente (ser simpático) com um cliente pode tirar a objetividade do colaborador. Quando ocorrem problemas com o cliente, a falta de objetividade dificulta a capacidade de resposta da empresa. É preciso separar entre o que aconteceu de errado e a quem aconteceu, agindo corretamente sobre o primeiro.
- Tangíveis: aparência, estado e funcionamento dos colaboradores, instalações físicas e equipamentos.

É possível concluir que aspectos específicos influenciam a experiência do cliente com serviços. Variáveis adicionais precisam ser administradas pelos gerentes e empreendedores envolvidos com pequenas e médias empresas de tecnologia. No caso, além dos 4P's (Produto, Promoção, Praça e Preço) são acrescidos mais 3P's: Pessoas, Padrão e Processos. No caso de Pessoas, é fundamental que os colaboradores estejam envolvidos com a empresa, pois eles são o principal ativo de uma empresa de serviço de tecnologia. No caso de Padrão (das evidências físicas), o que o cliente vê auxilia na decisão de consumir o serviço e na avaliação da experiência de consumo. Por fim, o Processo (de produção) está relacionado com a visão em que o cliente participa do processo produtivo e, diferente da indústria, o processo produtivo também interessa ao marketing.

Para completar as características já comentadas anteriormente, existem oito dimensões para a administração de serviços (Lovelock, 1996). São elas: as características do produto oferecido (quando existente), lugar e tempo onde ocorre o consumo, o processo no qual é ofertado o serviço; a produtividade e a qualidade do serviço prestado, os colaboradores envolvidos na prestação desse serviço, a promoção e a educação do cliente, as evidências físicas (aparência da empresa) e, finalmente, o preço. Devido a essas características diferenciadoras, a satisfação com o serviço prestado assume um papel fundamental. O cliente quer atenção na prestação do serviço para se sentir satisfeito. Finalmente, existe o modelo clássico de avaliação da qualidade dos serviços. Este se divide em duas partes: o lado do cliente e o da empresa. O encontro ocorre no consumo e na produção. No entanto, a satisfação do cliente depende de uma seqüência de ações, onde a satisfação do cliente se dá quando o desempenho do produto ou serviço prestado é superior à expectativa do cliente. Se o desempenho é inferior, ele estará insatisfeito, e isto tem relação com as lacunas na Figura 3.5.

O cliente constrói uma expectativa sobre o serviço. Essa expectativa é formada por meio da divulgação entre os clientes (comentários e indicações) que se baseiam em suas experiências anteriores com a empresa ou serviços semelhantes, além da propaganda e publicidade que a empresa tem realizado com a marca. Formadas as expectativas do cliente, as percepções e as especificações de serviço da empresa, o serviço é prestado e o cliente tem a oportunidade de avaliá-lo.

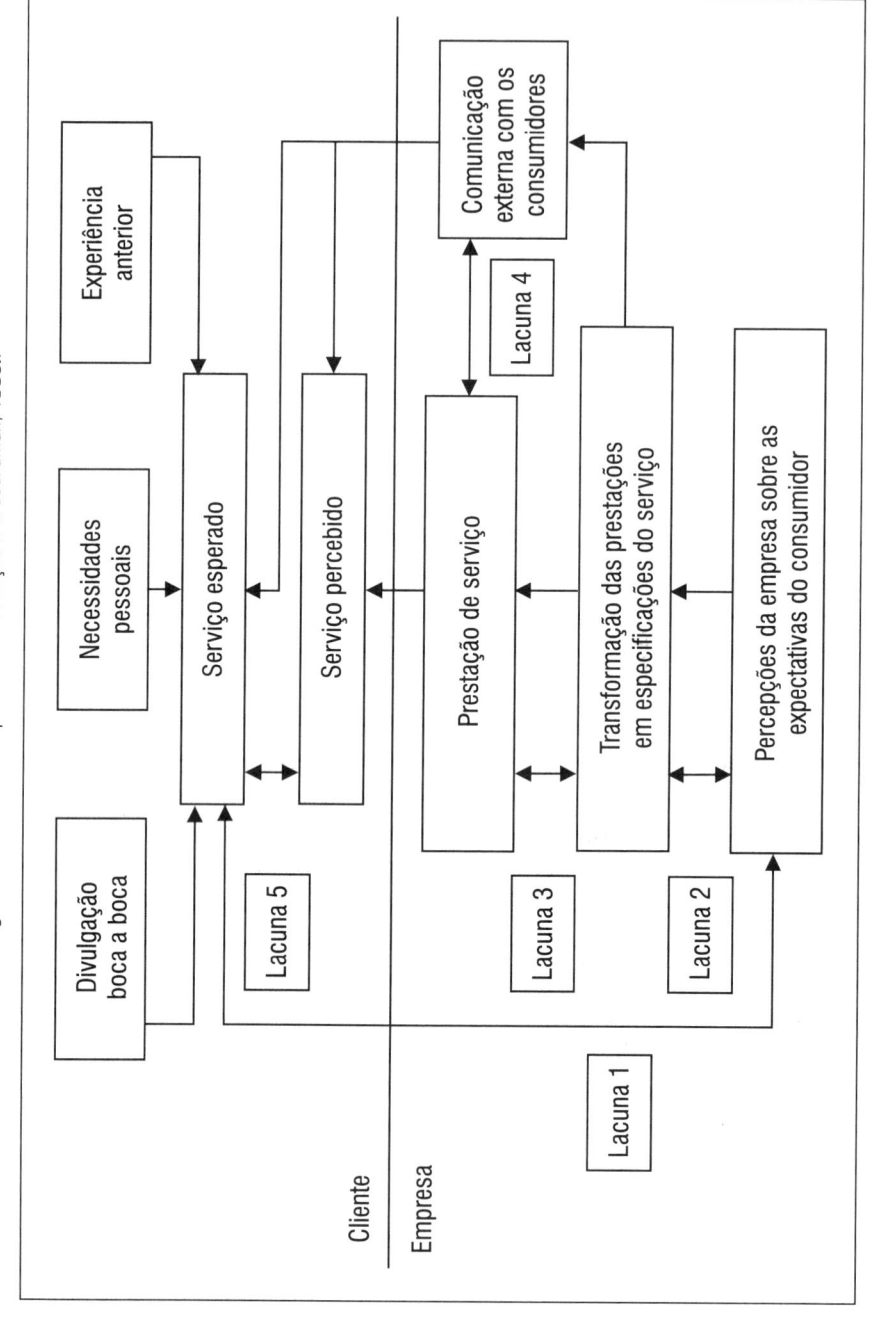

Figura 3.5 – Modelo de qualidade de serviços (Parasuraman, 1985).

É dessa avaliação que o cliente estará satisfeito ou não com a empresa. Se o consumidor de serviços está insatisfeito, é devido ao fato de uma ou mais lacunas da Figura 3.5 terem ocorrido:

- Lacuna 1: refere-se à errônea interpretação da empresa sobre as preferências do seu cliente. Esta miopia é fatal.
- Lacuna 2: refere-se à incapacidade da empresa de transferir as especificações que ela corretamente interpreta como necessárias, mas que não são implementadas por problemas administrativos. Por exemplo, os colaboradores estão insatisfeitos, a compra de produtos de qualidade tem falhado etc.
- Lacuna 3: tem relação com a prestação do serviço em si; podem ocorrer problemas de qualidade de atendimento por problemas estruturais da empresa, como recursos físicos ou capacidade dos empregados.
- Lacuna 4: tem relação com a propaganda enganosa, que eleva a expectativa do cliente para atraí-lo, mas não cumpre o que prometeu.
- Lacuna 5: tem relação com a percepção do cliente, que é inferior à expectativa dele, levando à insatisfação.

3.1 Processo de Decisão de Compras

Para se ter sucesso nas vendas, o empresário deve entender como se dá o processo de decisão de compra do seu cliente. É importante compreender os valores e os preceitos que o cliente em potencial tem ao adquirir um serviço ou produto. Quando se trata de uma compra com valor agregado, por exemplo, um projeto de tecnologia; a mesma nunca é realizada de forma emocional. Esta decisão de compra é sempre realizada de forma racional, pois, na grande maioria dos casos, envolve valores financeiros em um patamar elevado.

Na Tabela 3.3, são apresentadas informações das etapas relacionadas ao processo de decisão de compra do cliente. Este processo é realizado quando o valor envolvido do produto ou serviço é alto. Um exemplo simples é a forma com que se adquire um bem de consumo de alto valor agregado como, por exemplo, um carro.

Tabela 3.3 – Processo de decisão de compra (Neves, 2006).

Etapa do processo	Que idéias podem ser utilizadas
Reconhecimento da necessidade de compra: valores e necessidades associados a possíveis influências externas fazem que o estado atual seja diferente do desejado, surgindo assim uma necessidade de aquisição.	• Aplicar estímulos mais freqüentes e mais eficientes para estimular essa necessidade, como, por exemplo, propaganda mostrando benefícios. • Expor ao cliente, como a necessidade pode ser sanada pela empresa. • Apresentar o retorno de investimento (ROI – *Return on investment*). • Realizar um trabalho de consultoria para levantar as necessidades dos clientes.
Busca por informações: a busca é realizada por meio de fontes internas (departamentos e pessoal da própria empresa) e fontes externas (mercado, observação da concorrência, contato pessoal etc.).	• Identificar quanto o cliente pesquisa por informações e as fontes que ele mais consulta. • Modelar melhor o preço do produto ou serviço, sua estratégia de distribuição e, principalmente, o plano de comunicação. • Trabalhar as fontes que mais influenciam o cliente. • Verificar qual a marca o cliente tem na memória e trabalhar os atributos de confiabilidade. • Quais são as motivações que o cliente possui para procurar fontes externas. • Quais são os atributos do produto ou serviço mais pesquisado pelo cliente.
Avaliação das alternativas: o cliente irá escolher a alternativa que for mais forte nos critérios que ele mais valoriza.	• A empresa deve, por meio de pesquisa, identificar o que o cliente valoriza (atributos) e estar competitiva nestes atributos. • Reposicionar mediante os atributos de análise, reposicionar com relação aos concorrentes, fortalecer os pontos fracos dos critérios de análise do consumidor.
Decisão de compra: são tomadas decisões de compra propriamente dita, onde comprar, quando comprar, o que comprar e como pagar.	• Presença de força de vendas para negociar com o cliente. Muitas vezes, a presença do dono da empresa ou do diretor geral é fundamental para gerar credibilidade.

(Cont.)

3. Estratégia de Negócios para Empresas de Tecnologia

Etapa do processo	Que idéias podem ser utilizadas
	• Verificar quanto o cliente gastará de tempo e energia até que a melhor alternativa seja encontrada. Saber quanto tempo (necessidade de obter o produto ou serviço) e dinheiro ele tem é fundamental para realizar uma boa negociação. • Entender quando e como o cliente está habituado a comprar para que possa preparar sua proposta muito semelhante ao que ele está acostumado.
Comportamento pós-compra: é a comparação das expectativas sobre o produto e seu desempenho. As conseqüências vão desde a extrema satisfação e boca a boca positivo ou até tomar atitudes judiciais contra a empresa.	• Manter um serviço de pós-venda ativo. • Lembrar que apenas 5% dos clientes insatisfeitos reclamam. Os demais simplesmente deixam de comprar e divulgam sua insatisfação a possíveis outros clientes. • Fazer pesquisa para monitorar a satisfação do cliente. • Identificar possíveis razões da satisfação ou insatisfação do cliente. • Verificar se existe a intenção de repetir a compra. Qual o motivo?

    Essa analogia possibilita rapidamente despertar no empreendedor as barreiras que uma aquisição desse porte pode existir na sua vida pessoal. Transportando esta experiência para o ambiente das empresas de base tecnológica, o sentimento é o mesmo. As etapas do processo de compra são muito semelhantes, mesmo entendendo que o dinheiro para a compra, muitas vezes, é corporativo (dinheiro da empresa) e não individualizado. A responsabilidade de comprar um produto ou serviço de valor alto é extremamente desgastante, pois, caso esteja comprando errado ou no decorrer do serviço o mesmo não atinja uma qualidade adequada, os responsáveis por esta compra serão cobrados rigorosamente. Dessa forma, existe o medo de não errar. E esse medo torna o cliente muito cauteloso. Qualquer sinal não adequado que o cliente capte do fornecedor poderá colocar toda a negociação em risco.

    Quando se comenta sobre o cliente, imagina-se que se trata de um único ator, isto é, um único ser que decide pela compra, paga e utiliza o que compra. Na verdade, existem mais atores nesse processo de compra. De forma abrangente, existem seis atores ou papéis envolvidos: o iniciador, o influenciador, o filtro (permite o acesso ao decisor, por exemplo, uma secretária executiva da diretoria), o decisor, o comprador e o usuário. Em muitos casos, uma mesma pessoa pode acumular vários papéis. Isto depende muito do tamanho da empresa que se pretende vender o produto ou serviço. Contudo, basicamente existem quatro papéis principais que o empresário deve atentar: pagador, usuário, decisor e influenciador. Para cada ator, o empresário deve montar uma estratégia para conquistá-lo. A forma de comunicar o mesmo produto ou serviço deve ser necessariamente diferente para cada um, pois os valores e o envolvimento são diferentes.

Citando uma figura de linguagem que permitirá o empreendedor identificar rapidamente os papéis e suas forças na decisão final de compra, tem-se um casal com uma filha, que estão acompanhados da cunhada. Eles saíram para comprar uma bicicleta para a menina.

Pode-se identificar o pai como o pagador, ele não está envolvido emocionalmente na compra da bicicleta da filha que é o usuário do produto. Para ele, o importante, apesar de ser um produto para a própria filha, é saber quanto custa e de que forma pode-se fazer o pagamento. Inclusive, na maioria dos casos, ele não identifica a necessidade de comprar a bicicleta para a filha naquele momento. Na sua visão, existem outras necessidades para a filha mais importantes que a bicicleta. Ele pode encarar a bicicleta como um capricho da filha.

Por outro lado, a filha entende que sem a bicicleta seu mundo pode parar. É um objeto de desejo onde possuir pode-lhe trazer muitos benefícios. A filha, muitas vezes, tem dificuldade de descrever esses benefícios, haja vista que está envolvida emocionalmente na aquisição. Apesar de ser a maior beneficiária da aquisição, não possui força para tomada de decisão de compra e muito menos acesso ao dinheiro para pagar.

O papel da tia é de influenciadora, ela não irá utilizar a bicicleta e muito menos pagar por ela. Não exerce poder de decisão, mas influencia o decisor e o usuário. É ela que sugere para a filha do casal qual a bicicleta mais bonita e adequada para adquirir. A influenciadora pode influenciar positivamente ou negativamente a decisão do decisor pela compra ou não naquela loja. Por exemplo, ela pode dizer ao decisor que não seria bom comprar naquela loja, pois teve um conhecido que comprou lá e deu problemas. O decisor é a mãe da criança. Ela é a única capaz de mudar as prioridades do pagador. Também é a única que decide ao lado da filha qual a melhor bicicleta ou qual modelo é mais adequado para comprar naquele momento. Ela exerce forte influência na filha e a última palavra é sempre dela.

Diante dessa figura de linguagem, o empresário pode identificar no seu dia-a-dia, junto ao seu cliente, quem se adequa a cada um dos papéis. Lembrando que o pagador não está envolvido emocionalmente com a compra e que o decisor não irá usar o produto ou serviço. Na Figura 3.6, são apresentados os quatro principais papéis existentes no processo de decisão de compra. Para cada um deve-se estruturar uma abordagem comercial.

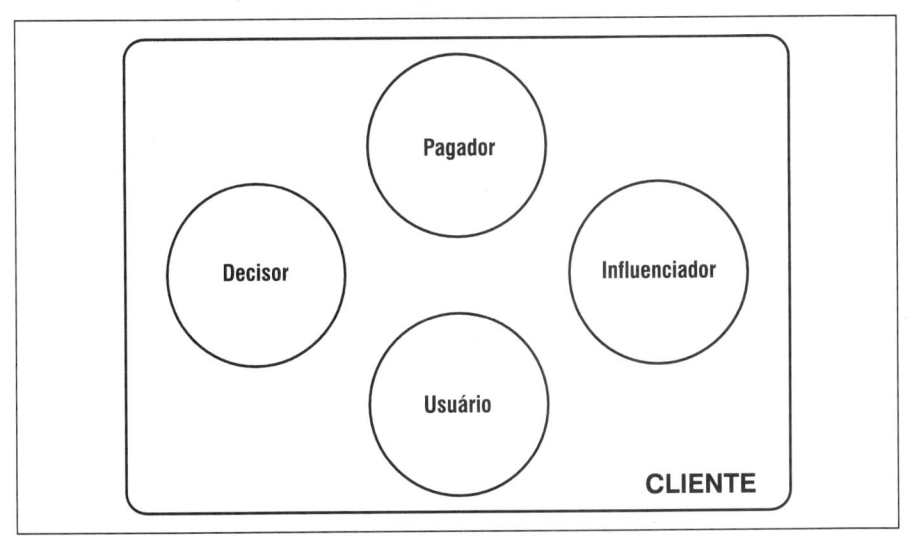

Figura 3.6 – Atores no processo de decisão de compra.

Por fim, é importante que o empresário faça a correta distinção entre necessidades e desejos. Necessidade é a condição insatisfatória de um cliente, que o leva a uma ação que tornará essa condição melhor. Um desejo é o afã de obter mais satisfação do que é absolutamente necessário para melhorar uma condição insatisfatória. Em outras palavras, a diferença entre uma necessidade e um desejo é que a necessidade nasce de um desconforto nas condições físicas ou psicológicas da pessoa. Os desejos ocorrem quando e porque os seres humanos querem levar suas condições físicas e psicológicas a um nível além do estado de conforto mínimo. Por exemplo, a comida satisfaz uma necessidade, mas a comida também pode satisfazer um desejo. Qualquer carro satisfaz uma necessidade de transporte do ponto A para o ponto B, ao passo que um Porsche ou Mercedes satisfaz também um desejo de sentir emoção com o desempenho do carro, de obter prestígio, ou de projetar a auto-imagem correta para as outras pessoas consideradas importantes. Só quando as necessidades são satisfeitas é que surgem os desejos.

As necessidades e os desejos distinguem-se pelo fato de que a satisfação mínima das necessidades é necessária para sustentar as pessoas como organismos saudáveis. Por outro lado, os desejos têm um elemento de diferenciação por parte do cliente: ou seja, sua satisfação é desejada, mas não essencial. As necessidades e os desejos também diferem em termos dos fatores que os causam. As necessidades dos clientes são determinadas pelas características do indivíduo e pelas características do ambiente. Em contrapartida, os desejos dos clientes são determinados pelo contexto individual e pelo contexto ambiental.

4 Identificação de Oportunidades de Negócios

Para construir uma empresa de base tecnológica vencedora, entre os principais componentes para o sucesso do empreendimento, está o domínio do negócio. Entender para quem vai vender, como vender e por quanto vender ainda supera qualquer fator inovativo que o produto possa ter, por mais impacto que este fator tenha na vida do seu criador e de uma possível divulgação técnica por meio de artigos e obtenção de patentes. Para um empreendedor técnico, isto é doloroso, haja vista que o desejo de criar o seu próprio negócio baseado no seu conhecimento técnico era o suficiente para empreender. Além disso, existe uma dificuldade de alcançar determinadas informações que possam auxiliar na validação do negócio. Muitas vezes, faltam ferramentas e metodologias para realizar o levantamento das informações.

Na fase de elaboração do produto ou do serviço, é fundamental atentar para os conceitos relacionados com as decisões de mercado. É importante o empreendedor saber quem é o seu cliente (segmentar) e como é possível se diferenciar dos seus concorrentes (diferenciação). Além disso, deve ter como meta um posicionamento perante estes clientes (posicionamento de mercado). A seguir, são apresentadas as decisões de mercado que o empreendedor deve definir para o seu negócio:

- Segmentação de mercado: processo de dividir o mercado em grupos de compradores (segmentos) com semelhantes necessidades, características ou comportamentos.
- Definição do mercado-alvo: avaliar a atratividade de cada segmento de mercado e selecionar um ou mais segmentos para entrar.

- Diferenciação: o que permite destacar o produto entre os seus concorrentes.

- Posicionamento de mercado: fazer com que um produto ocupe um lugar claro, distinto e desejável na mente do público-alvo em relação aos produtos concorrentes.

A primeira pergunta que o empreendedor deve responder é quem é o seu cliente. Para isto ele precisa segmentar, isto é, dividir o mercado em grupos de compradores potenciais, relativamente homogêneos. No caso de mercado B2C, é comum realizar a segmentação por variáveis:

- Geográficas: região, tamanho do município, tamanho da cidade ou área metropolitana, concentração, clima etc.

- Demográficas: idade, sexo, tamanho da família, ciclo de vida da família, renda, ocupação, religião, raça, nacionalidade etc.

- Psicográficas: classe social, estilo de vida, personalidade etc.

- Comportamentais: ocasiões, benefícios, condição do usuário, taxa de uso, grau de lealdade, estágio de aptidão, atitude relativa ao produto.

Para o mercado B2B, as variáveis de segmentação mais comuns são:

- Demográficas: setor industrial, tamanho da empresa, localização etc.

- Operacionais: tecnologia, *status* do usuário, capacidade do cliente etc.

- Abordagens de compra: organização da função compra na empresa, estrutura de poder, natureza dos relacionamentos existentes, política geral de compras, critérios de compra etc.

- Fatores situacionais: urgência, tamanho do pedido, aplicações específicas etc.

- Características pessoais: similaridade entre comprador e vendedor, atitudes em relação ao risco, lealdade etc.

Na maioria das vezes, o empreendedor encontra vários segmentos de mercado em que ele pode atuar. A princípio, pode-se entender que todos os segmentos são possíveis de se trabalhar e alcançar de forma satisfatória o interesse do cliente. Porém, uma pequena empresa de base

4. Identificação de Oportunidades de Negócios

tecnológica, basicamente, tem um ou dois executivos de negócios. Na maioria dos casos, existe apenas um negociador, que quase sempre é um dos sócios ou o único dono. Quando se trata de apenas uma pessoa, infelizmente, deve-se optar por um ou dois segmentos de mercado. E desses dois priorizar apenas um mercado-alvo para iniciar os trabalhos de prospecção. É necessário foco no mercado e no cliente. Uma única pessoa é capaz de focar um mercado, no máximo dois. O mercado tecnológico é muito complexo e exige dedicação para se obterem os primeiros resultados.

Após esta definição de mercado-alvo, faz-se necessário encontrar o diferencial da empresa para que seus clientes o reconheçam antes do concorrente. Existem basicamente cinco tipos de estratégia de diferenciação:

- Produtos/qualidade: características do produto que o fazem melhor, não necessariamente diferente, somente melhor. O produto tem desempenho com maior confiabilidade inicial, possui durabilidade de longo prazo ou um desempenho superior. Muitas vezes, é inovador na sua aplicação possibilitando ao cliente uma economia de recursos.

- *Design*: oferecer algo que seja realmente diferente, que escape do projeto dominante. Pode oferecer características únicas. Esse processo inclui desenho do produto, do processo, de símbolos visuais; arquitetura; identificação da empresa etc.

- Imagem: uma imagem é criada para o produto ou serviço e pode incluir diferenças que não envolvem melhoria de desempenho de maneira intrínseca.

- Serviços: é a base de diferenciação de algo paralelo ao produto. Sempre existe uma base para alcançar outra forma substancial de diferenciação, especialmente com suporte e serviço.

- Recursos humanos: por meio da contratação e do treinamento de pessoas mais bem qualificadas que seus concorrentes, melhoram-se características de competência, cortesia, credibilidade, confiança, responsabilidade e comunicação.

Finalmente, deve-se definir qual o posicionamento de mercado que a empresa se propõe a alcançar. A estratégia que uma empresa adota depende de qual posição no setor ela se encontra. O posicionamento é o ato de desenvolver a oferta do produto ou do serviço de forma que ocupe um lugar específico e valorizado nas mentes dos clientes. Esse posicionamento irá depender das análises dos segmentos de mercado, da dinâmica da competição e dos pontos fortes e fracos da empresa. Existem quatro definições de posicionamento:

- Líder de mercado: empresa com a maior participação de mercado. Geralmente, o líder sinaliza mudanças de preço, desenvolve as inovações e influencia as regras de mercado. Trata-se dos *players* que possuem marca reconhecida e presença forte no mercado por meio de uma força de vendas que conhece bem os seus clientes.
- Desafiadora de mercado: empresas que lutam para aumentar a participação de mercado e alcançar ou ultrapassar o líder. Para isto, necessita trabalhar uma estratégia diferenciada onde se consiga criar um destaque ou uma inovação que possa atingir os clientes e fazê-los adquirir o produto ou o serviço.
- Seguidora de mercado: empresas que querem manter sua participação sem desafiar a líder. Essa estratégia é adotada quando o líder possui recursos substanciais que poderiam tornar a estratégia de desafiadora muito cara. Muitas vezes, imitar um líder inovador pode levar a resultados satisfatórios. Na sua estratégia, precisa saber como manter os clientes atuais, os custos baixos para possuir preços competitivos e possuir uma qualidade alta comparada ao do líder.
- Tomadora de nicho de mercado: empresas que servem pequenos segmentos de mercado. Quase todos os mercados possuem empresas que se especializam em parte desse mercado evitando conflitos com competidores mais poderosos. Essa estratégia busca encontrar um conjunto de clientes cujas necessidades não são bem atendidas por outras empresas e se dedica a esse segmento.

Com as decisões de mercado definidas, o empreendedor deve estabelecer o ciclo de vida do seu produto ou serviço, isto é, colocar prazos para cada fase. Muitos empreendedores desconhecem que todo produto ou serviço tem prazo para se esgotar. Alguns acreditam que determinados produtos podem manter-se no mercado por cinco a dez anos. Na área de tecnologia, este ciclo de vida é reduzido (média de dois anos).

4. Identificação de Oportunidades de Negócios

A necessidade de inovar para se manter atuante é constante; além disso, para algumas empresas é a única estratégia plausível para penetrar no mercado. Uma inovação bem comunicada para o seu público, com um preço adequado e excelente força de vendas, é capaz de superar grandes concorrentes nacionais e internacionais.

Na literatura tradicional, o ciclo de vida de um produto é dividido em quatro fases: introdução, crescimento, maturidade e declínio. A fase de introdução é o período onde se deve criar a consciência junto ao público-alvo do produto ou do serviço. Neste estágio, não existe lucro, somente investimentos em comunicação e força de vendas. Muitas vezes, a sugestão é oferecer uma versão do produto ou do serviço básico, com o preço adequado para penetrar no mercado.

Na fase de crescimento, deve-se maximizar a participação no mercado para se obter lucro. Ocorre após as vendas iniciais que normalmente é um processo mais lento devido ao desconhecimento do produto ou do serviço pelo cliente. A tendência é aumentar a demanda, pois é possível apresentar casos de sucesso e tornar tangível o retorno para o cliente. Nesse período, deve-se trabalhar a construção da marca da empresa e iniciar a oferta de extensões de produto, serviços e garantias.

Na maturidade, deve-se maximizar os lucros e ao mesmo tempo defender a participação no mercado. Podem-se diversificar marcas e modelos dos produtos ou incrementar serviços. Neste período, a venda começa a declinar paulatinamente atingindo a maioria dos compradores potenciais. Os lucros se estabilizam ou declinam em função dos investimentos que venham a ser realizados para prolongar o ciclo de vida do produto. É importante renovar o produto, lançar novos releases. Nesse estágio de maturidade, a empresa pode modificar o produto mudando suas características como qualidade, desempenho ou estilo para atrair novos clientes. A empresa pode, também, modificar o *mix* de marketing, isto é, comunicação, canais de distribuição, força de vendas ou preço para alcançar outro segmento de clientes.

Por fim, na fase de declínio é quando as vendas entram em crescente declínio, fazendo os lucros despencarem. É importante neste período reduzir gastos e tirar o máximo proveito da marca da empresa (serviço) ou produto. Deve-se retirar os itens fracos que compõem o produto ou o serviço, tornando-o mais acessível economicamente.

Contudo, quando se trabalha com inovação tecnológica, é necessário estender o ciclo de vida do produto para mais três fases: a pesquisa básica, pesquisa aplicada e o desenvolvimento (tecnologia) (Figura 4.1). Alguns empresários de tecnologia têm dúvidas de onde se encaixa a fase de P&D (Pesquisa & Desenvolvimento) no tradicional ciclo de vida do produto. A resposta é simples, não existe espaço, pois na fase de introdução já está sendo contemplado o volume de vendas. No período da realização do P&D, existem somente os investimentos na geração de um protótipo funcional ou nos chamados, cabeças de série. Mesmo na área de serviços, muitas vezes é necessário realizar a consolidação de processos ou a descoberta de conhecimento (como fazer) para ofertar ao cliente. Trata-se de um período onde não existem vendas, pode-se dizer que o produto gerado pelo "P" de Pesquisa é o conhecimento, isto é, a obtenção da informação de como realizar ou solucionar o problema. É a definição do caminho para se chegar ao resultado. No caso, o "D" de desenvolvimento é a seqüência de passos para alcançar efetivamente esse resultado. Basicamente, é o protótipo da solução, pode não ser o mais otimizado, mas funciona. Cabe, posteriormente, a engenharia criar um processo mais otimizado para fabricação, caso a inovação seja um equipamento ou aparelho, por exemplo.

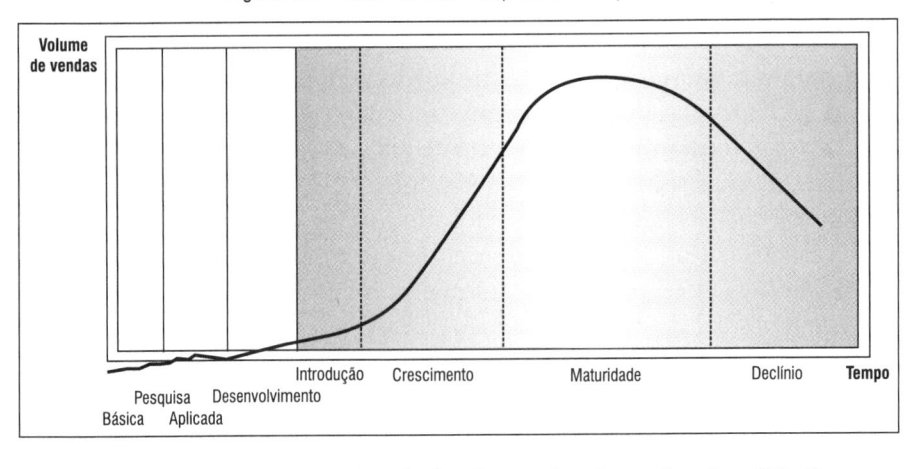

Figura 4.1 – Ciclo de vida completo de um produto.

Na fase da Pesquisa, seja ela básica, seja ela aplicada, dificilmente se consegue definir prazos. Os riscos técnicos são altos e a formação do conhecimento não é linear. Como não é possível definir prazos, não é

4. Identificação de Oportunidades de Negócios

possível precificar. E se não possui prazo e nem preço não é possível vender. Para um profissional da área de pesquisa, esse é o dia-a-dia, trabalhar com incertezas. Porém, é notório que uma pequena empresa de base tecnológica não pode trabalhar com esta ausência de definição de prazos e, por conseqüência, de preços. No caso do Desenvolvimento, as tecnologias já estão maduras; além disso, podem existir casos de sucesso da tecnologia que se pretende utilizar, em outras áreas de aplicação. Neste caso, o risco tecnológico é menor, porém ainda existe devido à não validação, isto é, não existência de um produto prototipado que esteja funcional.

Muitos empresários de pequenas empresas na área de tecnologia acabam utilizando boa parte dos recursos financeiros e de seus tempos hábeis na pesquisa e no desenvolvimento de produtos para oferecer aos clientes. Contudo, não atentam que pesquisa não tem prazo e mesmo no desenvolvimento existe um risco técnico envolvido. Estes fatores implicam prazos longos, dificuldade de estimar custos e a definição tardia de quanto vai custar o produto. Quando o empresário não tem certeza de quem é o cliente, este processo é doloroso. Ele está envolvido em um projeto técnico que pode durar muito tempo e não sabe se no final desse processo terá alguém interessado nos resultados. Para o empreendedor, existe um investimento pessoal e financeiro que com a ausência de compradores para os produtos ou serviços, pode acarretar o fracasso do empreendimento. Por meio da Figura 4.1, é possível observar que não existe nenhuma venda no período de P&D. Esse fato acaba desestimulando possíveis investidores externos, com é o caso do capital de risco, que vislumbram apoiar projetos que já estejam saindo da fase de introdução e entrando na fase de crescimento.

Para identificar possíveis oportunidades de negócios, o empresário deve trabalhar com várias ações, todas voltadas para realização de relacionamentos. Visitas em feiras de negócios e a participação em palestras e seminários permitem ao empreendedor ter acesso a informações que podem auxiliá-lo no trabalho de prospecção de oportunidades. Para alguns, existe um paradigma que lendo uma revista ou assistindo a um programa de televisão também podem surgir excelentes oportunidades. Infelizmente, não passa de um simples *input* que é necessário validar junto às pessoas que trabalham na área da oportunidade em questão.

É importante se relacionar para conhecer pessoas e ficar conhecido no mercado. Para os que trabalham com serviços (projetos sob demanda), é fundamental criar uma rede de contatos. As oportunidades podem aparecer para o empreendedor por indicação de conhecidos que sabem previamente de suas habilidades. Indicar é um fator importante no relacionamento de negócios. As pessoas só indicam quando confiam. Dessa forma, é necessário transmitir credibilidade para sua rede de contatos. É primordial que o empresário semanalmente crie situações que o permita conhecer pessoas, principalmente, envolvidas com o mercado-alvo do seu planejamento estratégico. Um negócio pode surgir de uma simples conversar informal ou de uma visita de prospecção, o importante é o empreendedor estar preparado para responder perguntas provenientes do cliente que podem envolver aspectos de contratação, preço, prazo até características técnicas do projeto a ser contratado.

O sucesso da empresa de tecnologia está em comunicar corretamente (mensagem) o que ela faz para um público já segmentado. Nesta comunicação, a empresa deve fornecer informações que permitam o cliente diferenciar seus serviços e produtos dos concorrentes. A comunicação deve ser objetiva e conter poucas mensagens. Por exemplo, dizer o que faz de melhor e que benefícios ao cliente à empresa pode proporcionar. Se o empresário apresentar muitas mensagens, pode confundir o cliente. Ele pode não entender o que a empresa faz e por que a mesma é melhor que as outras. Se o empresário imaginar que cada mensagem é uma bola de tênis, e começar a jogar essas bolas na direção do cliente, quantas bolas esse cliente consegue segurar na mão? Provavelmente duas ou três; as outras, ele vai deixar cair. Isto é fato.

Com relação às mensagens, elas podem fazer muito sentido se houver correto direcionamento para o público-alvo. Caso estejam corretas, e ainda não tiver tido efeito junto ao cliente, pode ser que as pessoas que as estejam recebendo não estejam interessadas no que elas significam. Houve um erro de segmentação. É preciso rever as decisões de mercado (segmentação, diferenciação e posicionamento). Porém, muitas vezes, a segmentação está correta, mas o interlocutor não é o apropriado. Por exemplo, o empresário está enviando mensagens para o diretor de tecnologia e o mais adequado seria o diretor comercial. Isto ocorre muito em empresas de tecnologia, como é uma venda técnica, mira-se em uma

4. Identificação de Oportunidades de Negócios

diretoria técnica, e pode ser que a diretoria de negócios esteja mais sensibilizada com soluções que podem economizar dinheiro do cliente ou fazê-los ganhar mais.

Em determinados casos, a mensagem que se deseja passar para o cliente é muito complexa e tecnicista. É importante elaborar mensagens acessíveis ao público-alvo. Se o interlocutor não é técnico, pouco adequado é transmitir informações técnicas. E mesmo as informações não técnicas devem ser simples e informar somente o objeto de interesse do cliente. Não se deve desfocar a comunicação ou passar mensagens ambíguas. A clareza da mensagem é primordial para o sucesso. Para alguns empresários, existe o medo de fechar um foco e não conseguir ter sucesso na segmentação escolhida. Diante disto, prefere deixar em aberto o foco, na esperança de não descartar nenhuma oportunidade de negócio. No início, pode ser uma estratégia adequada, pois, além de pagar as despesas (custo fixo e variável), é importante construir um portfólio de casos de sucesso para divulgar e obter outros clientes. Mas em médio prazo, irá criar dificuldades de crescimento e identidade da empresa perante o cliente. Também não é possível abraçar todo o mercado de tecnologia, ele é grande e a falta de foco gerará um desgaste financeiro e pessoal para o empresário.

Para grande parte das pequenas empresas de tecnologia, a barreira está na ausência de um profissional de estratégia de negócios que operacionalize a força de vendas. Sem um Homem de negócios, realmente a empresa terá dificuldades de ir até o cliente. E mesmo chegando ao cliente, não terá habilidade de sensibilizá-los para gerar negócios. Um erro grave do pequeno empresário é entender que pode terceirizar a força de vendas. Por exemplo, encontrar um representante comercial em uma grande cidade (Rio de Janeiro, São Paulo, Belo Horizonte, Brasília etc.) e transferir a responsabilidade da venda para alguém que não seja sócio da empresa. Trata-se de um erro, pois vender projetos de tecnologia possui um ciclo de negociação alto (em torno de três a doze meses) e, para um representante comercial, é oneroso se dedicar a uma negociação tão longa. Além disso, pode existir uma barreira tecnológica, isto é, o representante comercial pode desconhecer a tecnologia que se propõe a vender. E esta dificuldade pode inibi-lo na venda.

Para o pequeno empresário, não existem muitas alternativas, pois não é possível contratar um vendedor interno sênior, é muito caro.

Contratar um jovem executivo de negócios que não possua rede de contatos pode não trazer resultados em curto e médio prazos. Sair vendendo pela empresa pode trazer grandes frustrações, pois o pouco traquejo que o empreendedor técnico possui torna-se uma barreira para avançar nas negociações. A persistência e a busca de conhecimento por meio de cursos e da vivência com outros vendedores são muito positivas, mas existe uma curva de aprendizado que pode ser lenta de acordo com o perfil do empreendedor. Neste percurso, a empresa pode não conseguir sobreviver.

Diante desses fatos, como proceder? É importante se associar a um profissional de negócios, para isto seus serviços técnicos devem ser atrativos para o mercado. O primeiro desafio do empreendedor técnico é encontrar este parceiro que trabalhará os negócios e o relacionamento com os clientes. Caso não consiga encontrar, é necessário verificar se o que está vendendo é de interesse de possíveis clientes. Muitas vezes, a dificuldade de encontrar alguém de negócios que se interesse pela empresa pode ser um sinal de que o caminho não está adequado ou está tendo dificuldade de expor quais os benefícios à tecnologia que domina pode trazer para os clientes.

Uma situação que requer determinadas decisões do empresário está relacionada ao seu portfólio de serviços ou produto. Para muitos, é importante possuir projetos em várias áreas (medicina, engenharia, aeroespacial, biotecnologia, nanotecnologia etc.) com tecnologias diferentes para conquistar o cliente. O que pode ocorrer é uma dispersão de talentos e falta de foco. Uma pequena ou média empresa de tecnologia não possui força de vendas suficiente para todas as tecnologias e para todas as áreas de atuação. Neste caso, manter um grupo de desenvolvimento alocado em projetos, sem contar com força de vendas para o mesmo, não possui garantias de sucesso empresarial. O foco está em definir prioridades e descartar projetos que não possui um horizonte positivo, seja pelo custo alto na fase de P&D, seja pela ausência de mercado depois que o produto esteja funcionando. Existem algumas técnicas para análise de portfólio, a mais simples é a matriz BCG que divide os projetos em quatro grupos mediante a taxa de crescimento de mercado e a participação da empresa neste mercado. Na Figura 4.2, é exibida uma matriz com os quatro grupos: Estrela, Vaca Leiteira, Criança-problema e Abacaxi.

4. Identificação de Oportunidades de Negócios

Figura 4.2 – Matriz BCG para análise de portfólio.

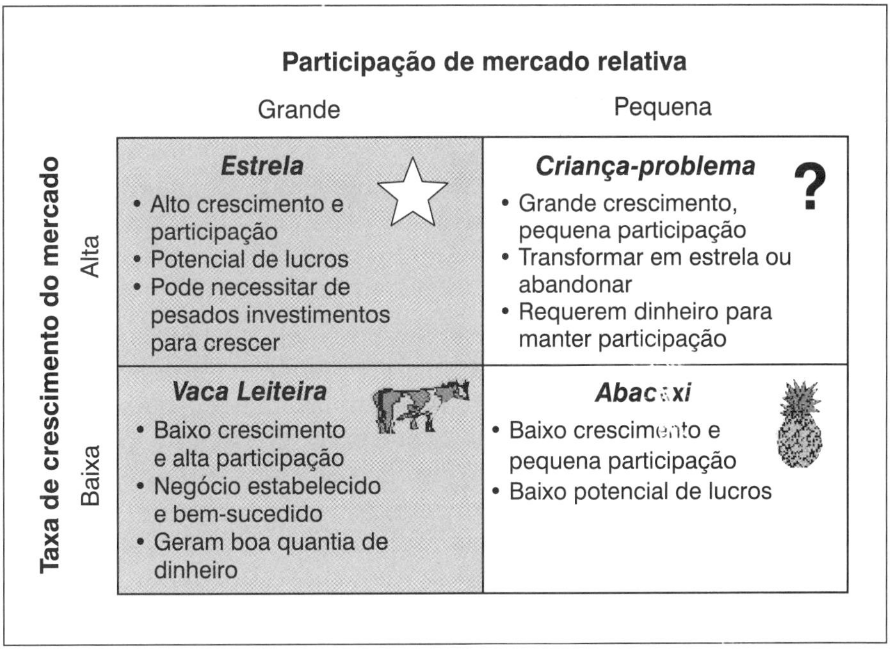

		Participação de mercado relativa	
		Grande	Pequena
Taxa de crescimento do mercado	Alta	**Estrela** • Alto crescimento e participação • Potencial de lucros • Pode necessitar de pesados investimentos para crescer	**Criança-problema** • Grande crescimento, pequena participação • Transformar em estrela ou abandonar • Requerem dinheiro para manter participação
	Baixa	**Vaca Leiteira** • Baixo crescimento e alta participação • Negócio estabelecido e bem-sucedido • Geram boa quantia de dinheiro	**Abacaxi** • Baixo crescimento e pequena participação • Baixo potencial de lucros

Uma análise rápida, no caso da criança-problema: deve-se investir mais para o crescimento ou considerar o não investimento; para isto, o estudo de mercado (pesquisa e inteligência de mercado) deve ser referência para se tomar uma decisão. Devem-se levantar dados como número de concorrentes, diferenciais de produto ou serviço adotados, estratégia de precificação, verificar novos entrantes etc. No caso da estrela deve investir mais para crescimentos futuros. É o caso de recorrer a investidores externos, gerar parcerias estratégicas etc. Na vaca leiteira, deve-se utilizar o lucro para financiar o crescimento das estrelas e investir em novos negócios sem perder o foco no cliente já segmentado. No abacaxi, é necessário reavaliar o posicionamento e, se necessário, retirar-se do mercado.

4.1 Levantamento das Necessidades do Mercado

Um dos grandes desafios das empresas de base tecnológica é se manterem atualizadas com relação às necessidades do mercado. É importante oferecer serviços e produtos que solucionem as demandas dos clientes. Mas, como obter estas informações? Na grande maioria dos casos, as pequenas empresas de base tecnológica são abertas pelo desejo pessoal de seus fundadores. São pessoas empreendedoras, mas não estrategistas, que pelo empenho pessoal criam a empresa e se tornam, posteriormente, reféns de sua criação. Só o tempo dirá se são corajosos ou inconseqüentes. Se a empresa obtiver sucesso, são corajosos, porém se a empresa fracassar são completamente inconseqüentes, isto é, diante de um mercado altamente competitivo, como é o caso da tecnologia, fundaram suas empresas sem nenhuma estratégia em curto e médio prazos.

Porém, se o empreendedor somente planeja e aguarda o melhor momento de entrar no mercado, provavelmente passará a vida toda aguardando este momento chegar. Esta utopia de melhor momento, ou melhor, oportunidade, não existe. O que existe é criar este momento e buscar esta oportunidade. Buscar associar-se com pessoas adequadas e se aproximar de um segmento de mercado que, a princípio, possa ser aplicado à tecnologia que domina. Todos estes fatores, associados ao acesso a informações, podem permitir ao empreendedor aumentar as chances de sucesso do empreendimento.

Existem várias ferramentas que podem auxiliar o empreendedor na validação do negócio junto ao mercado. Por exemplo, um *checklist* de oportunidades pode ajudar no direcionamento do empreendedor na busca de respostas sobre o seu negócio. No Anexo 1 deste livro, é apresentada uma sugestão de *checklist* para inovação dividido em duas partes. A primeira parte contempla aspectos relacionados especificamente ao projeto. São questões referentes ao foco do negócio, quem é o empreendedor que efetivamente será responsável, informações sobre os benefícios do produto ou do serviço para o cliente, qual necessidade levou o empreendedor a modelar o projeto e quais tendências na área do projeto o empreendedor consegue vislumbrar. Posteriormente, existem 21 questões sobre o negócio tecnológico. São perguntas que vão desde o conhecimento sobre os concorrentes até o capital necessário para o desenvolvimento (fase de P&D). Caso não tenha as informações, o empreendedor deve buscá-las por meio de entrevistas, pesquisa de campo etc.

Por meio desse *checklist*, é possível realizar uma auto-avaliação do projeto técnico, permitindo que o empreendedor tenha uma visão mais clara do negócio tecnológico que ele pretende empreender. Também,

4. Identificação de Oportunidades de Negócios

são os primeiros passos para que ele mais à frente possa montar um planejamento e gestão estratégica de marketing (PGEM) do negócio, e, posteriormente, um plano de negócios (*business plan*), caso entenda que deva captar dinheiro de investidores externos.

Para o empreendedor obter as informações necessárias para o seu negócio, é muito importante entender como elas podem ser geradas. Basicamente, existem três formas:

- Dados internos: agrupamento de informações obtidas a partir de fontes de dentro da empresa ou internas ao local de trabalho do empreendedor.
- Inteligência de mercado: coleta e análise sistemáticas de um conjunto de informações disponíveis sobre concorrentes e eventos.
- Pesquisa de mercado: elaboração, coleta, análise e edição de relatórios sistemáticos de dados relevantes sobre uma situação específica.

Para se tomar uma decisão adequada, o empreendedor não precisa de mais informações, são necessárias melhores informações. Quando se trabalha em busca das informações, a quantidade pode suplantar a qualidade. É necessário ter senso crítico apurado para filtrar os dados obtidos e refiná-los para que se tenha um quadro definitivo. Existem três formas de se realizar uma pesquisa de mercado:

- Pesquisa exploratória: coletar informações preliminares que ajudarão a definir o problema e sugerir hipóteses.
- Pesquisa descritiva: apontar elementos, como o potencial de mercado para determinado produto ou os dados demográficos e as atitudes do cliente.
- Pesquisa casual: testar hipóteses sobre as relações causa/efeito.

As informações pesquisadas devem ser relevantes, precisas, atuais e imparciais. Na coleta de informações, os dados secundários são informações que já existem em algum lugar. Podem ser obtidas rapidamente a um custo baixo, porém podem não ser dados úteis. Os dados primários são informações coletadas para o propósito em questão. Existem três formas de abordagem para uma pesquisa:

- Pesquisa por observação: coletar dados primários observando pessoas, ações, processos e situações relevantes.

- Levantamento: perguntas sobre as atitudes, as preferências, o grau de conhecimento ou comportamento de compra das pessoas.
- Pesquisa experimental: seleção de grupos para determinar as relações de causa e efeito.

Pode-se realizar o levantamento por meio de alguns canais de acesso ao cliente. Na Tabela 4.1, são apresentados esses canais e sua pontuação (excelente, bom, razoável e fraco) de acordo com determinados critérios.

Tabela 4.1 – Canais de acesso ao cliente para obtenção de informações.

	Correio	Telefone	Entrevista pessoal	Internet
Flexibilidade	Fraca	Boa	Excelente	Boa
Quantidade de dados que podem ser coletados	Boa	Razoável	Excelente	Boa
Controle das interferências do entrevistador	Excelente	Razoável	Fraco	Razoável
Controle sobre a amostra	Razoável	Excelente	Razoável	Fraco
Rapidez na coleta de dados	Fraca	Excelente	Boa	Excelente
Taxa de resposta	Razoável	Boa	Boa	Boa
Custo	Bom	Razoável	Fraco	Excelente

Muitos empresários da área de tecnologia têm dificuldade de levantar dados do mercado. Para alguns, falta o conhecimento sobre ferramentas e metodologias para realizar este trabalho; para outros, falta o interesse de operacionalizar as tarefas. É importante comentar que, sem os dados reais sobre o mercado que se pretende atingir, muitas decisões sobre o planejamento estratégico não poderão ser tomadas. Contudo, levantar dados não é uma tarefa fácil em nosso País. Mesmo o empreendedor se esforçando para realizar *surveys*, por exemplo, montando uma seqüência de questões referentes ao negócio para realização de entrevistas pessoais ou via Internet, não é um fato assumido que as respostas serão adequadas. A grande maioria do público-alvo não responde às entrevistas, ou tem a tendência de respondê-las de forma pouco envolvida, isto é, não se comprometem com a resposta que dão. Muitas vezes, a formulação da pergunta de forma direta dificulta ainda mais a filtragem das respostas.

Perguntas diretas, como você compraria tal produto, ou quanto você estaria disposto a pagar por tal produto ou serviço, não funcionam de forma adequada. Formular corretamente as questões aumenta as chances de obter melhores respostas, mas mesmo assim as amostragens devem ser altas. Para se ter uma idéia de uma proporção, de cada 100 entrevistas encaminhadas, via Internet, apenas quatro ou cinco são respondidas. Além disso, o número de questões deve ser o suficiente para não ocupar mais que quatro ou cinco minutos do entrevistado. Uma estratégia neste tipo de entrevista é proporcionar algum tipo de brinde para quem responde às questões. Pode ser desde uma caneta da empresa, até algum tipo de brinde mais caro, sorteado entre os participantes da pesquisa. Assim mesmo, o empreendedor detectará um índice baixo de retorno. Isto é devido à não existência do hábito de responder *surveys* de inteligência de mercado. Existem alguns casos que o possível cliente entrevistado quer saber se o produto ou o serviço já está à venda e quanto custa. Quando recebe a notícia que se trata de um levantamento de informações para um estudo de mercado, o mesmo fica descontente e aborrecido.

Uma estratégia mais positiva é a entrevista pessoal, inclusive este tipo de entrevista permite questões mais elaboradas. O tempo da entrevista pode ser maior, em torno de 10 a 15 minutos. A dificuldade está no custo dessas entrevistas com transporte, alimentação etc., pois o empreendedor deve ir fisicamente até o entrevistado. Contudo, a entrevista pode ser uma estratégia de aproximação com possíveis clientes. Como comentado anteriormente neste livro, relacionamento é importante para o sucesso da pequena e média empresa de tecnologia. Para se aproximar de um cliente em potencial, muitas vezes um artifício é positivo para realizar a abordagem inicial. Em muitos casos, é coerente utilizar a entrevista para levantamento de dados como artifício. Basicamente, em toda entrevista pessoal, o empreendedor deve comentar um pouco sobre a empresa e o objetivo do questionário. Isto é um momento importante para se criar o relacionamento.

É importante salientar que toda informação adquirida por meio de literatura (revista, Internet etc.) deve ser checada no mercado. O empreendedor não deve sentir-se seguro somente com documentos sem nunca ter entrevistado pessoalmente um membro do público-avo. Por exemplo, caso esteja se propondo vender tecnologia de processamento de imagens para analisar a qualidade de tecidos na indústria têxtil, deve se fazer visitas a pelo menos uma empresa do ramo e constatar se realmente a tecnologia é aceita pelas pessoas (gerentes, diretores etc.) que trabalham no dia-a-dia. O que é comum acontecer é o empreendedor encontrar algumas informações seja por conversas informais, seja por publicações sobre a necessidade de melhorar a qualidade do tecido e definir todo o desenvolvimento de um software baseado nessas informações sem validá-las no ambiente do cliente. Depois do sistema pronto, ele vai ao mercado para tentar vender e descobre que, apesar de existir esta necessidade de melhorar a qualidade, o sistema de processamento de imagens não tem apelo adequado ou sua comunicação (mensagens para o cliente) não foi corretamente definida.

Saber do que o mercado necessita é fundamental para poder realizar a venda, porém vender tecnologia significa, muitas vezes, antecipar a necessidade do mercado, isto é, nas entrevistas pode-se ter dificuldade de compreender a tendência do mercado. A entrevista é uma ferramenta poderosa para captar o momento do cliente, mas para captar uma necessidade futura, ela é limitada. Para se trabalhar com tecnologia, é necessário antecipar alguns passos do cliente em sua área de atuação. Dessa forma, o empreendedor precisa envolver-se nessa área de atuação para compreender suas necessidades e, assim, investigar oportunidades futuras. Porém, realizar esta tarefa para cada área que irá atuar é desgastante e custoso. Para uma pequena empresa, o tempo é fundamental; se o empreendedor se dedicar somente ao estudo das tendências de mercado de possíveis áreas de atuação, ele não conseguirá realizar outras tarefas. Por isso, são citados neste livro, constantemente, o foco em uma ou duas áreas somente.

Para inovar em uma área de aplicação (medicina, aeroespacial, fármacos, agronegócio etc.), é requerido o envolvimento pessoal por parte do empreendedor. Deve-se lembrar que uma empresa de tecnologia provê o meio para proporcionar a solução inovadora para o cliente. A empresa não está comprometida com a área-fim do cliente, e sim com as ferramentas técnicas para prover a solução. É neste fato que se tem dificuldade de focar a empresa nas necessidades do merca-

4. Identificação de Oportunidades de Negócios

do. Uma solução é se aproximar de um profissional experiente de uma área-fim que a empresa deseja atuar. Com o auxílio da experiência desse profissional, será possível entender quais os passos inovadores será oportuno realizar. Seria interessante que na composição da sociedade de uma pequena empresa de tecnologia existisse um profissional experiente em uma área-fim. Isto permitirá polarizar a empresa nos primeiros anos, facilitando o acesso ao mercado.

O empresário de tecnologia deve entender que a empresa existe para atender a um grupo de clientes (segmentação). Deve entender, ainda, o comportamento desse cliente para ter vitória nas vendas. O cliente é a chave do sucesso no mercado. Atendendo às suas necessidades, o empresário estará consolidando um dos principais pilares de sua empresa. Levantar a necessidade do mercado é entender o que o cliente deseja. Não adianta a tecnologia ser inovadora se não ficou claro como utilizá-la para beneficiar o cliente. Mesmo que o benefício esteja no futuro (dois a quatro anos), ele deve estar claro no presente para definir os passos do planejamento estratégico. Quanto mais longa a viagem, mais planejamento o negócio deve primar.

O propósito dos negócios é criar e manter clientes satisfeitos, embora as empresas tenham de lucrar. O lucro é uma necessidade, não um objetivo. Na realidade, o resultado final, isto é um efeito desejado, é criar um cliente satisfeito. Muitas empresas de tecnologia quebram porque se esqueceram do cliente. É o cliente que paga as contas. Mesmo empresas que obtiveram investimentos externos para desenvolver produtos ou serviços, no final do período de P&D (ciclo de vida do produto) se não alcançarem o cliente vão falir. E todo o investimento realizado será perdido. Fazendo uma analogia com seres humanos. Todos precisam alimentar-se para viver, mas comer não é o seu propósito de vida. Além disso, para alguns especialistas, o fato de uma empresa de tecnologia estar inovando não é motivo legítimo para que a sociedade a sustente. Uma sociedade sustenta as empresas porque elas servem seus membros suprindo suas necessidades e deixando-os satisfeitos. Se um número suficiente de clientes ficar insatisfeito, não só eles deixarão de comprar da empresa, mas toda a sociedade a condenará e poderá até penalizá-la, a ponto de provocar sua extinção.

Para medir o quanto sua empresa presta atenção em seus clientes, ou melhor, o quanto é orientada para as necessidades do cliente, existe um questionário que pode medir esta orientação (Sheth et al. 2001). Trata-se de 15 perguntas que o empresário deve responder em uma escala de -1 para falso, 0 para parcialmente verdadeiro e +1 para verdadeiro. A pontuação irá variar de -15 a +15. Se sua nota é negativa, sua empresa não é orientada para o cliente. Provavelmente, ela não conserva seus clientes por muito tempo. Para uma nota na faixa positiva, quanto mais próxima de +15 a empresa estiver, mais orientada para o cliente ela é. Os clientes dessa empresa estão provavelmente muito satisfeitos com seus produtos e serviços. A empresa, provavelmente, obterá lucros no longo prazo. Na Tabela 4.2, estão as 15 perguntas.

Tabela 4.2 – Questionário para avaliação se a empresa está orientada para o cliente.

1. Na empresa, nós nos reunimos com os clientes periodicamente para saber de que produtos ou serviços eles precisarão no futuro.
2. Os profissionais da área técnica da empresa interagem diretamente com os clientes.
3. Estimamos periodicamente os prováveis efeitos de mudanças em nosso ambiente de negócios sobre os clientes.
4. O pessoal responsável pelo planejamento de marketing reserva um tempo para discutir com outros setores da empresa as necessidades futuras dos clientes.
5. Dados sobre a satisfação do cliente são coletados regularmente e divulgados em todos os níveis da pequena e média empresa.
6. Nossos planos de negócios e o planejamento e gestão estratégica de marketing são orientados mais para pesquisas ao cliente do que por avanços tecnológicos.
7. As reclamações dos clientes nunca ficam sem resposta na empresa.
8. Quando percebemos que os clientes estão insatisfeitos com a qualidade de nossos produtos e serviços, tomamos medidas corretivas imediatamente.
9. De acordo com os responsáveis da empresa, atender os clientes é a atividade mais importante da empresa.
10. Os responsáveis pela empresa ficam dizendo a todos os colaboradores que precisam apertar o passo para satisfazer às necessidades futuras dos clientes.
11. Os salários e bônus de todos os responsáveis da empresa estão parcialmente ligados aos níveis de satisfação do cliente.
12. Na empresa, tudo o que é realizado tem em mente, em primeiro lugar, o cliente.
13. A empresa está aberta para comentários e queixas dos clientes, e tenta fazer o que for necessário para conquistar um cliente.
14. Os colaboradores da empresa que têm contato direto com os clientes os tratam como se seu pagamento dependesse diretamente do *feedback* do cliente.
15. Ao longo do tempo, a empresa tem oferecido a seus clientes mais valor que suas concorrentes.

4. Identificação de Oportunidades de Negócios

O reconhecimento dos clientes como pessoas que buscam soluções para problemas e do valor que daí resulta são fundamentais para a viabilidade de uma empresa em longo prazo. Muitas empresas que trabalham com tecnologia não sabem em que negócio elas estão. Essas pequenas e médias empresas têm uma visão muito restrita de si mesmas e, portanto, sofrem da chamada "miopia de marketing" (Levitt, 1985). A miopia de marketing refere-se à visão restrita que as empresas têm de si mesmas, uma visão limitada e centrada em produtos ou serviços, como fabricantes ou vendedoras de produtos e serviços que elas produzem e vendem. Assim, as empresas que acreditavam estar no negócio de charretes, por exemplo, e não no negócio de oferecer aos clientes soluções para problemas de transporte. Sofriam de miopia de marketing e foram substituídos pela indústria automotiva. Empresas que julgaram estar em negócios de réguas de cálculo também estão extintas atualmente, substituídas pelas de instrumentos eletrônicos de cálculo. Quando os clientes adquirem furadeiras, estão basicamente comprando furos. No futuro, empresas que fabricam furadeiras serão sobrepujadas por outras que fabricarão pistolas a laser que fazem furos com muito maior precisão, com menos sujeira, sem chances de quebrar uma broca, e com alta precisão e tamanhos de furos dos mais variados diâmetros.

Ao se pensar em um novo produto ou serviço, é importante observar vários aspectos, pois o índice de fracasso pode chegar a 80%. Somente cerca de 40% permanecerão mais de cinco anos no mercado. Isto ocorre devido a vários fatores. O tamanho do mercado foi superestimado, o projeto técnico do produto tem problemas, o produto foi posicionado incorretamente no mercado ou tem um preço muito alto ou não é bem promovido (comunicação com o cliente). O produto também pode ser imposto ao cliente a despeito de seu mau desempenho nas pesquisas. Os custos de desenvolvimento são altos e, por fim, as reações paliativas dos concorrentes podem sufocar a empresa. Para se melhorar as chances de sucesso do produto ou do serviço no mercado, o empreendedor deve atentar para possuir um produto exclusivo superior aos seus concorrentes. Ter uma boa definição de conceito de produto. Para tanto, a empresa deve conhecer seus clientes, mercados e concorrentes. Deve desenvolver produtos e serviços que entreguem benefícios superiores aos seus clientes e que tenham valor de mercado.

Valor de mercado é o potencial que um produto ou um serviço tem de satisfazer as necessidades e os desejos do cliente. O conceito de potencial é central para a discussão dos valores. O valor só é criado se o produto ou o serviço tem a capacidade de satisfazer as necessidades e os desejos de um cliente. Como as necessidades e os desejos não são idênticos, um produto ou um serviço pode ter mais valor para uma pessoa e menos para outra, porque satisfaz melhor as necessidades e os desejos de um cliente que de outro. Além disso, o contexto ou a situação do cliente pode conferir maior ou menor valor a um produto ou um serviço. Por exemplo, um produto pode ter muito valor em determinada zona climática e nenhum valor para outra. Dessa forma, o valor é criado por uma convergência entre a capacidade de um produto e o contexto do cliente.

Em geral, os valores de mercado de um produto ou de um serviço podem ser universais, pessoais ou ambos. Os valores universais são aqueles que satisfazem as necessidades do cliente. Relacionam-se ao propósito básico que leva alguém a comprar um produto ou um serviço ou a fazer negócios com uma empresa. São chamados de universais, porque invariavelmente todos os clientes os buscam não importando cultura ou preceitos. Os valores pessoais são os que satisfazem os desejos do cliente. São denominados pessoais porque os desejos são mais diversos que as necessidades e diferem de uma pessoa para outra. Esses valores relacionam-se com algo que vai além da razão básica e universal que leva um cliente a comprar um produto ou um serviço. Cada classe de valores corresponde a uma estratégia de marketing. Os valores universais são a base das estratégias de diferenciação de produtos (que buscam distinguir um produto em relação aos da concorrência). Os valores pessoais específicos de grupos (são desejados por um grupo de clientes) são a base das estratégias de segmentação. Para o usuário, o valor universal é o desempenho; o valor pessoal é social no nível de grupo e emocional no nível individual. Para o pagador, o valor universal é o preço; o valor pessoal é o crédito no nível de grupo e o financiamento no nível individual. Finalmente, para o decisor, o valor universal é o de serviço; o valor pessoal relacionado com o grupo é a conveniência, e o valor pessoal individualizado é o valor da personalização.

Alguns produtos oferecem um conjunto de valores superiores que outros, e os clientes vão preferir os produtos cujos valores satisfazem melhor as suas necessidades e os desejos. Para que uma empresa avalie sua capacidade de satisfazer as necessidades e os desejos dos clientes, ela precisa medir as percepções do valor que seus produtos e serviços oferecem. Um modo de medir essas percepções do cliente é perguntar a uma amostragem representativa de clientes se determinadas escolhas possuem alguns dos valores especificados. Basicamente, a escolha do cliente refere-se a três níveis de decisões:

- Comprar ou não uma categoria de produto ou serviço. Por exemplo, comprar ou não um computador.
- Que marca comprar. Por exemplo, comprar um IBM, Dell ou alguma outra marca.
- De que fornecedor comprar. Por exemplo, da loja A ou B, pela Internet ou algum outro meio.

Os valores podem ser avaliados em qualquer um desses três níveis. O primeiro passo para gerar uma escala de mensuração é especificar o "conteúdo" de vários valores. O melhor modo de fazê-lo é perguntar a um grupo de clientes (pagadores, usuários e decisores). As perguntas devem-se relacionar com cada um dos valores que os clientes levam em consideração ao avaliar um grupo de alternativas de escolha. Alguns exemplos de perguntas a serem realizadas seriam: Quando as pessoas decidem se vão ou não comprar um software de gestão de empresa, que desejos e necessidades esperam satisfazer? Quando clientes estão decidindo que marca de software de gestão de empresas comprar, que tipo de associações eles geralmente fazem? Algumas vezes, as pessoas esperam certas satisfações emocionais ao usar um software de gestão de empresas; Quais podem ser as várias emoções que as pessoas procuram sentir quando selecionam e usam esse produto? Observe-se que esses são apenas alguns exemplos, e essas perguntas precisam ser formuladas para cada um dos valores dos clientes. O próximo passo seria pedir que os clientes fizessem uma classificação de determinada marca ou fornecedor, ou seja, uma alternativa, com base nos itens de valor gerados pelos grupos. Suponha-se que os grupos mencionem cinco associações com a posse de um carro; então, seria montada uma lista dessas cinco associações e os clientes (usuários) verificariam quais associações aplicam-se à determinada marca. Para entender plenamente seus mercados, uma empresa precisaria avaliar esses valores para suas próprias marcas e produtos e também para as marcas e produtos dos concorrentes. Além disso, essas avaliações precisam ser obtidas dos clientes da empresa e também dos clientes da concorrência.

O empreendedor deve ser autocrítico e verificar se ele está sendo genial ou genioso com relação ao seu negócio. As sacadas geniais podem e devem ser recebidas de forma positiva e validadas no mercado por meio de pesquisas e levantamento de informações secundárias e primárias. Caso o estudo dessas informações (gerou-se conhecimento) apresenta o negócio sem perspectivas de sucesso mercadológico e assim mesmo o empreendedor quer persistir, pois entende que trabalhar com a tecnologia é mais importante que o interesse do cliente pelo produto ou serviço proposto, provavelmente o perfil genioso do empreendedor pode estar contribuindo para a sua cegueira tecnológica. Alguns empresários comentam que seus negócios estão embalados, isto é, já andam sozinhos. A sabedoria popular diz que a única situação que embala é quando algo ou alguma coisa está descendo. Pode ser que o empreendedor esteja vendo apenas as ações e não os resultados. Não existe nada embalado que vai para cima. Para que algo suba é importante o esforço diário.

5 Ciclo de Vida de Adoção Tecnológica

Camilo Telles, MSc.

O estudo de ciclos de vida de adoção tecnológica foi iniciado em 1957 pela Universidade de Iowa com o objetivo de analisar a difusão de novas técnicas aplicadas à agricultura. Desde daquela época, foram identificados cinco categorias psicográficas de clientes que ditavam o processo de difusão de uma tecnologia. Estas categorias psicográficas agrupam os clientes segundo a forma como eles aceitam mudanças de produtos, serviços ou tecnologias que implicam a mudança de comportamentos já estabelecidos ou a mudança de produtos e serviços já implantados na corporação ou no seu dia-a-dia.

É importante ressaltar que estes ciclos de vida são aplicados somente para o caso de inovações disruptivas. Mudar o seu carro movido à gasolina para um carro elétrico, necessitando carregar as baterias diariamente; ou mudar o sistema operacional do seu micro, abandonando todo o conjunto de aplicativos que já se está habituado são inovações disruptivas que necessitam da mudança de hábitos ou de produtos e serviços relacionados. Um novo processador para o seu computador que o torne mais rápido ou um motor mais potente para o carro é uma inovação evolutiva que não implica a mudança de hábitos ou de outros componentes que interagem com o seu computador ou com seu carro.

O trabalho original da universidade de Iowa foi estendido seis anos depois por Everett Rogers (1962), na primeira edição do clássico *Diffusion of Innovations*. A visão do modelo de difusão de tecnologias foi aplicada para a área de TI (Tecnologia da Informação) no livro *Cruzando o Abismo* (*Crossing the Chasm*) de George Moore (1991).

E como se dividem estes perfis psicográficos? Fazendo a pergunta "quando você vai comprar um aparelho da TV digital brasileira?" A resposta seria provavelmente da seguinte forma:

Tabela 5.1 – Perfis de clientes referentes à adoção tecnológica.

Perfil	Resposta
Inovadores (*Innovators*)	"Eu já estou na lista da pré-compra na loja on-line."
Visionários (*Early Adopters*)	"Vou esperar meu amigo Inovador comprar e depois de ver funcionando na casa dele eu compro."
Pragmáticos (*Early Majority*)	"Quando meu amigo pragmático comprar, eu também compro."
Conservadores (*Late Majority*)	"Quando todo mundo estiver usando e os principais programas estiverem na TV Digital eu compro."
Retardatários (*Laggards*)	"No dia que eu não puder mais assistir televisão eu compro."

A partir das respostas dadas, é possível estabelecer um perfil um pouco mais elaborado de cada um destes clientes e seus respectivos mercados. É importante salientar que esses clientes conversam entre si e, em alguns casos, com os clientes dos mercados adjacentes. Eles são auto-referentes e isso acarreta em comportamentos conhecidos na difusão das tecnologias que são caracterizados pelos fenômenos de ponto de desequilíbrio (*tipping point*) e do "vencedor leva tudo" (*winner takes all*).

O conceito do ponto do desequilíbrio explica a razão que, a partir de um determinado ponto, a taxa de crescimento de um fenômeno aumenta de forma dramática. Isso ocorre no caso de epidemias, sistemas com *feedback* positivo, entre outros. No nosso caso, um determinado produto por causa do boca a boca chega a um determinado ponto que se torna predominante e referência no mercado, alavancando o seu crescimento. O conceito do ponto de desequilíbrio foi popularizado por Malcolm Gladwell (2000) no seu livro.

O fenômeno "vencedor leva tudo" ocorre de forma extremamente clara na indústria de produto de software. O custo para atender um novo cliente é marginal em relação ao faturamento proporcionado por este cliente. Além disso, cada vez que é conquistado um novo cliente, o ecossistema como um todo prospera, pois será mais gente treinada no produto, mais mercado para produtos ou serviços complementares etc. Esses dois fenômenos juntos explicam a tendência de concentração existente na indústria de software na qual é normal que o principal fornecedor detenha mais que 50% do mercado.

Por meio das respostas anteriores, é possível discriminar os seguintes perfis:

- Inovadores: são apaixonados por tecnologia e simplesmente compram para explorar as possibilidades de um novo serviço ou produto. Tecnologia é parte central da vida deles, trabalham com ela normalmente no dia-a-dia. Eles são extremamente importantes na adoção de novas tecnologias, pois as endossam para os outros grupos. Caso não se conquiste o coração dos inovadores, as chances são praticamente nulas. Apesar de não serem donos de orçamentos poderosos na organização, eles influenciam os donos dos orçamentos.

- Visionários: conseguem raciocinar nos termos de novas tecnologias os seus benefícios e riscos. A principal característica do visionário é a capacidade de relacionar as novas tecnologias com os negócios. Reconhecem a adoção de novas tecnologias como uma das formas mais eficientes de manter o negócio competitivo apesar dos riscos inerentes em serem os primeiros as adotarem. Procuram inovações disruptivas na forma de aplicar as tecnologias aos negócios. Sonham com sistemas. Não utilizam referências externas para esta adoção seguindo os seus próprios critérios e cometem alguns erros neste processo. Utilizam fortemente os inovadores como referência das novas tecnologias. Por serem visionários, são extremamente demandantes para cumprirem a visão deles e sempre vão querer uma personalização adicional ao produto ou ao serviço.

- Pragmáticos: esta categoria tem quase a mesma capacidade dos visionários na correlação entre novas tecnologias e negócios, mas, ao contrário dos visionários, os pragmáticos são muito mais avessos ao risco. Eles esperam a tecnologia estar comprovada, pois já viram mais de uma vez novas tecnologias passarem como modas e fracassarem. Esperam que a tecnologia já tenha alguns casos de sucesso na indústria do qual o próprio pragmático participa antes de adotar na própria empresa. Preferem comprar a tecnologia dos líderes do mercado, pois os seus pares estão comprando do mesmo pessoal e assim eles podem trocar experiências.

Normalmente, são responsáveis pela infra-estrutura que faz a empresa trabalhar no dia-a-dia e por causa disso tem que garantir a confiabilidade dela.

- Conservadores: os conservadores são semelhantes aos pragmáticos, com a diferença de não serem confortáveis com tecnologias. Esperam que a tecnologia simplesmente funcione e que exista um ecossistema completo em torno dela com empresas bem estabelecidas para darem o suporte necessário. O que eles querem são os benefícios, com o mínimo de risco e normalmente com um contrato no estilo *turn-key* que tenha concorrência estabelecida no suporte do produto ou do serviço em questão.
- Retardatários: não gostam de tecnologia e, normalmente, somente compram quando são forçados a tal por padronização de mercado, pressão de clientes ou fornecedores.

Estes diferentes clientes são distribuídos dentro de uma curva normal com as seguintes proporções:

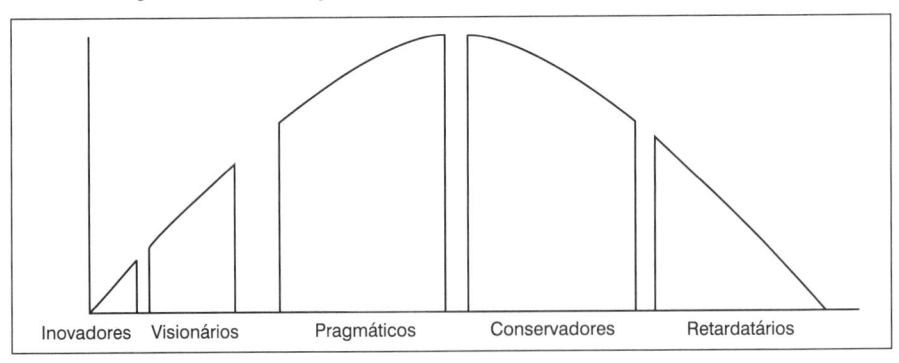

Figura 5.1 – Distribuição dos clientes com relação à adoção tecnológica.

Tabela 5.2 – Tamanho do mercado baseado no perfil de adoção tecnológica.

Perfil	Tamanho do mercado	Acumulado
Inovadores	2,5%	2,5%
Visionários	13,5%	16%
Pragmáticos	34%	50%
Conservadores	34%	84%
Retardatários	16%	100%

5. Ciclo de Vida de Adoção Tecnológica

Na Figura 5.1, podem ser observadas lacunas entre os perfis psicográficos, isso ocorre pela simples razão que estes grupos não compram usando a mesma lógica e que, no momento da migração de uma tecnologia de um grupo para o outro, podem ocorrer erros no processo de venda ou posicionamento que levam ao fracasso da nova tecnologia. É visível a existência de uma lacuna maior entre os visionários e os pragmáticos. Essa lacuna foi chamada de abismo por George Moore e por ter características especiais será analisada por último.

A primeira lacuna representa a transição dos inovadores para os visionários. Ela ocorre no caso das tecnologias que procuram um problema. Todos que têm acesso à tecnologia a consideram interessante, mas não conseguem enxergar um negócio que realmente faça diferença e seja competitiva. O inovador adora a tecnologia simplesmente pelas possibilidades oferecidas, mas o visionário não consegue enxergar essas possibilidades sendo aplicadas de forma efetiva no negócio.

A lacuna entre os pragmáticos e conservadores ocorre no caso de a tecnologia não simplificar bastante a ponto de o usuário conservador não conseguir adaptar-se a ela. É importante lembrar que, ao contrário dos pragmáticos, os conservadores não são acostumados à tecnologia e sempre tem alguma resistência. O segredo para se chegar aos conservadores é a comoditização da tecnologia.

A grande lacuna existe entre os visionários e os pragmáticos. A razão básica dessa lacuna é a resistência dos pragmáticos em comprar algo enquanto não for testado no mercado que ele atua. Ficam todos os pragmáticos esperando um ou outro realizar a primeira compra.

O visionário não é referência ao pragmático. O visionário procura sempre estar à frente dos outros e para isso ele pode procurar tecnologias que estão sendo utilizadas fora do seu mercado para incorporar em um novo modo de realizar negócios. O pragmático procura uma evolução da forma atual de operar o negócio e quer fazer isso com segurança. Ele não está disposto a desenvolver o produto e a visão como o visionário, muito menos ajudar a empresa a retirar os erros encontrados no processo. O visionário ao conhecer um novo produto ou serviço está disposto a colaborar na construção dos outros componentes necessários para adaptar esta tecnologia para o seu negócio e tem o orçamento para realizar este trabalho. Ele acredita que este investimento terá o retorno satisfatório. O pragmático espera receber o produto pronto, não tem o desejo de utilizar o dinheiro da própria empresa para ajudar um terceiro a construir e melhorar um produto ou um serviço.

Esta diferença de visão foi capturada dentro do conceito de produto completo (*whole product*) que foi concebido por Theodore Levitt da Universidade de Harvard e popularizado no livro do William Davidow (1986) chamado *Marketing High Technology*. O produto completo é o conjunto de serviços e produtos necessários para o comprador exercer o benefício almejado na compra. O modelo formal criado por Levitt do produto completo é composto pelos itens abaixo:

- *Produto genérico:* é o básico do produto. No caso de um carro, são as quatro rodas, o volante, o motor etc. No caso de um computador, poderia ser simplesmente o processador, a placa mãe, o HD, a memória, o *floppy* e o gabinete.

- *Produto esperado:* é o produto necessário para atender as expectativas do usuário. No caso de um carro, é uma rede de postos de combustíveis, assistência técnica etc. No caso de um computador, é o monitor (que em alguns casos não acompanha), estabilizador ou *no-break*, conexão com Internet etc.

- *Produto estendido:* o que vai além do que o cliente espera e muitas vezes o diferencial do seu produto no mercado. No caso de um carro, pode ser a garantia de três anos quando toda concorrência oferece somente um ano. No caso de um computador, serviço grátis para instalar em casa ou um suporte remoto diferenciado. Faz parte do produto estendido o ecossistema existente em torno do seu produto. No caso de um computador, podem ser incluídos todos os aplicativos e periféricos existentes que ampliam o uso do produto e não estão nas expectativas iniciais do cliente.

- *Produto potencial:* o que o futuro proporciona, isto é, produtos ou serviços adicionais que podem ser oferecidos com o seu produto.

O produto completo é formado pelo conjunto de produtos e serviços que devem ser entregues ao usuário para satisfazê-lo. Em alguns casos, a sua empresa não terá condição de oferecer todas as partes que podem ser visualizadas na Figura 5.2. Neste caso, será necessário realizar parcerias no mercado para satisfazer a necessidade do usuário.

5. Ciclo de Vida de Adoção Tecnológica

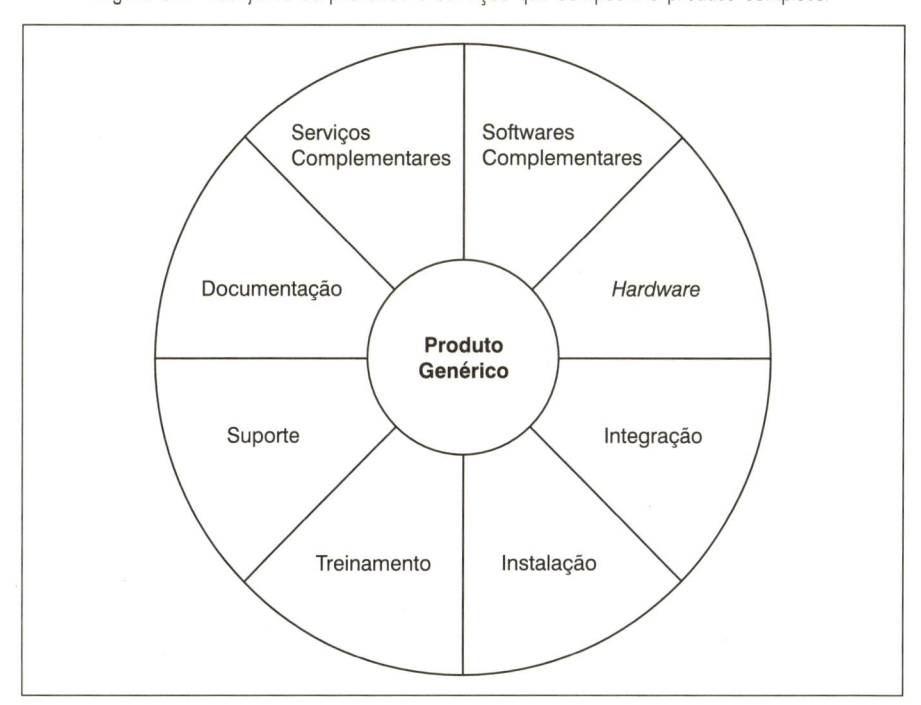

Figura 5.2 – Conjunto de produtos e serviços que compõem o produto completo.

```
                    Serviços          Softwares
                 Complementares    Complementares

        Documentação                              Hardware
                              Produto
                              Genérico

            Suporte                               Integração

                   Treinamento        Instalação
```

Um exemplo neste sentido trata-se dos sistemas computacionais para ERP's (*Enterprise Resource Planning*) nacionais. Eles entregam um produto genérico que deve ser complementado com suporte, treinamento, customização e integração. Em alguns casos, também será necessária a compra de um servidor exclusivo com banco de dados e sistema operacional. Em casos extremos, as máquinas dos clientes também devem ser atualizadas. Para entregar o produto esperado pelo usuário, a empresa de ERP teve que construir uma rede de empresas em um estilo semelhante a franquias que complementam o produto genérico com serviços. Além disso, essa rede de empresas proporciona a estes fabricantes uma escalabilidade e abrangência nacional que seria muito mais difícil alcançarem sozinhos.

E qual a relação entre o produto completo e os perfis psicográficos? Os inovadores e os visionários estão dispostos a comprar o produto genérico e a desenvolver o necessário (inovadores) ou a pagar pelo desenvolvimento (visionários). A partir dos pragmáticos, deve ser oferecido o produto completo. O lado esquerdo do abismo pode comprar um conceito ou uma tecnologia. O lado direito espera receber uma solução pronta.

Diante disso, o processo de adoção de novas tecnologias é composto pelas fases de venda aos inovadores, visionários e pragmáticos (cruzando o abismo). Dentro da venda, nos pragmáticos são identificados mais dois momentos que são intitulados "derrubando os pinos" (*bowling the pins*) e o "tornado". Na transição dos pragmáticos para os conservadores, também ocorre mais um momento intitulado "rua principal" (*main street*).

A seguir, serão analisadas cada uma dessas fases e suas estratégias.

Inovadores

Estes são os entusiastas da tecnologia e normalmente influentes na organização ou na comunidade que convivem. Para manter esta influência, eles precisam de informações precisas de forma que a credibilidade que transmitem para os outros seja mantida. Um outro fator é que eles sempre precisam estar na frente das novidades, sabendo qual a última tecnologia ou tendência. Para satisfazer a necessidade do inovador, os seguintes pontos devem ser atendidos:

- Sinceridade na descrição exata do que o produto pode ou não fazer. O inovador tem que ter confiança naquilo que está recomendando para poder comunicar aos seus pares com tranqüilidade e sem surpresas. Ele já está apaixonado pelo produto pela simples inovação tecnológica que ele traz embutido. Saber quais são as limitações do produto não vão impedi-lo de recomendar. O inovador vai entender as limitações e passar isso de forma confiável.

- Acesso às pessoas tecnicamente competentes. Neste caso, existem dois fatores. De um lado, o inovador se sente importante tendo este acesso e dá uma áurea superior de credibilidade para ele. Por um outro ângulo, o inovador não quer perder tempo lidando com pessoas que ele não considera que estejam aptas a responder as demandas que ele gera.

- Primeiros a terem acesso à informação. Os inovadores querem manter-se na vanguarda e serem reconhecidos como tal. Trabalhar com eles usando cláusulas de confidencialidade é uma estratégia de ter um retorno rápido dos testes do seu produto.

Inovadores estão dispostos a construir os componentes necessários para transformar uma tecnologia ou um produto genérico em uma solução completa. Normalmente, os inovadores não têm acesso a grandes orçamentos, por causa disso a entrega do produto ou serviço em versão beta ou para testes é uma das saídas possíveis no convencimento desta categoria.

É importante notar que apesar de representarem somente 2,5% do total, são essenciais para o processo de convencimento dos outros segmentos. Por causa disso, é especialmente importante tentar identificar os inovadores que tenham interação direta com os visionários.

Visionários

O inovador comentou sobre a tecnologia com o visionário que imediatamente associou a tecnologia a uma oportunidade de negócio. Não como uma oportunidade qualquer, mas como uma forma, dramaticamente, nova de atuar na sua área de atuação. Isto vai permitir dar um salto em relação aos seus concorrentes.

Ele confia no seu entendimento de tecnologia e no inovador que o está aconselhando. Sabe que, se a tecnologia entregar o que está prometendo, os benefícios para o negócio trarão um retorno de valores imenso, o que possibilita um orçamento generoso e permite a empresa customizar a tecnologia para entregar a visão que o visionário está buscando. O mesmo está disposto a correr o risco e pagar para a empresa construir as camadas auxiliares em torno do produto genérico que ela desenvolveu para chegar ao produto esperado que ele imagina.

O visionário entre todos os perfis do ciclo de adoção é o menos sensível ao preço, mas em compensação é extremamente demandante, pois está à busca de uma visão, um sonho.

Quais são as características que conquistam um visionário? Em primeiro lugar, eles são extremamente orientados a projetos, com marcos claros que os permitam acompanhar o desenrolar do desenvolvimento e desistir no caso de falhas. O objetivo da empresa é alinhar a visão do visionário com as suas necessidades de generalização para outros mercados. É imprescindível gerenciar as expectativas do visionário de forma que se entregue um projeto com alto retorno, que não acabe por exaurir os recursos da empresa e que ao final possa ser utilizado em outros mercados. O problema desses visionários é que cada um deles tem uma visão única sobre a indústria que ele está atuando, gerando demandas específicas para a empresa. Para a pequena empresa de tecnologia, um marco de mudança está em deixar os clientes que gostam de tecnologia e aceitam risco e pedem mudanças excessivas ao seu produto, e buscar um cliente que deseja um produto ou um serviço com baixa customização e seguro. Este cliente é o pragmático e está depois do abismo.

Cruzando o Abismo

No contexto dos perfis de adoção de tecnologia, a empresa, até o momento, estava trabalhando com mercados que gostam e são sensíveis às tecnologias. Os participantes desses mercados procuram manter-se informados sobre avanços tecnológicos em geral. Neste período, por exemplo, a empresa pode ter conseguido realizar algumas instalações, mas sem alcançar uma massa crítica em nenhum mercado que a permita se posicionar como vencedora e usufruir de um grupo de influenciadores que gere um boca a boca que permita reduzir os seus custos de vendas, com clientes batendo à sua porta.

Além disso, os visionários sempre pedem novas customizações que acabam exaurindo os recursos da empresa, porém são eles que proporcionam um mercado rápido, ajudam a encontrar erros e aplicar funcionalidades do produto, além de gerar certas experiências em mercados que possivelmente não era do conhecimento prévio do empreendedor.

Contudo, se alcançou somente um mercado potencial de apenas 16%, existem ainda 84% a serem explorados e, a partir deste momento, o terreno a ser alcançado é menos suscetível à tecnologia por si só e deseja ver um produto completo.

O primeiro mercado a ser alcançado depois do abismo é o do pragmático. O pragmático é normalmente o responsável pelos sistemas corporativos, isto é, pelos legados de uma corporação. Quando ele contrata um determinado serviço ou fornecedor, é um casamento de longa duração. Devido a isto, ele é detalhista em questões como confiabilidade da empresa do qual se está comprando (quanto tempo à empresa está no mercado, quem são as pessoas etc.), suporte técnico, atualizações (*upgrade*) etc.

5. Ciclo de Vida de Adoção Tecnológica

Os pragmáticos conversam com os outros pragmáticos dentro do seu próprio mercado. Lêem as revistas e vão aos congressos do mercado em que atuam. Preferem comprar de canais estabelecidos e manter esses canais em um número mínimo necessário de forma a diminuir a quantidade de gestão. Uma estratégia para um novo entrante é se aliar a um canal de confiança do pragmático[1]. Os pragmáticos gostam de um mercado competitivo para que possa ter opções e poder comparar preços, mas sempre preferem comprar do líder, pois sabem que o líder terá um ecossistema de serviços e produtos oriundos de terceirização, muito mais poderosos que o segundo ou o terceiro colocado.

E como chegar do outro lado? A estratégia é focar de uma forma absoluta em um nicho de mercado que seja possível dominar completamente, expulsando os outros concorrentes e utilizando este nicho como ponto de partida para alcançar os outros 84% restantes. Simplificando a oferta para somente um nicho de mercado, a empresa poderá direcionar todos os seus recursos para a construção de processos, material de suporte, serviços formando o produto esperado ou estendido para o pragmático.

A diferença básica entre este momento e o anterior é o comprometimento com um nicho específico, sem espalhar recursos da empresa para além dele. Isso necessita de uma disciplina e, em alguns casos, recusar alguns clientes. Esta atitude é necessária para criar naquele nicho específico uma percepção de segurança e um efeito boca a boca entre os pragmáticos. O empreendedor nunca vai conquistar este objetivo atingindo os visionários que estarão comprando o seu produto para aplicar em situações completamente diferentes. Dessa forma, para aquele nicho específico que o empreendedor escolheu[2], os pragmáticos irão considerá-lo como o líder de mercado, o que vai ao encontro com uma de suas premissas que é comprar somente do líder.

---

[1] Um caso deste tipo foi a Ação Informática que atua em ERP's para o setor de automóvel. Ela desenvolveu um dos primeiros ERP com arquitetura cliente servidor para a plataforma Windows no Brasil, no início dos anos 90. Para conseguir atingir aos pragmáticos do setor automobilístico, a mesma se alinhou com a IBM.

[2] No livro *As 22 leis consagradas do marketing* de Al Ries e Jack Trout (1993), a segunda lei é a Lei da Categoria. Se você não for líder em uma categoria, estabeleça uma nova categoria que seja o primeiro. Durante a década de 90, o líder no mercado de coletores de dados e código de barras era a Symbol. A Intermec era o líder nesse mesmo mercado para clientes industriais, com coletores de dados robustos e canetas leitoras de código de barra em aço escovado. Eles criaram esta categoria e posicionaram o produto dentro dela.

E como escolher este mercado?

Existe uma série de conceitos que serão mais bem definidos posteriormente, mas inicialmente para ser líder de um mercado deve-se ter mais que 50% dele. Logo, o seu objetivo é entrar em um nicho em que 50% do mercado sejam equivalentes à sua previsão de faturamento. A idéia é ser um peixe grande em um lago pequeno.

Um outro ponto na escolha do nicho é a correlação com nichos próximos que facilitem o crescimento para outros pragmáticos. A idéia é que um nicho possa ser referência para outro, como exemplo, se o empreendedor domina o segmento de software para visão computacional em montadoras de automóveis é bem possível que possa entrar no mercado das fabricantes de peças de automóveis e outros nichos correlatos. Um processo sugerido para escolha de um nicho é a criação de cenários de uso, no qual se captura um momento de frustração de um usuário fictício e que é resolvido com a tecnologia.

Os cenários contêm a seguinte estrutura:

- Antes da inovação:
    - ✓ Situação – Em qual situação o usuário se frustra? O que o usuário está tentando fazer?
    - ✓ Resultado desejado – O que o usuário desejaria alcançar?
    - ✓ Abordagem disponível – O que o usuário consegue fazer usando as ferramentas atualmente a disposição dele?
    - ✓ Fatores limitantes – O que dá errado? Como e por que dá errado?
    - ✓ Conseqüências econômicas – Qual o impacto econômico do usuário não ter alcançado sucesso?
- Depois da inovação:
    - ✓ Nova abordagem – Com o novo produto ou serviço, como o usuário aborda o problema anterior?
    - ✓ Fatores competitivos – Quais os fatos da nova tecnologia que permite o sucesso do usuário?
    - ✓ Ganhos financeiros – Quais os retornos financeiros desta nova situação?

Estes cenários são analisados em duas fases. Na primeira fase, caso a pontuação seja baixa, em qualquer critério independente da somatória, o cenário é eliminado. Os cenários restantes passam para a segunda fase até restar somente um cenário. Os pontos de análise estão listados a seguir e para cada cenário deve ser pontuados de 1 a 5.

- Fase 1 (Eliminatória)
    - ✓ Cliente-alvo – Existe um cliente potencial para esta oferta que seja facilmente alcançável pela empresa? Ele consegue orçamento para comprar o seu produto ou serviço?
    - ✓ Razão de compra – Os ganhos financeiros são fortes suficientes para que o comprador o faça de imediato? Caso não, o pragmático vai preferir esperar até que algum outro pragmático o faça. O pragmático vai esperar entender melhor o produto e o melhor cenário para ele, é que um outro pragmático gaste o dinheiro inicial e depois faça um relatório informal.
    - ✓ Produto completo – A empresa consegue entregar ou articular com parceiros a entrega do produto completo em curto prazo (por exemplo, três a seis meses)?
    - ✓ Competição – Alguma outra empresa já está atuando no nicho escolhido? O outro lado do abismo já está sendo ocupado usando esse nicho?
- Fase 2 (Classificatória)
    - ✓ Parceiros e aliados – Já existem relacionamentos prévios com parceiros para entregar o produto completo?
    - ✓ Distribuição – Já existem canais de distribuição e força de vendas, estabelecidos para atingir o nicho escolhido?
    - ✓ Preço – O preço do produto completo (produto + serviços) está de acordo com o orçamento e porte do nicho? O produto faz sentido economicamente (percepção de preço)? Os parceiros estão sendo remunerados adequadamente para se manterem interessados pelo negócio?
    - ✓ Posicionamento – A companhia tem credibilidade junto ao nicho?
    - ✓ Próximo cliente-alvo – Depois de dominado o nicho, existem outros nichos adjacentes para serem alcançados?

Se a decisão do nicho a ser conquistado for em grupo, uma técnica como Delphi[3] estrutura o processo de decisão. Como já foi comentado anteriormente, o objetivo é ter somente um cenário, conquistá-lo completamente e utilizá-lo como um porto seguro para depois avançar nos cenários adjacentes. A falta dessa disciplina citada pode dispersar os recursos da empresa no atendimento de produtos completos e não propiciar a formação da massa crítica necessária para o reconhecimento da empresa como líder de mercado e formar um boca a boca convincente entre os pragmáticos.

Depois de definido um nicho para conquista, a empresa deve preparar o produto completo para atender esse mercado. O próximo passo é achar um competidor. Pragmáticos somente compram se o mercado tem competidores, isso passa uma impressão de que o mercado já está tornando-se relativamente maduro. Eles precisam estabelecer fatores comparativos para justificar a decisão de compra de forma racional junto aos seus pares dentro e fora da empresa. Neste caso, é função do entrante escolher o melhor competidor possível.

A escolha do competidor explicita o seu mercado. Não adianta o empreendedor se posicionar em um mercado que seja irrelevante. Por exemplo, se a empresa se declarar como líder em "Sistemas COBOL para plataformas móveis", apesar de poder ser crédulo, não vai ser um mercado significativo. Por outro lado, afirmações de mercado muito amplas e baseadas em tecnologia como "sistemas para transações bancárias baseadas em inteligência artificial", "sistemas de segmentação visual" funcionam para os inovadores e visionários, mas não funcionam para os pragmáticos que estão mais focados em seus mercados de aplicação que no produto ou no serviço tecnológico.

A questão para cruzar o abismo é focar nos valores dos pragmáticos que são mais ligados a mercado que a tecnologia. O modelo de Moore do compasso Competitivo-Posicionamento pode ajudar nesse processo (Figura 5.3).

---

[3] A técnica Delphi foi criada pela *Rand Corporation* no começo da guerra fria para prever o impacto das tecnologias na guerra. No endereço http://www.is.njit.edu/pubs/delphibook/ se encontra um livro com a descrição da técnica.

5. Ciclo de Vida de Adoção Tecnológica

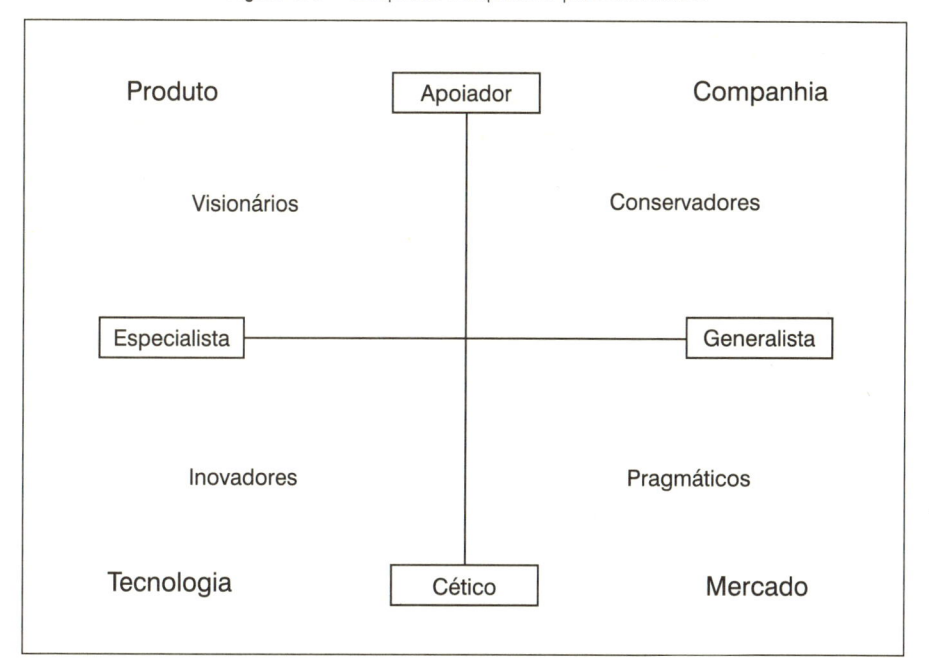

Figura 5.3 – Compasso competitivo-posicionamento.

```
    Produto          Apoiador           Companhia

              Visionários              Conservadores


    Especialista ─────────────────────── Generalista


              Inovadores               Pragmáticos

    Tecnologia         Cético           Mercado
```

O objetivo deste modelo é auxiliar a estabelecer quais são os fatores preponderantes na compra de cada um dos perfis psicográficos e assim poder ajudar o empreendedor, a posicionar a sua empresa em cada fase. Existem quatro quadrantes: Tecnologia, Produto, Mercado e Companhia. Cada um dos clientes é focado em um desses pontos. Cruzar o abismo é mudar de uma visão de produto para uma visão de mercado.

O modelo traz mais algumas informações:

- O eixo horizontal indica o conforto do comprador com a tecnologia. Os inovadores e os visionários gostam de tecnologia e são confortáveis com ela. Os pragmáticos e conservadores não.
- O eixo vertical varia dos céticos até os apoiadores. Os inovadores e pragmáticos precisam aprovar uma tecnologia para os visionários e conservadores comprarem.

A transição de inovadores para visionários é natural, são de perfis que gostam de tecnologia. A transição de pragmáticos para conservadores também. O problema reside em realizar a transição de apoio dos especialistas (visionários) para voltar a ser confrontado com os céticos generalistas (pragmáticos) que se importam mais com mercado que com produto. A questão é se posicionar em um nicho de mercado que rapidamente seja possível atender os seguintes valores relacionados com mercado: maior base instalada, melhor suporte de terceiros, padrão de mercado, custo total de propriedade e qualidade de suporte.

A principal questão é achar um nicho de mercado em que seja possível conquistar os itens acima rapidamente. Um ponto importante nesse processo é, se tiver dificuldade em encontrar um nicho único, isso pode ser uma dica de que o produto não está pronto para cruzar o abismo. Cruzar o abismo necessita de um único nicho claro do outro lado com recursos alocados que já estão sendo utilizados de forma ineficiente e que o seu produto vai resolver de uma nova forma. A empresa de tecnologia deve atender uma necessidade existente, a fase para educar os usuários é antes do abismo. O objetivo é conquistar e ampliar este orçamento que está sendo mal utilizado. Os atuais concorrentes nesse mercado são os competidores com os quais o empreendedor deve-se comparar.

O objetivo é tornar o produto uma resposta óbvia para aquele nicho de mercado frente aos concorrentes. O mais importante neste processo é a afirmação que posiciona o seu produto no mercado. A forma mais fácil de validar essa afirmação é criar um argumento de vendas para o "elevador" (*elevators pitch*). O conceito de criar um argumento conciso e que possa ser comunicado para um investidor em potencial em um elevador, é muito utilizado na área de capital de risco. O argumento deve ser conciso e convincente de forma que possa capturar o interesse de um investidor em potencial que o empreendedor encontre ao acaso em um elevador. Este argumento deve posicionar a empresa no nicho escolhido e mostrar qual o problema a ser resolvido além de apresentar o diferencial frente aos concorrentes. Um modelo sugerido por Moore tem os seguintes elementos:

- Para (mercado-alvo do nicho escolhido).
- Que estão insatisfeitos com (solução atual).
- (nosso produto/serviço) é (uma nova categoria de produtos).
- Que provê (solução única).
- Ao contrário (os concorrentes que você escolheu).
- Pois inclui (funcionalidades que o diferenciam do concorrente).

5. Ciclo de Vida de Adoção Tecnológica

A seguir, são apresentados dois exemplos da aplicação do modelo de Moore. O primeiro exemplo[4]:

- Para emissoras de rádio.
- Que estão insatisfeitas com a gestão manual das mensagens vias celulares (SMS) para comunicação com os ouvintes.
- ViaRadio é um software para gestão de mensagens.
- Que provê a gerência das mensagens recebidas.
- Ao contrário de soluções manuais.
- Pois inclui a integração com as operadoras de telefonia celular.

Segundo exemplo:

- Para concessionárias de veículos.
- Que estão usando ERP's baseados em sistemas UNIX ou Cobol.
- DealerNet é um ERP para concessionários de veículos baseado em Windows.
- Que provê os benefícios desta nova plataforma.
- Ao contrário das soluções de xxx, yyy, zzz.
- Pois foi construído especificadamente para Windows utilizando todos as suas novas funcionalidades.

Com a proposição pronta, ela deve ser suportada por critérios objetivos. Para cada perfil um determinado conjunto de evidências dará suporte à proposição, seguindo o diagrama da Figura 5.4.

O ponto crucial é que todos os pontos de convencimento do pragmático estão fora do controle direto da empresa. Os pontos não estão relacionados com fatores como desempenho ou funcionalidades que a empresa pode-se empenhar em resolver. Os pontos sempre estão relacionados com percepções de mercado ou números relacionados com o mercado.

Justamente por causa disso que a escolha do nicho é essencial, quanto mais focado o nicho, mais fácil será a obtenção de bons indicadores nos pontos essenciais aos pragmáticos.

---

[4] Empresa incubada em Salvador – Bahia (Dezembro/2006).

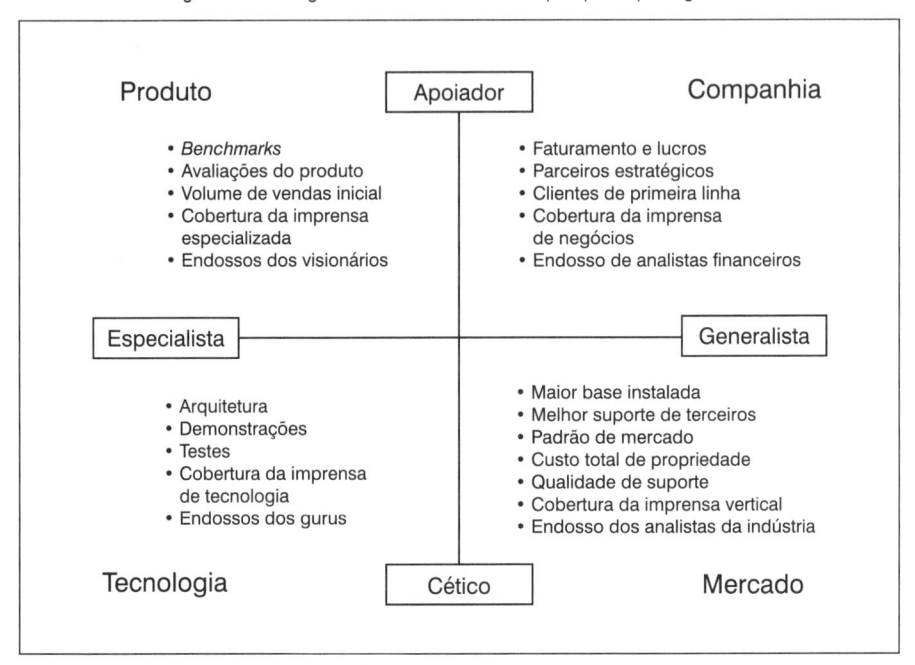

Figura 5.4 – Argumentos mais utilizados por perfil psicográfico.

	Apoiador	
Produto		**Companhia**
• *Benchmarks* • Avaliações do produto • Volume de vendas inicial • Cobertura da imprensa especializada • Endossos dos visionários		• Faturamento e lucros • Parceiros estratégicos • Clientes de primeira linha • Cobertura da imprensa de negócios • Endosso de analistas financeiros
Especialista		Generalista
• Arquitetura • Demonstrações • Testes • Cobertura da imprensa de tecnologia • Endossos dos gurus		• Maior base instalada • Melhor suporte de terceiros • Padrão de mercado • Custo total de propriedade • Qualidade de suporte • Cobertura da imprensa vertical • Endosso dos analistas da indústria
Tecnologia	Cético	**Mercado**

A mensagem para atingir os pragmáticos e conservadores deve ser passada preferencialmente por dois canais, na mídia específica do mercado (no caso anterior, concessionárias de automóveis e rádios) e na mídia relacionada com negócios. Neste segundo caso, inclui a seção de negócios de jornais ou revistas para o grande público. Em resumo, o processo de cruzar o abismo é composto das seguintes fases:

- Escolha de um nicho.
- Preparar a oferta do produto completo para o nicho.
- Posicionar o produto, preparando o argumento de venda e escolhendo os competidores.
- Realizar a comunicação adequada.

Derrubando os Pinos

Neste período, a empresa conseguiu conquistar um nicho de mercado que é referenciado pelos pragmáticos. A comunicação boca a boca já está funcionando, a base de clientes conquistada já reconhece a empresa como líder no nicho. Os pragmáticos referenciam a empresa para outros pragmáticos, o setor comercial começa a ter sucesso em suas investidas. Conseguiu-se oferecer um produto completo que faz sentido para este público.

A questão agora é como continuar conquistando novos nichos de mercado dos pragmáticos até o momento em que se tenha uma solução genérica que possa ser amplamente aceita. O esforço e o investimento para conquistar este primeiro nicho foram consideráveis e a empresa possivelmente não possui recursos financeiros suficientes para criar de uma só vez todos os conjuntos de produtos e serviços complementares para atingir todo o mercado possível de pragmáticos.

Por ter conquistado a liderança naquele nicho, gerou-se um possível mercado para fornecedores de serviços ou produtos complementares. No momento em que se domina um mercado específico, a empresa também gera um mercado secundário para estes parceiros. Um exemplo no nosso país é o mercado secundário que é gerado pelas empresas de ERP nacionais ou o mercado associado criado pelas empresas de *web hosting*. Cada vez que um cliente compra o ERP ou um serviço de *web hosting*, automaticamente ele será um novo consumidor para os fornecedores de produtos ou serviços complementares. Esta ação simbiótica entre a empresa líder e o ecossistema de produtos e serviços somente reforça a tendência de liderança.

A idéia de derrubar os pinos (*bowling pin model*) vem da derrubada de pinos em um jogo de boliche. A idéia é que cada pino (nicho), ao ser derrubado (conquistado), ajude a derrubar os pinos adjacentes (conquista de nichos adjacentes). O objetivo é criar os produtos completos necessários para conquistar os nichos adjacentes utilizando ao máximo o conjunto de produtos e serviços já existentes. Assim, reduz-se o custo de desenvolvimento e se maximiza o retorno. O processo funciona ainda melhor se o seu primeiro nicho puder funcionar como referência para o nicho adjacente. Um exemplo é a venda de um software para rádio que possa ser estendido para televisão ou a venda de um software para pecuária bovina que possa ser estendido para suína.

A escolha para os nichos subseqüentes ocorre de forma semelhante ao do nicho inicial. Em resumo, deve-se escolher um nicho do tamanho da empresa. O objetivo é conquistar a liderança. Se a empresa tem o objetivo de aumentar o faturamento em torno de R$ 1 milhão no próximo ano e, para ser reconhecido como líder, é necessário 40% do mercado, o novo nicho deve ter algo em torno de R$ 2,5 milhões. O nicho deve ter alguma boa razão para adquirir o produto, deve haver alguma vantagem competitiva naquele novo setor. A estratégia continua sendo atingir os mercados de forma vertical, mirando no consumidor que irá obter o retorno econômico por causa da oferta. Torna-se mais fácil de se obter o aceite deste tipo de cliente, pois se está oferecendo um produto completo, isto é, o cliente não tem que se preocupar com integrações ou customizações excessivas. Não se está vendendo uma tecnologia como se vendia para o inovador ou o visionário. Está-se vendendo uma solução para um problema específico da sua indústria.

Leituras Recomendadas

O leitor que desejar aprofundar-se no assunto abordado neste capítulo tem uma lista de livros que pode ser consultada. Os de Geoffrey Moore serviram como base e é a principal recomendação. Al Ries e Jack Trout são referências na área de marketing e os livros listados nas referência bibliográficas são representativos das melhores idéias da dupla. O livro *Chasm Companion* provê um passo a passo a ser aplicado em campo usando os conceitos de George Moore. *High Tech Marketing* é uma referência do setor e deve ser lido junto com os livros de Moore. O livro *Ponto de Desequilíbrio* é uma leitura que reúne uma série de pesquisas das ciências sociais e biológicas explicando a proliferação de epidemias biológicas e, principalmente, de comportamentos sociais, como decisões de compra ou tendências da moda que brotam de forma espontânea na sociedade. Todas as referências citadas podem ser encontradas no final do livro.

6 Planejamento e Gestão Estratégica de Marketing (PGEM)

Existem ferramentas importantes que o empreendedor deve dominar para realizar o planejamento do produto ou do serviço que pretende levar ao mercado. Uma das ferramentas é o plano de negócios (*business plan*). Essa ferramenta é importante no momento que se pretende captar recursos financeiros para desenvolver o projeto.

Esses recursos podem ser oriundos do capital de risco, *angel*, empréstimos bancários etc. Porém, a construção de um plano de negócios requer tempo e levantamento de dados. É muito complicado para um empreendedor técnico escrever diretamente um plano onde deve constar desde a missão da empresa até quanto ele vai precisar gastar na cadeia de suprimentos para a fabricação, passando pelo cálculo do *payback*, taxa interna de retorno etc.

Diante deste fato, é sugerido um documento intermediário entre um *checklist*, como o apresentado no Anexo 1 deste livro, e o plano de negócios. Trata-se do PGEM, Planejamento e Gestão Estratégica de Marketing. Este documento contempla todas as informações do negócio, mas seu foco não é na captação financeira e sim para entender e planejar o negócio.

Antes de pedir dinheiro para alguém, o empreendedor deve estudar profundamente o seu negócio, pois, se ele não entende do que se trata o próprio negócio, dificilmente conseguirá justificar para outros. Ele deve realizar todo um planejamento e após seu fechamento, então, deve incluir as informações que faltam para completar o plano de negócios.

O planejamento estratégico de marketing está relacionado com a definição de objetivos de marketing para um período, por exemplo, de dois a quatro anos. O empreendedor não deve confundir a palavra marketing somente como a comunicação ou a promoção dos 4P's. No Brasil, muitos empreendedores técnicos confundem a palavra marketing com o significado das palavras propaganda e publicidade. Este planejamento deve ser orientado para o mercado, ou seja, deve-se saber em que extensão o foco do cliente está impregnado em toda a organização, ter comprometimento com a entrega de valor, identificação e desenvolvimento de competências distintas, formação de parcerias estratégicas, desenvolvimento de fortes relações com importantes consumidores estratégicos, ênfase em segmentação de mercado, seleção do mercado-alvo e posicionamento, uso de informação sobre o consumidor como um bem estratégico, foco nos benefícios e nos serviços para o consumidor, melhoramento e inovação contínua, definição de qualidade baseada nas expectativas dos clientes e comprometimento em obter a melhor informação tecnológica possível (Neves, 2006).

É necessário planejar para que as ações futuras sejam consideradas e a empresa se torne mais racional, isto é, exista maior controle sobre a organização. Os possíveis resultados do planejamento são a melhoria da capacidade de coordenação da empresa e sua rede; entender melhor os clientes; maior velocidade de adaptação; diagnóstico com maior velocidade das possíveis mudanças no ambiente; menor risco de ações desencontradas; melhoria dos produtos, preços, comunicações, força de vendas e canais de distribuição. O PGEM que é apresentado foi adaptado do livro de Neves (2006). Esta adaptação está relacionada ao perfil das pequenas e médias empresas de base tecnológica (PMEBT). Nessa adaptação, foram consideradas características específicas que envolvem o mercado de atuação e o tipo de clientes (B2B) que adquirem produtos e serviços tecnológicos.

A seguir, são apresentadas, nos Quadros 6.1, 6.2 e 6.3, as dez etapas para formulação do PGEM. No Anexo 2, existe um exemplo de um PGEM já elaborado. No caso, trata-se de um software para área de distribuição de energia elétrica desenvolvido pela empresa Cientistas Associados Desenvolvimento Tecnológico Ltda. O empreendedor pode utilizá-lo como referência na montagem do seu PGEM seja para o seu produto, seja para o seu serviço na área tecnológica.

Quadro 6.1 – Etapas de introdução para o desenvolvimento do PGEM
(adaptado de Neves, 2006).

Etapas	Fase 1 – Introdução
1 – Introdução e entendimentos	• Elaborar o histórico da empresa. • Verificar se a organização tem outros planos já criados e estudá-los. • Verificar como é o método de planejamento da empresa. • Definir quais as pessoas que irão participar do PGEM. • Levantar, nessa equipe, uma pessoa que poderia ser um promotor do relacionamento com outras empresas. • Verificar aspectos culturais (cultura organizacional da empresa). • Verificar por que o processo está começando agora (normalmente troca de donos, profissionalização da empresa etc). • Verificar, em casos de empresas com processos de planejamento já existente, como este modelo pode ajudar o modelo existente e adaptar, gradualmente, a empresa a ele. Sem rupturas.
2 – Análise do ambiente com enfoque na rede da empresas	• Desenhar e entender a rede da empresa com detalhes (Figura 6.1). • Levantar todos os dados possíveis do mercado em que opera a empresa (tamanho, taxas de crescimento, participação de mercado, ciclo de vida, entre outros). • Levantar as ameaças e oportunidades advindas das chamadas variáveis incontroláveis – PEST (possíveis mudanças no ambiente político-legal, econômico-natural, sociocultural e tecnológico) – tanto no mercado nacional como no internacional. • Entender as barreiras (tarifárias e não tarifárias) existentes e verificar ações coletivas para sua redução. • Analisar o comportamento do cliente final e intermediário (caso existam os distribuidores) e seus processos de decisão de compra. • Montar um Sistema de Informações de Marketing (SIM) para que a empresa possa estar sempre informada e tomando decisões com suporte e embasamento. • Descrever os principais concorrentes nacionais e internacionais. • Montar uma lista proativa de ações coletivas que podem ser realizadas com concorrentes ou com outras empresas em todos os passos aqui listados (por exemplo, pesquisa de mercado conjunta).
3 – Análise da situação interna e dos concorrentes	• Levantar todos os pontos fortes e fracos da empresa (análise de SWOT). • Realizar esta análise em relação aos seus principais concorrentes. • Analisar o ambiente interno e a estrutura de marketing. • Analisar a criação de valor, os recursos e as competências da empresa. • Analisar os fatores críticos de sucesso. • Selecionar, dentre as empresas (que podem ou não ser concorrentes) que tiveram as melhores avaliações, quais e em que áreas serão *benchmarks* (fontes de boas idéias).

Nesta primeira etapa do PGEM, uma das principais informações que deve ser levantada é a análise do ambiente com enfoque na rede da empresa. O objetivo de desenhar a rede da empresa é descrever, em um fluxo, todos os agentes que realizam funções importantes para o negócio, desde dos fornecedores até os clientes finais. É importante que o empreendedor visualize todo o processo e identifique todos os participantes para realizar aquele determinado negócio. Para cada negócio (produto ou serviço) da empresa, faz necessário desenhar uma rede específica. O processo de montagem da rede inicia-se inserindo os agentes que realizam funções de negociação (fornecedores etc.) no fluxo do produto. As empresas facilitadoras devem ser somente citadas no desenho, porque não compram os produtos, apenas realizam negociações relacionadas à prestação de seus serviços, como, por exemplo, financiamento no caso de bancos, seguro no caso de seguradora, transporte no caso de transportadoras etc.

A Figura 6.1 na página seguinte, apresenta uma rede padrão. O ponto fundamental da análise externa é compreender e buscar prever as mudanças geradas pelos agentes ou pelas variáveis externas à empresa, seja do ambiente imediato (fornecedores, concorrentes, distribuidores e clientes), seja do macroambiente (Político-legal, Econômico-natural, Sociocultural e Tecnológico).

Na etapa da análise da situação interna e dos concorrentes, o destaque é para o levantamento de informações sobre os concorrentes do negócio. Para muitos empreendedores de pequenas empresas de tecnologia, este é um desafio operacional alto. A maioria desenvolve seus projetos técnicos sem nunca ter buscado informações no mercado da existência de outras empresas que desenvolvem e comercializam os mesmos produtos ou serviços. Existe um ceticismo de que o meu produto ou serviço não tem concorrente. O empreendedor sempre acredita que sua idéia é original e que ninguém mais pensou em desenvolver aquela tecnologia para tal aplicação. Infelizmente, esta miopia tecnológica somada à miopia de marketing produzem o fracasso do empreendimento. As principais informações necessárias sobre os concorrentes que precisam ser levantadas são apresentadas na Tabela 6.1.

Uma tarefa importante que o empreendedor deve realizar é identificar os recursos que a empresa possui. É importante distinguir entre recursos e competências.

6. Planejamento e Gestão Estratégica de Marketing (PGEM)

Figura 6.1 – A rede da empresa e suas variáveis (Neves, 2006).

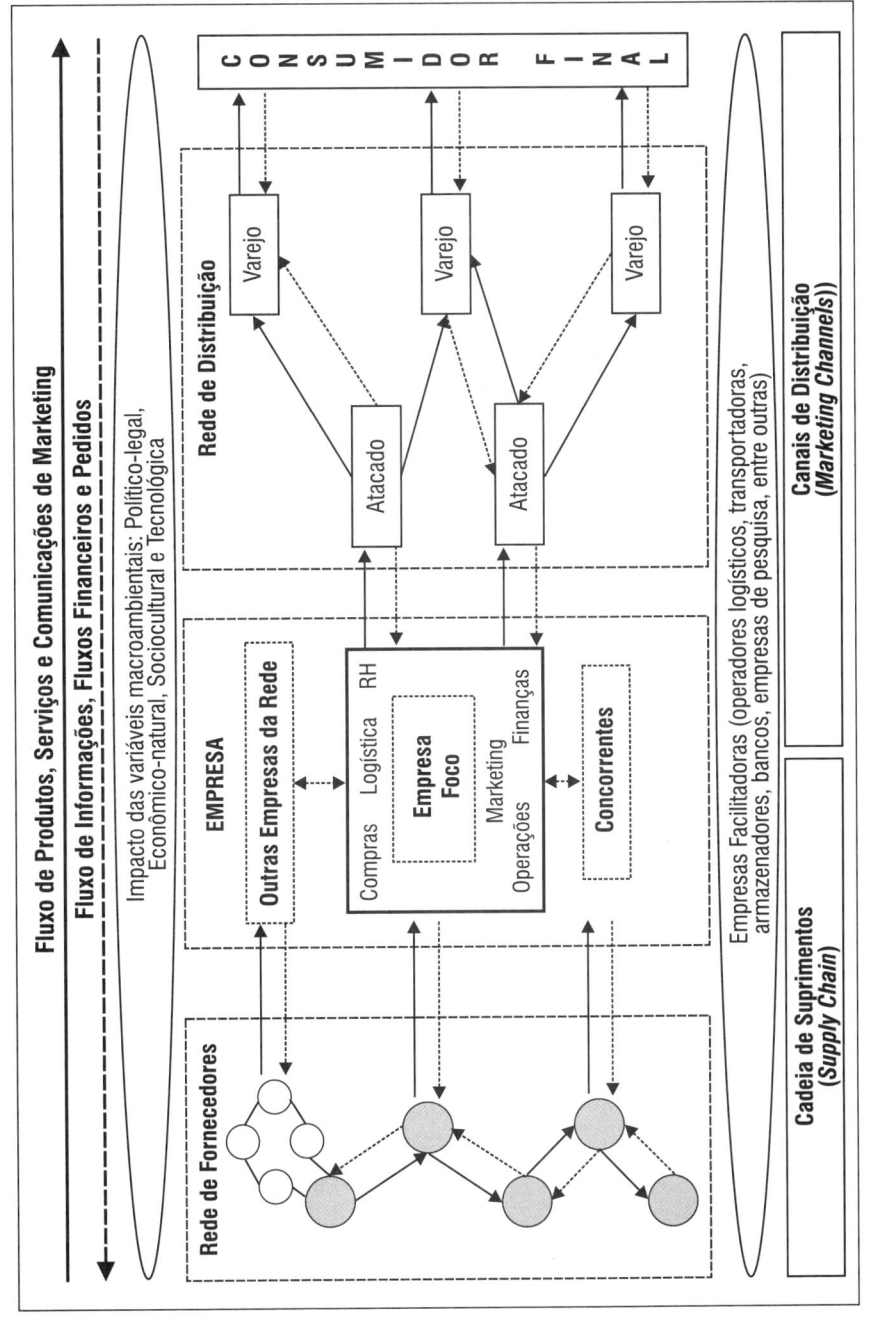

Tabela 6.1 – Levantamento de informações sobre os concorrentes (Neves, 2006)

1. Mercado
- Número de unidades vendidas.
- Vendas por linha de produtos.
- Tendências de vendas.
- Participação de mercado.
- Tendências na participação de mercado.

2. Compradores
- Perfil dos clientes.
- Motivos de compra.
- Padrão de uso.
- Novos clientes.
- Clientes perdidos.
- Proporção de compras repetidas.
- Lealdade à marca.
- Identidade e imagem entre clientes.
- Nível de satisfação com produto, desempenho, qualidade e contabilidade.
- Existência de relacionamentos especiais.

3. Produtos, Serviços, Marcas e Embalagens
- Amplitude e profundidade da linha de produtos.
- Nível de performance dos produtos.
- Política de novos produtos.
- Investimentos em P&D.
- Modificações e introdução de novos produtos.
- Nível de qualidade.
- Estilo, *design*.
- Nome, marcas e embalagens.
- Garantia e serviços de apoio.
- Prazos de entrega.
- Patentes.

4. Comunicações
- Nível de investimento e padrões.
- Efetividade das ações promocionais.
- Folhetos e catálogo de produtos.
- Promoções de vendas.
- Publicidade e propaganda.
- Relações públicas.

6. Força de Vendas
- Tamanho, capacidade e experiência.
- Cobertura geográfica e de clientes.
- Níveis de assistência disponíveis.
- Salários e comissões.
- Serviços pós-venda.
- Filosofia de apoio aos clientes.
- Territórios de venda.
- Competência, cortesia, apresentação, amizade e conhecimento.
- Forma de governança.

7. Preços
- Nível de custos.
- Estrutura de custos.
- Lista de preços e tabelas de descontos.
- Condições de créditos e pagamentos.
- Prazos especiais.
- Operações de troca.

8. Finanças
- Nível de desempenho, margens e rentabilidade.
- Disponibilidade de recursos financeiros e flexibilidade.
- Estrutura de capital.
- Flexibilidade financeira.

9. Administração
- Principais executivos.
- Objetivos (curto e longo prazos).
- Filosofia e cultura.
- Expectativas.
- Atitudes ao risco.
- Habilidades especiais.
- Estratégias competitivas.
- Comprometimento estratégico.
- Estrutura organizacional.
- Planos de investimento.
- Fatores críticos de sucesso.

(Cont.)

5. Canais de distribuição	10. Outros (produção, ambiental etc.)
• Programas de retorno ou fidelização. • Tipos de canais de distribuição utilizados. • Relacionamentos e balanços de poder. • Estrutura de transportes. • Estrutura de custos. • Flexibilidade. • Existência de contratos. • Objetivos de revendedores. • Nível de desempenho dos distribuidores. • Capacidade e nível de apoio a revendedores. • Nível de estoques. • Espaços de prateleira. • Localização de armazéns. • Margens dos intermediários.	• Ações com relação a meio ambiente. • Normas ISO, CMMi etc. • Certificados. • Selos. • Vendas por funcionário. • Utilização da capacidade. • Tipos de equipamentos utilizados. • Métodos de aquisição de matéria-prima. • Principais fornecedores. • Grau de integração vertical/horizontal. • Comprometimento com setores do mercado. • Eficiência/rapidez. • Ambiente de trabalho. • Inovações tecnológicas em desenvolvimento.

Os ativos são os recursos que a empresa tem acumulado (investimentos, localização, infra-estrutura, valor da marca etc.) e as competências representam a dinâmica que liga esses recursos capacitando-os a serem empregados com vantagens. Um ponto de partida para identificar os recursos da empresa é classificá-los em recursos tangíveis, intangíveis e humanos. A partir dessa classificação, a empresa pode, então, comparar seus recursos com os de seus concorrentes.

Tabela 6.2 – Classificação dos recursos da empresa.

Recursos tangíveis	Características relevantes
Recursos financeiros	• Capacidade de a empresa captar recursos. • Capital próprio. • Capacidade de investimento.
Recursos físicos	• Conjunto de possibilidades de produção e o impacto na posição de custo da empresa. • Características-chave. • Tamanho, localização, técnica, sofisticação e flexibilidade da planta e equipamentos. • Localização e usos alternativos para terra e edificações. • Reservas de matéria-prima.

(Cont.)

Recursos intangíveis	Características relevantes
Recursos tecnológicos	• Propriedade intelectual, portfólio de patentes, direitos autorais, segredos comerciais. • Recursos para inovação (equipe de P&D).
Reputação	• Reputação da marca junto aos clientes. • Reputação da empresa em relação à qualidade e à confiabilidade de seus produtos e serviços. • Reputação com os fornecedores, agências governamentais, bancos e a comunidade.
Cultura	• Valores, tradições e normas sociais.

Recursos humanos	Características relevantes
RH	• Educação, treinamento e experiência dos colaboradores. • Habilidades disponíveis para a empresa. • Adaptabilidade dos funcionários e contribuição para a flexibilidade da estratégia organizacional. • Habilidades colaborativas e sociais dos funcionários determinam a capacidade de a empresa transformar recursos humanos em capacidades organizacionais. • Comprometimento e a lealdade dos funcionários determinam a capacidade de a empresa alcançar e manter uma vantagem competitiva.
Criatividade	• Inovação de produtos, processos e formas de trabalho.

A segunda fase do PGEM está relacionada com a definição do negócio tecnológico. Estabelecer os objetivos da empresa serve para fornecer aos sócios e colaboradores um sentimento específico e adequado do seu papel na empresa. Também serve para dar consistência à tomada de decisão, estimular o empenho e a realização baseada em resultados esperados e fornecer a base para as ações corretivas e o controle. As características desses objetivos são:

- *Hierarquização:* os objetivos devem ser dispostos em escalas hierárquicas, demonstrando quais são os prioritários. Também seria interessante esclarecer como foram estabelecidas as prioridades.

- *Números devem aparecer:* sempre que possível os objetivos devem ser quantificáveis, facilitando o acompanhamento dos resultados obtidos ao longo do tempo.

- *Realistas:* os objetivos devem surgir de uma análise das oportunidades e ameaças ambientais e dos pontos fortes e fracos, bem como dos recursos da empresa e não de pensamentos e desejos de seus diferentes colaboradores.

- *Consistentes:* uma empresa pode estar buscando vários objetivos e desafios importantes de uma só vez; entretanto, devem ser consistentes.

- *Claros:* os objetivos devem ser claros, ou seja, de simples compreensão, entendidos por todos os profissionais envolvidos no processo e registrados na forma escrita.

- *Comunicados:* a finalidade e o conteúdo dos objetivos devem ser comunicados a todos os envolvidos, direta e indiretamente, em sua realização.

- *Desmembrados em objetivos funcionais:* os objetivos corporativos da empresa devem ser desmembrados em objetivos específicos para cada área funcional da empresa (marketing, gestão de pessoas, finanças, produção, entre outras).

- *Motivadores:* os objetivos devem propiciar uma situação de motivação para facilitar as estratégias a serem desenvolvidas e implementadas pelos colaboradores.

Posteriormente, para a definição dos objetivos, é necessária a criação das estratégias genéricas de negócios, bem como definir o mercado de atuação (segmentação) e as estratégias de atuação (diferenciação e posicionamento). Além disso, após uma constância do negócio, é importante analisar as estratégias de crescimento, diversificação e portfólio, além de criar e manter estratégias visando ao estabelecimento de vantagens competitivas.

Finalmente, na terceira fase, são trabalhados os planos estratégicos das variáveis controláveis de marketing, os chamados compostos ou *mix* de marketing (Produto, Comunicação, Canais de Distribuição, Força de Vendas e Precificação). Cada um dos compostos será discutido separadamente nas seções desse capítulo.

Quadro 6.2 – Etapas relacionadas à definição do negócio (adaptado de Neves, 2006).

Etapas	Fase 2 – Definição do negócio
4 – Objetivos	• Definir e quantificar os principais objetivos em termos de vendas, de participação e presença em mercados, além da entrada em novos mercados. O nível de detalhamento deve ser grande, para que os objetivos possam ser monitorados no transcorrer do período do plano. • Inserir possíveis objetivos de parcerias e alianças na rede, isto é, em cooperação com concorrentes e com outras empresas que atuam no mesmo mercado-alvo.
5 – Estratégias para atingir os objetivos	• Listar as principais estratégias (ações) que serão usadas para atingir os objetivos propostos no item "Objetivos". • Trabalhar a segmentação de mercados, a seleção de mercados alvo, estratégias de diferenciação e posicionamento, entre outras.

Quadro 6.3 – Etapas relacionadas às variáveis controláveis de marketing (adaptado de Neves, 2006).

Etapas	Fase 3 – Planos das variáveis controláveis de marketing
6 – Decisões de produtos	• Analisar produtos e linhas de produtos, bem como linhas de produtos complementares para decisões de expansão. • Definir que ações de redes com relação a produtos podem ser realizadas (pacotes de produtos junto com concorrentes, complementar linha com produtos de outras empresas e outras ações). • Levantar oportunidades de lançamento de novos produtos. • Detalhar todos os serviços que estão sendo e que serão oferecidos. • Tomar decisões com relação às marcas (marcas individuais, marcas coletivas, marcas próprias da distribuição). • Tomar decisões com relação às embalagens (rótulos, materiais, *design*). • Orçar despesas com produtos, novos produtos e outras ações que estão nesta etapa.
7 – Decisões de comunicações	• Identificar o público-alvo que receberá a comunicação (mensagens da empresa). • Desenvolver os objetivos desejados para esta comunicação (conhecimento de marca, lembrança de marca, persuasão, entre outros). • Definir o composto de comunicação que será utilizado, ou seja, definir o plano de propaganda, de relações públicas e publicidade, de promoção de vendas, bem como ações de marketing direto.

(Cont.)

	• Identificar as ações que podem ser realizadas em conjunto com outras empresas. • Orçar as ações de comunicação. • Indicar como os resultados das comunicações serão medidos, para que a empresa aprenda cada vez mais a usar as melhores ferramentas com sua experiência.
8 – Decisões de distribuição e logística	• Analisar os canais de distribuição dos produtos da empresa e buscar novos, definindo objetivos de distribuição, como: presença em mercados, tipo e número de pontos-de-venda, serviços a serem oferecidos, informações de mercado, promoção de produtos e incentivos. • Definir as oportunidades e as ameaças com o sistema atual de distribuição. • Identificar possíveis desejos dos distribuidores e do cliente para adequar os serviços prestados. • Definir o modo de entrada nos mercados se será via franquias, via *joint-ventures* ou outras formas contratuais, ou até mesmo via integração vertical; elaborar os contratos nacionais ou internacionais com os canais de distribuição. • Determinar orçamento anual para a distribuição. • Definir que ações na distribuição podem ser realizadas em conjunto com outras empresas da rede.
9 – Decisões de força de vendas e administração de vendas	• Diagnosticar a situação atual da força de vendas, ou seja, mapear territórios, potenciais de vendas, índices de cobertura, participações e definir objetivos para o próximo período, ambos com base em indicadores de desempenho. • Definir a forma de abordagem dos vendedores aos clientes (estratégia). • Delimitar a atuação dos vendedores, direcionando seus esforços, estabelecendo ou não equipe de apoio na empresa. • Definir o número ideal de vendedores para a empresa e estabelecer como eles deverão ser recompensados (remuneração). • Recrutar, selecionar, supervisionar, motivar e treinar a equipe de vendas. Estes são passos necessários para garantir a continuidade do trabalho. • Avaliar a monitoração para o alcance dos objetivos, que compreendem acompanhar a equipe aos pontos levantados nas etapas anteriores. • Definir possíveis ações em redes. • Realizar um orçamento para a força de vendas.

(Cont.)

10 – Decisões de precificação	• Definir os objetivos da empresa com relação a preços. • Analisar a demanda nacional e internacional. • Analisar e controlar os custos de produção. • Analisar os custos, os preços e as ofertas dos concorrentes. • Escolher um método a ser usado na determinação de preços e decidir que tipos de preços e variações (regionais, conjunturais etc.) serão praticados. • Elaborar como serão as reações da empresa a mudanças de preços dos concorrentes.

6.1 Decisões de Produtos, Serviços e Marcas

O sucesso no atual ambiente competitivo requer que as pequenas e as médias empresas de tecnologia busquem inovar e criar estratégias diferenciadas para alcançar o cliente em potencial. A cultura da inovação é uma das principais fontes de vantagem competitiva, pois dá respaldo ao desenvolvimento de novos produtos. O processo de desenvolvimento e lançamento de novos produtos, segundo Kotler & Keller (2006), pode ser, assim, tipificado.

a) Geração de idéias:
- Idéias são dadas por consumidores: cartas, discussões, testes, levantamentos, descrição dos problemas, sugestões de resolução e propostas de melhorias que estariam dispostos a pagar.
- Idéias são dadas por concorrentes: através de fornecedores, distribuidores e vendedores, e *benchmarking*.
- Idéias são geradas pelo processo de pesquisa e desenvolvimento nas áreas de inovação das empresas.
- Devem-se estimular funcionários, fornecedores, distribuidores e consumidores.

b) Triagem de idéias:
- Objetivo de reduzir o número de idéias e algumas atraentes e praticáveis.
- Deve-se avaliar a idéia conforme as exigências para o sucesso do produto (reputação, marca, P&D, gestão de pessoas, marketing, produção etc.), o peso relativo dado a cada um desses itens e o nível de competência da empresa nesse assunto.

c) Desenvolvimento e Teste de Conceito (elaboração de idéia). Elaborar um parágrafo em que as respostas às seguintes questões estão listadas:
- Quem deve usar o produto?
- Quais os principais benefícios?
- Qual será a ocasião?
- Que necessidades estarão sendo satisfeitas?

d) Desenvolvendo a Estratégia de Marketing e Análise Comercial:
- Tamanho, estrutura e comportamento do mercado-alvo.
- Posicionamento planejado do produto.
- Previsão de preço para o produto.
- Estratégia de distribuição.
- Orçamento de marketing.
- Metas de vendas e lucros em médio e longo prazos.
- Estimativas de custos e lucros (Demonstrações de Fluxo de Caixa).

e) Desenvolvimento de Produto:
- Desenvolvimento físico do produto.
- Testes de funcionalidade.
- Testes junto aos clientes.

f) Teste de Mercado:
- Saber como clientes e revendedores (canais de distribuição) reagem.
- Teste de mercado para bens de consumo com base em mercado-teste (quantas cidades, quais cidades, quanto tempo, tipos de informação a ações a serem tomadas).

g) Comercialização:
- Quando? (escolha do momento).

- Onde? (estratégia geográfica).
- Para quem? (mercados-alvo).
- Como? (estratégia de penetração de mercado).

Em resumo, para se tomar uma decisão de qual produto ou serviço deve ser lançado, deve-se avaliar com rigor os seguintes fatores: tamanho do mercado, margem de contribuição, formas de acesso a canais de distribuição e força de vendas, relação com possíveis fornecedores *(supply chain)*, nível e número de concorrentes e, principalmente, o investimento necessário em pessoal e estrutura.

Os serviços agregados têm-se tornado cada vez mais comuns como um importante fator de diferenciação. Quando um produto não pode ser facilmente diferenciado, oferecer um serviço que agregue valor ao produto oferecido pode ser interessante. Dentre os serviços mais freqüentes estão a facilidade em fazer o pedido, a forma como o produto é entregue ao cliente, a instalação de equipamentos, treinamento e consultoria aos clientes, de forma a maximizar a utilidade do produto, assistência técnica etc. Existem dez fatores que determinam a qualidade de um serviço (Lambin, 2000):

- Competência: a prestadora de serviços dispõe de conhecimentos, meio, *know-how* e capacidades requeridas para fornecer o serviço. Refere-se ao profissionalismo da organização.

- Constância: o desempenho da organização é sempre regular, seguro e de nível constante.

- Reatividade: os membros da organização esforçam-se para responder rapidamente, em qualquer circunstância, aos pedidos dos clientes.

- Acessibilidade: física e psicológica. Os membros da organização são acessíveis, de contato fácil e agradável.

- Compreensão: a organização esforça-se para entender as necessidades específicas do cliente e em se adaptar a elas da melhor forma.

- Comunicação: a organização tem o cuidado de manter os clientes informados do conteúdo preciso da oferta.

- Credibilidade: notoriedade, reputação, garantia de seriedade e honestidade da organização.
- Segurança: os clientes estão ao abrigo de todos os riscos (físico, financeiro e moral).
- Cortesia: todo o pessoal mantém relações cordiais, educadas com os clientes.
- Tangibilidade: a organização esforça-se por materializar os serviços oferecidos, criando substitutos à sua intangibilidade.

Com relação a marcas, as mesmas são ingredientes vitais, necessários ao sucesso no mercado. Os clientes se utilizam das marcas como fontes de informação, simplificando escolhas e reduzindo possíveis riscos de aquisição. Elas capturam crenças sobre os atributos e a imagem geral do produto entre os clientes. Os fabricantes e representantes comerciais estão cada vez mais interessados em comercializar novos produtos e serviços sob a proteção de nomes de marca bem estabelecidos, familiares aos clientes, aumentando sua aceitação.

Uma marca é um nome, símbolo, ou uma combinação de todos, que está associado a diferentes produtos ou serviços de uma empresa em particular. Essencialmente, uma marca significa a promessa de entrega de um produto ou um pacote particular de características, benefícios e serviços para os clientes. Tem um papel de reduzir o custo de transação para o cliente, reduzindo incertezas (Neves, 2006).

As marcas possibilitam aos clientes a associação a funcionalidades, imagens e experiências. Com um mercado competitivo, os produtos ficam mais uniformes e com isso as marcas evoluem para oferecer um valor diferenciado aos seus clientes. O sucesso da marca depende de associações feitas apenas na mente dos clientes. O grande desafio para uma marca é desenvolver um arranjo de idéias associadas ao seu símbolo, não sendo apenas um nome, mas um conjunto de significados.

A construção de uma marca é orientada por uma visão de posicionamento desejado e implementada pelas decisões relacionadas ao mix de marketing. Em princípio, a marca estabelece um contrato com o cliente. No atual cenário competitivo de empresas de tecnologia, a marca pode ser um ativo estratégico valioso que deve ser garantido e seu valor patrimonial gerenciado como um ativo da empresa. Muitas vezes, em pequenas empresas de tecnologia, a mensagem da marca para os clientes é fraca, confusa, irrelevante ou, pior, não diferenciável da oferta dos concorrentes.

A marca como organização deve trabalhar associações com as pessoas, a cultura organizacional e os valores da empresa. Dessa forma, tornar prioridade inovação, liderança de mercado ou qualidade de produto como estratégia empresarial tem impacto direto na percepção da marca. A personalidade de uma marca visa a transformar a marca em algo mais interessante e memorável e pode-se tornar uma forma de identificação e de expressão da identidade do indivíduo, do cliente. Por fim, um forte símbolo pode trazer coesão e estrutura para a identidade da marca, tornando-a mais reconhecível e fácil de lembrar.

Para a construção da opinião sobre a marca como conseqüência das atividades de marketing, Kotler & Keller (2006) citam que as seguintes etapas de decisão devem ser seguidas:

Tabela 6.3 - Etapas sobre decisões de marcas (Neves, 2006).

DECISÕES SOBRE MARCAS
O uso da marca   Uma marca deve ser criada para o produto? Criar uma marca significa investir em embalagem, promoção, registro, comunicação e também estar exposto a um risco de imagem. As vantagens para a empresa são: facilidade de identificação do produto, proteção legal, oportunidade para fidelidade e lucros, possibilidade para segmentação de mercado e, finalmente, a oportunidade para uma boa imagem no mercado.
Patrocínio da marca   Quem deve patrocinar a marca? Marcas próprias do varejista podem representar diversas vantagens para os lados envolvidos nesse relacionamento.
O nome utilizado – Qual nome (marca) deve estar estampado no produto?   • **Marcas individuais:** significam nomes independentes para produtos independentes sem risco de imagem em caso de fracasso, porém o produto pode não se beneficiar da boa imagem corporativa da empresa, caso ela exista.   • **Marcas globais:** (nome da empresa em todos produtos) permitem custos de desenvolvimento e de promoção menores e devem ser usadas quando a linha de produto não é muito diversificada.   • **Marcas por família de produtos:** podem ser usadas quando existem produtos que estejam posicionados da mesma forma.

(Cont.)

> **Estratégia da marca** – Qual a estratégia que deverá ser utilizada?
> - **Extensão de linhas de produto:** a empresa introduz diferentes versões (novos atributos, sabor, cor, tamanho) dentro da mesma categoria com a mesma marca.
> - **Extensão das marcas:** mesma marca para outra categoria de produto, explorando a imagem adquirida na categoria original do produto.
> - **Multimarcas:** novas marcas na mesma categoria para explorar diferentes segmentos e combater os concorrentes.
> - **Novas marcas:** quando a empresa quer entrar em um novo negócio e identifica que a atual marca não é apropriada.
> - **Combinação de marcas:** duas ou mais marcas podem ser combinadas no mesmo produto em uma oferta especial.
> - **Reposicionamento da marca:** significa criar outros significados na mente do consumidor, novos diferenciais ante a concorrência.

6.2 Decisões de Comunicação

A comunicação consiste nos esforços realizados por uma empresa para a transmissão de suas informações aos demais membros da rede, buscando influenciar atitudes e comportamentos, isto é, a comunicação presta o trabalho de dizer ao público-alvo que o produto certo está disponível, com um preço adequado e acessível ao cliente.

Com relação às decisões para se realizar uma comunicação, elas devem ser analisadas sob os seguintes aspectos:

- Identificar o público-alvo que receberá a comunicação (mensagens da empresa).

- Desenvolver os objetivos desejados para esta comunicação (conhecimento da marca, lembrança da marca, persuasão etc.); buscar atingir um posicionamento e mensagem única do produto.

- Definir o composto de comunicação que será utilizado, ou seja, quais ferramentas serão trabalhadas (plano de propaganda, relações públicas e publicidade, promoção de vendas e marketing direto) e identificar quais as ações que podem ser realizadas em conjunto com outras empresas.

- Orçar as ações de comunicação e possivelmente determinar o retorno esperado por estes investimentos.

O desenvolvimento de uma comunicação eficaz envolve diversas etapas, desde a identificação do público-alvo, de quem se pretende obter atenção para o produto ou serviço oferecido, até a mensuração dos resultados das ações adotadas. A comunicação desempenha três papéis essenciais: informar, lembrar e persuadir. Quando um produto ou um serviço atende às necessidades dos clientes melhor que os concorrentes disponíveis no mercado, basta à promoção (comunicação) exercer o papel de informar a estes clientes. Quando os clientes já apresentam atitudes positivas sobre o composto de marketing da empresa (os 4P's), cabe à promoção, constantemente, lembrá-los. Porém, se há no mercado produtos concorrentes competitivos e não existe uma atitude favorável dos consumidores quanto à sua marca, a promoção precisa utilizar técnicas de persuasão.

Ao desenvolver um trabalho de comunicação o empreendedor deve procurar atingir um ou mais objetivos que estão relacionados a:

- Gerar desejo pela categoria de produto: antes de criar a preferência pela marca, as empresas precisam realizar com que os clientes desejem a categoria de produtos ou serviços.

- Criar consciência de marca: realizar com que a marca seja conhecida e associada a algum fator positivo e desejado pelos clientes.

- Melhorar atitudes e influenciar decisões: levar os clientes a escolherem a oferta da empresa em vez da oferta de seus concorrentes.

- Facilitar a compra: as variáveis de comunicação de marketing servem para facilitar a compra e, possivelmente, superar impedimentos criados pelas variáveis não promocionais do composto de marketing (produto, preço, canais de distribuição e força de vendas).

O primeiro passo para realizar uma comunicação adequada é identificar o mercado-alvo que irá receber a mensagem. É fundamental decidir o que dizer, onde e para quem dizer antes de realizar a operacionalização. Além disso, é importante determinar qual a resposta esperada pelo público ao qual se destina essa mensagem. Para facilitar o trabalho de planejamento, o empreendedor deve responder às seguintes questões:

- A mensagem utilizada em nossas comunicações atrai a atenção do público-alvo?

- O conteúdo da mensagem é capaz de criar interesse no público sobre nossos produtos/serviços?
- A estrutura e a forma da mensagem conseguem despertar o desejo do nosso público com relação a nossos produtos/serviços?
- A mensagem utilizada pela empresa tem poder de influenciar o comportamento do cliente e levar à ação de compra?

Vários fatores influenciam as decisões com relação à comunicação. São fatores ligados ao produto ou ao serviço, como: natureza do produto, risco percebido na compra, posição do ciclo de vida do produto, quantidade média de compra e freqüência de compra etc. Fatores de mercado como: participação de mercado, concentração, intensidade da concorrência e perspectiva de demanda. Fatores dos clientes, como: comportamento de compra, número de clientes, fontes de influência e concentração desses clientes. Com relação aos fatores orçamentários estão relacionados com os recursos financeiros da empresa e com os recursos alocados pela empresa. E por fim, a influência dos fatores dos compostos de marketing, preço, estratégia de distribuição e força de vendas, posicionamento, diferenciação e segmentação.

O conjunto das ferramentas de comunicação utilizado pelas empresas para atingir os objetivos é conhecido por mix ou composto de comunicação. O composto de comunicação consiste em uma combinação de estratégias relacionadas à propaganda, à promoção de vendas, a relações públicas, a vendas pessoais e a marketing direto (Tabela 6.4).

Tabela 6.4 – Principais ferramentas de comunicação.

Propaganda	
• Anúncios (TV, Rádio)	• Catálogos
• Anúncios (impressos e eletrônicos)	• *Outdoors*
• Embalagens externas	• Painéis
• Encartes de embalagem	• *Displays* no ponto-de-venda
• Filmes	• Material audiovisual
• Manuais e brochuras	• Símbolos e logotipos
• Cartazes e folhetos	• Fitas de vídeo

Tabela 6.4 – Principais ferramentas de comunicação (*cont.*).

Promoção de vendas	
• Concursos, jogos, loterias e sorteios • Prêmios e presentes • Amostragem • Feiras setoriais • Exposições • Demonstrações	• Cupons • Reembolsos parciais • Financiamento e juros baixos • Concessões de troca • Programas de fidelização
Relações Públicas	
• Kits para imprensa • Palestras • Seminários • Relatórios anuais • Doações • Patrocínios	• Publicações • Relações com a comunidade • *Lobby* • Mídia de identificação • Revista ou jornal da empresa • Eventos
Vendas pessoais	
• Apresentações e vendas • Reuniões de vendas • Programas de incentivo	• Amostras • Feiras e exposições
Marketing direto	
• Catálogos • Malas diretas • Telemarketing • Vendas eletrônicas	• Vendas por meio da televisão • Mala direta via fax • E-mail • Correio de voz

Estabelecer o orçamento é uma tarefa difícil para a empresa, em que erros são comuns e muitas vezes se gasta muito menos que o necessário ou perde-se com excesso de comunicações.

Os métodos mais comuns para o orçamento são:

- Disponibilidade de recursos da empresa: gasta-se quanto a empresa tem disponível. A vantagem é a simplicidade, e a desvantagem está em ignorar o papel da promoção no volume de vendas e na dificuldade de planejamento em longo prazo.

- Porcentagem de vendas: orçamento de comunicação baseado em uma porcentagem sobre vendas do ano anterior. A vantagem está em que as despesas são relacionadas com o movimento de vendas e a relação entre custo de promoção, preço de venda e lucro por unidade. A desvantagem está no raciocínio circular e na não consideração de possíveis oportunidades de mercado.
- Paridade com concorrência: gastar o mesmo que concorrentes. A vantagem está na tranqüilidade de que não irá "perder terreno". A desvantagem está em que a reputação, os recursos, as oportunidades e os objetivos são diferentes nos concorrentes, o que pode desfocar a empresa.
- Objetivo-tarefa: orçamento é realizado com base nos objetivos (vendas, participação, lucro). A vantagem é que permite o exercício de pensar e criar, força a registrar dados e cria inteligência na empresa. A desvantagem é que é mais complexo, pois requer realizar todo o processo.

6.3 Canais de Distribuição e Força de Vendas

Um ponto fundamental é definir como os produtos e os serviços serão disponibilizados aos clientes. Para isto, o empreendedor deve analisar os canais de distribuição dos produtos definindo certos objetivos como: presença de mercado, tipo e número de pontos-de-vendas, serviços a serem oferecidos, informações de mercado, promoção de produtos e incentivos. O empreendedor deve definir as oportunidades e as ameaças com o sistema atual de distribuição, identificar possíveis desejos dos distribuidores e do cliente para adequar os serviços prestados. Além disso, deve definir o modo de entrada nos mercados, se estas serão via franquias, via *joint ventures*, via outras formas contratuais ou, até mesmo, via integração vertical. Deve elaborar os contratos nacionais ou internacionais com os canais de distribuição, como contratos de representação comercial. O empreendedor deve determinar um orçamento financeiro e verificar quais ações na distribuição podem ser realizadas em conjuntos com outras empresas da rede.

Com relação à força de vendas, o empreendedor deve realizar um diagnóstico da situação atual e definir objetivos para cada período, ambos com base em indicadores de desempenho. Também deve definir a forma de abordagem dos executivos de negócios (vendedores) com relação aos clientes (estratégia), delimitar os limites de atuação desses executivos, direcionando seus esforços, estabelecendo ou não equipe de apoio na empresa, os chamados pré-vendas que possuem conhecimento técnico sobre as tecnologias envolvidas nos produtos ou nos serviços. É importante lembrar que para uma pequena empresa de tecnologia o melhor vendedor é o seu próprio dono; caso não exista um perfil adequado na empresa, um dos sócios deve assumir realizando cursos de aprimoramento etc., ou a empresa deve-se aproximar de um sócio comercial. Além disso, deve recrutar, selecionar, supervisionar, motivar e treinar uma equipe de vendas assim que necessitar de mais profissionais da área de negociação. Por fim, deve verificar possíveis trabalhos em cooperação com outras empresas que atuam no mesmo mercado-alvo e realizar o levantamento do orçamento para a força de vendas da empresa.

A pequena e média empresa pode selecionar a estrutura de canais de distribuição baseado no enfoque da economia de custos de transação. Isto é possível observando as opções de governança da transação com os canais. As opções vão dos extremos de integração vertical em que se possui propriedade sobre os distribuidores e, por isso, um maior nível de controle é possível, e o outro extremo de coordenação via mercado, no qual a transação se dá com o menor nível de controle possível. Opções intermediárias ou híbridas podem ser as alianças estratégicas ou franquias. No caso da coordenação ou governança via mercado, consiste em simplesmente vender os produtos em transações de mercado. Toda a informação está contida no preço. Como fatores motivadores, tem-se a eficiência, pois há muitas empresas competindo no mercado, distribuindo intensivamente, dando conveniência ao cliente e tendo alta flexibilidade e possibilidade de mudanças. Porém, apresenta as desvantagens de pouco controle e, por conseqüência, poucas chances de diferenciação.

Outra forma de coordenação no canal é a *joint venture*, que é um tipo de aliança estratégica em que ocorre a criação de uma terceira empresa, sem que as originais deixem de existir. É uma das opções de formas contratuais, intermediárias entre os extremos de integração vertical e mercados. Uma empresa também pode utilizar o formato de franquias. *Franchising* é o contrato por meio do qual um franqueador transfere a um franqueado o direito de produzir ou vender produtos ou serviços. Em troca, o franqueador recebe um fluxo de receita de cada unidade, que pode tomar a forma de taxas fixas e/ou variadas. Além disso, o franqueado pode contribuir com ativos, como capital, habilidade gerencial ou conhecimento sobre mercados locais. Por fim, a integração vertical se resume em possuir a função de distribuição, isto é, esta tarefa fará parte da empresa. A própria empresa assume as funções do canal de distribuição.

Um fator adicional a ser considerado na questão de seleção de canais é a questão do uso de canais múltiplos como uma estratégia cada vez mais comum, conforme a segmentação dos mercados aumentam e os formatos de distribuição se multiplicam. O uso de canais múltiplos é positivo quando essa decisão aumenta o leque de opções ao cliente, ou ainda novos canais permitem alcançar clientes que antes não eram atingidos. No entanto, é preciso considerar que conflitos podem ocorrer se um formato conquistar clientes de outro formato. Um conflito comum é o das vendas diretas por meio da Internet e telemarketing com distribuidores independentes.

Canais de distribuição é uma área extremamente oportuna para o desenvolvimento de ações coletivas entre empresas. Como eles são fontes de diferenciação da oferta, uma vez que facilmente podem disponibilizar produtos aos clientes, além de prestar serviços pontuais. É possível que empresas se unam para compartilhar canais de distribuição para que consigam complementar sua cobertura de mercado, além de atingir novos segmentos. A Tabela 6.5 busca exemplificar as motivações de se trabalhar com canais de distribuição com enfoque em redes e ações coletivas.

Tabela 6.5 – Ações coletivas nos canais de distribuição (Neves, 2006).

Enfoque de redes e ações coletivas	Descrição e exemplos
Acesso a diferentes segmentos de mercado de ofertas complementares.	Duas empresas que tenham interesses complementares com relação a segmentos de mercado podem compartilhar canais e ambas poderão aumentar vendas com esforço muito menor que se cada uma tivesse que desenvolver independentemente seu canal para o novo segmento buscado.

(Cont.)

Tabela 6.5 – Ações coletivas nos canais de distribuição (Neves, 2006) (cont.).

Enfoque de redes e ações coletivas	Descrição e exemplos
Fortalecimento dos canais de uma empresa individual.	Duas empresas podem tornar seus canais muito mais atrativos ao consumidor quando combinam ofertas complementares.
União de esforços de empresas concorrentes para atuação em mercados pouco conhecidos.	Duas empresas concorrentes que não tenham escala e experiência em mercado internacional podem-se unir para abrir mercados nacionais e internacionais, por meio de *joint ventures* bem planejadas.
Bloqueio de canais de distribuição para empresas concorrentes.	As distribuições de empresas podem atuar em conjunto para dificultar o acesso de novos entrantes.
Ganhos em economia de escala por concorrentes ao explorar melhor os ativos da função de distribuição.	Duas empresas concorrentes podem decidir que ganham ao unir esforços em distribuição e passam a competir sobre outras variáveis de marketing, tal como produto ou comunicação.
Eventos conjuntos.	Empresas podem reunir os canais para eventos conjuntos.

A força de vendas é responsável pela implementação da estratégia de negócios desenvolvida pela empresa. Existe uma relação entre as estratégias adotadas em um nível corporativo e a ação da força de vendas. Por exemplo, as estratégias genéricas de Porter têm diferentes implicações para a força de vendas.

A seguir são apresentadas as três estratégias:

- Custo: as estratégias estão relacionadas a ganhos de escala, redução de custos, controle de *overhead* e participação de mercado geralmente alta. As implicações para força de vendas são: atender a grandes clientes, minimização das despesas e venda com base em preços.

- Diferenciação: criação de algo percebido como único, fidelidade à marca e menor sensibilidade a preço. As implicações são: venda de benefícios, gerar pedidos, serviços e respostas, prospecção é significativa e pessoal de vendas de alta qualidade.

- Nicho: serviços a um mercado-alvo selecionado, políticas são desenvolvidas para o nicho em mente e participação pode ser baixa, mas dominante no segmento. As implicações são a existência de *expert* nas operações e oportunidades associadas a um mercado-alvo, e alocação de tempo considerável para o mercado-alvo.

A estratégia de vendas traduz a estratégia de marketing para um nível individual. Quando marketing seleciona os segmentos-alvo, a força de vendas deve saber como trabalhar dentro desses segmentos, prospectando e qualificando clientes e definindo como deve ser a interação com esse cliente em um nível de processo de vendas. A Figura 6.2 sugere como isso pode ser realizado, separando a carteira de clientes em termos de tamanho desse cliente e a participação da empresa, além disso apresenta as possíveis estratégias.

Figura 6.2 – Estabelecimento de segmentos e foco de atuação (Neves, 2006).

OPORTUNIDADE DE VENDAS		POSIÇÃO DA EMPRESA	
		Alta Participação no Cliente	Baixa Participação no Cliente
	ALTA	Segmento 1: "Foco e esforço total" *KEY ACCOUNTS*	Segmento 2: "Rompendo crenças"
	BAIXA	Segmento 3: "Manter os clientes satisfeitos"	Segmento 4: "Deixar as portas abertas"

Quando a empresa de tecnologia inicia um processo de crescimento, um ponto importante a ser discutido é se sua força de vendas será composta por vendedores internos ou representantes comerciais. Como argumentos para o uso de representantes comerciais tem-se:

- Ao combinar diferentes linhas de produtos de diferentes fabricantes, o representante pode gerar sinergias e pode realizar visitas que um vendedor não realizaria.
- Ao usar um representante, o fabricante pode obter uma força de vendas treinada, relacionamentos locais já estabelecidos com nenhum custo fixo.
- Custos de administração de vendas são reduzidos.
- Não é provável que eles sejam promovidos ou transferidos mantendo o seu trabalho em determinado território. A presença estável permite continuidade e um excelente conhecimento sobre os consumidores.
- São empreendedores responsáveis pelo seu negócio e faturamento, portanto provavelmente são mais motivados.
- Maior flexibilidade é permitida já que é fácil substituir um representante.

Como argumentos para o uso de vendedores internos tem-se:
- Eles permitem maior controle, que pode ser fundamental quando o cliente se torna fiel ao vendedor e não à empresa.
- São mais dispostos a desempenhar ações não relacionadas a vendas.
- Eles são mais dispostos a vender produtos que estão na fase de introdução no ciclo de vida ou produtos em que o ciclo de vida é muito longo.
- Comprometem-se mais com a empresa porque provavelmente querem progredir dentro dela.
- Eles podem ser muito mais influenciados.
- Vendedores são mais leais.
- Vendedores têm mais conhecimento sobre os produtos.
- Pode-se ter exclusividade.

Além disso, existem os argumentos contingenciais:
- Uma empresa deve usar vendedores quando os pedidos médios são altos e menos freqüentemente comprados.

6. Planejamento e Gestão Estratégica de Marketing (PGEM)

- Uma empresa deve utilizar-se de vendedores internos quando os produtos são complexos, menos padronizados ou na sua fase inicial do ciclo de vida, demandando grande esforço.
- Se uma empresa é muito pequena, ela deve usar representantes porque não tem como pagar os altos custos fixos de uma equipe de vendas; contudo, se o serviço ou produto é muito especializado e com um ciclo longo de venda (a negociação dura entre três a dez meses), é importante que o vendedor seja o próprio dono da empresa.
- Se a empresa continuar a crescer atingindo um tamanho extremamente grande em função de burocracia e lentidão, ela provavelmente estará melhor se utilizar os representantes comerciais.

A estrutura de vendas é fundamental para a administração de força de vendas. É importante que o empreendedor entenda qual o tipo de estrutura é mais adequado para o seu negócio. Existem quatro tipos de organização: estrutura por território, por produtos, por clientes e por função de vendas. A seguir, é apresentado quando cada uma é indicada.

- Estrutura por territórios é indicada quando a empresa é pequena, sua linha de produtos é simples, pouco extensa e pouco complexa. Quando a estrutura é inicialmente dividida por clientes ou produtos, mas o território total é muito extenso.
- Estrutura por produtos é indicada quando a linha de produtos é extensa e diversa, os produtos são complexos, existem diferentes unidades de fabricação por tipo de produto, o produto é customizado para atender às necessidades de clientes em específico, a produção e tempo de entrega são fatores-chave de competição e um novo produto é lançado.
- Estrutura por clientes é indicada quando a empresa trabalha com diferentes produtos para diferentes clientes, o ambiente é muito competitivo e com mudanças muito rápidas, é útil quando uma empresa quer entrar em um novo mercado ainda não trabalhado e existem diferenças significativas de abordagens de venda a serem utilizadas para os diferentes segmentos.
- Estrutura por função de vendas é indicada quando diferentes tipos de atividades de vendas requerem diferentes habilidades dos vendedores não facilmente combinadas.

6.4 Precificação como Estratégia Competitiva

De todos os 4P's, o preço ainda permanece como um dos elementos fundamentais na determinação da participação do mercado e na lucratividade das empresas. O preço é o único elemento do mix de marketing que gera receita. As outras variáveis, apesar de essenciais para o sucesso da empresa, produzem, sobretudo, custos. O preço é, também, um dos elementos mais flexíveis, pois pode ser alterado com rapidez, ao contrário de outros componentes. Essa flexibilidade dos preços praticados pelos concorrentes é um dos maiores problemas com o qual as empresas se deparam. Qualquer troca envolve preço, que nem sempre é monetário. O preço pode ser definido como uma relação que indica o montante necessário para adquirir dada quantidade de bem ou serviço. As decisões de preços são importantes, pois afetam o volume de vendas de uma empresa e quanto de recursos ela recebe. Alguns fatores de importância das decisões de preço no ambiente de marketing são: o preço influencia diretamente a demanda, determina diretamente a rentabilidade da atividade e influencia a percepção do produto, contribuindo para o posicionamento da marca.

A estratégia de preço deve ser compatível com os outros componentes da estratégia de marketing, pois o preço deve permitir financiar as estratégias de comunicação, do desenvolvimento de produtos e do fortalecimento do posicionamento de qualidade desses produtos, quando for o caso, respeitando a estratégia do canal de distribuição em atingir margens necessárias para a realização dos objetivos de cobertura de mercado. A estratégia de preços impõe o respeito a dois tipos de coerência: a coerência interna, que contempla que o preço definido respeite as condições de custo e de rentabilidade da empresa, e a coerência externa, que exige um preço compatível com a sensibilidade dos compradores ao preço e com os preços praticados pela concorrência.

A Figura 6.3 apresenta as principais variáveis envolvidas na definição de preços: preocupações estratégicas, sensibilidade da demanda, custos e questões éticas e legais, seguidos dos fatores que influenciam a necessidade de ajustes no preço. Quando se precifica um produto ou serviço, os valores praticados devem ser revistos periodicamente para saber se estão adequados à estratégia previamente definida.

6. Planejamento e Gestão Estratégica de Marketing (PGEM)

Figura 6.3 – Fatores determinantes e influenciadores das definições de preços (Neves, 2006).

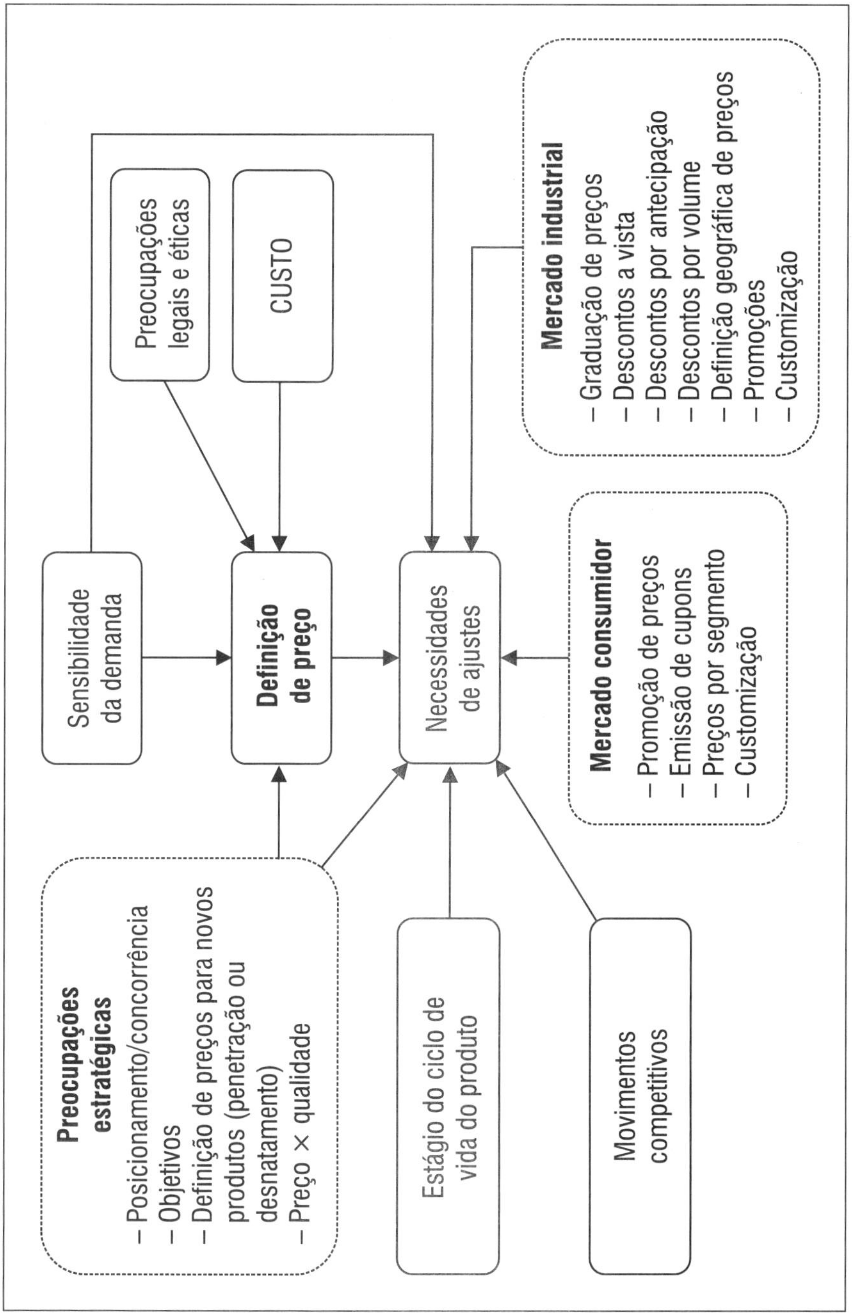

Preocupações legais e éticas

CUSTO

Sensibilidade da demanda

Definição de preço

Necessidades de ajustes

Mercado industrial
- Graduação de preços
- Descontos a vista
- Descontos por antecipação
- Descontos por volume
- Definição geográfica de preços
- Promoções
- Customização

Mercado consumidor
- Promoção de preços
- Emissão de cupons
- Preços por segmento
- Customização

Preocupações estratégicas
- Posicionamento/concorrência
- Objetivos
- Definição de preços para novos produtos (penetração ou desnatamento)
- Preço × qualidade

Estágio do ciclo de vida do produto

Movimentos competitivos

129

Para se estabelecer um preço, a empresa deve decidir o posicionamento de seu produto ou serviço no mercado em termos de qualidade e preço, sendo possível encontrar, em um mesmo mercado, vários níveis de preço. Ao estabelecer uma política de preços, a empresa deve pensar em seis etapas: seleção do objeto para determinação do preço, determinação da demanda, estimativa de custos, análise de custos, preços e oferta dos concorrentes, seleção de um método de determinação de preços e seleção do preço final.

De modo geral, são considerados cinco objetivos para a determinação de preço (Kotler & Keller, 2006):

- Sobrevivência: objetivo de curto prazo geralmente praticado quando existe excesso de produção, concorrência intensa ou mudança nos desejos do consumidor.

- Maximização do lucro: quando são estimados a demanda e os custos com preços alternativos e a escolha do nível que maximiza o lucro, e se estabelece um nível específico de lucro como objetivo.

- Maximização do faturamento: estimado em função de demanda, estabelecendo o preço que maximiza faturamento, ou participação de mercado.

- Maximização do crescimento das vendas ou manutenção e/ou aumento da parcela de mercado: que trabalha com a possibilidade de custos unitários menores, devido à curva de experiência.

- Maximização do aproveitamento do mercado (desnatamento): utilizado quando existe estimativa do preço mais alto que se pode cobrar, dados os benefícios comparativos em relação aos substitutos disponíveis; posteriormente, a empresa reduz o preço para conquistar o segmento imediatamente inferior, ou seja, procura estabilidade dos preços e o alinhamento em relação aos concorrentes.

A determinação da demanda em alguns casos é intuitivamente óbvia; em outros casos, os padrões só são revelados quando devidamente estudados e mapeados. Cada preço praticado pela empresa resultará em um diferente nível de demanda e, conseqüentemente, causará diferente impacto nos objetivos de marketing de uma empresa.

Essa relação pode ser observada em uma curva de demanda, com os fatores que afetam a sensibilidade de preço. Existem nove situações em que a sensibilidade dos clientes ao preço da empresa pode ser reduzida (Nagle & Holden, 1994). A Tabela 6.6 apresenta estas situações.

Tabela 6.6 – Fatores de sensibilidade de preço (Neves, 2006).

Fatores para reduzir a sensibilidade ao preço	Como a sua empresa pode utilizar este fator (idéias e ações)
O produto é exclusivo: valor único.	Como criar valor único ao cliente?
Compradores têm menos consciência da existência de substitutos.	Como dificultar a comparabilidade de produtos substitutos?
Compradores não conseguem comparar a qualidade de substitutos.	Como criar uma categoria única e superior?
A despesa em relação à renda total é pequena.	Como tornar o produto da empresa parte de uma despesa maior na qual o cliente não avalia diretamente seu custo?
O benefício final do produto é grande.	Como aumentar a percepção do cliente de que o benefício gerado pelo produto é de grande valor?
O custo do produto é compartilhado com terceiros.	Como envolver diferentes parceiros na negociação de venda?
O produto é utilizado em conjunto com ativos previamente comprados.	A qual produto comprado a priori pelo cliente pode-se associar o da empresa?
O produto apresenta mais qualidade de prestígio ou exclusividade: preço-qualidade.	Como criar valor único?
Os compradores não podem estocar o produto.	Como evitar que o cliente estoque o produto e por isso tenha mais poder para negociar futuras compras?

Para a determinação da demanda, as empresas devem verificar a elasticidade da demanda. A demanda é menos elástica quanto menor for a variação no preço. A demanda será menos elástica sob as seguintes condições: existem poucos ou nenhum substituto ou não há concorrentes, os compradores não percebem o preço maior, os compradores são lentos na mudança de seus hábitos de compra e na procura por preços menores, e os compradores consideram que os aumentos de preço são justificáveis pela melhora de qualidade, pela inflação etc.

Com relação à mensuração e à estimativa de custos, existem basicamente três tipos de custos: os custos fixos, cujo montante independe do volume, e, dentro de determinado intervalo de atividade, esses custos não variam com a quantidade de produção; os custos variáveis, que são aqueles cujo montante varia diretamente com o volume de produção, acompanha o volume de atividade, dentro de certa faixa de produção. A soma do custo fixo e do variável resulta no custo total, que, quando se divide por unidade em determinado volume de produção, resulta no custo unitário ou médio.

Na análise dos custos, dos preços e das ofertas dos concorrentes, a empresa necessita comparar seus custos em relação aos custos dos concorrentes para saber em que nível está operando, e se está em vantagem ou desvantagem de custo. Também é necessário conhecer o preço e a qualidade das ofertas concorrentes. A estratégia de preço é muito influenciada pela situação da concorrência, caracterizada pelo número de empresas que atuam no mesmo segmento e pelo valor percebido do produto, resultante dos esforços de diferenciação produzidos pela empresa com o objetivo de alcançar uma vantagem competitiva.

Na Tabela 6.7 é possível observar dois níveis de intensidade, relacionadas com o valor percebido do produto, permitindo assim quatro situações distintas nas decisões de preço em face dos tipos de concorrência existentes.

Tabela 6.7 – Decisões de preço em função da concorrência (Neves, 2006).

Valor percebido do produto	Intensidade de concorrência	
	Menor	Maior
Maior	Monopólio ou oligopólio diferenciado	Concorrência monopolística
Menor	Oligopólio indiferenciado	Concorrência pura ou perfeita

Dados, a demanda dos clientes e os custos e preços dos concorrentes, a pequena e média empresa de tecnologia estará apta a selecionar um método de estabelecimento de preço que inclua uma ou mais dessas considerações. Na Tabela 6.8, são apresentados os métodos existentes e suas características.

Tabela 6.8 – Método de determinação de preço (Kotler & Keller, 2006).

Método	Conceitos, características e limitações
Markup	• Método de simples acréscimo de margem padrão ao custo do produto para formar o preço de venda. • Popular porque os vendedores têm mais certeza dos custos do que de demanda, porque o cálculo é simples quando os custos se alteram, porque quando todas as empresas usam o método os preços tendem a ser similares. • Os preços são mais altos em itens sazonais (para cobrir risco de encalhe), de especialidade, de giro lento, com custos altos de estocagem e movimentação e também são altos com produtos de custos ocultos ou altamente variáveis.
Preço de retorno-alvo	• As empresas determinam o preço que assegura a sua taxa alvo de retorno sobre o investimento (ROI – *return on investment*), o fabricante realizará o ROI pretendido se seus custos e vendas estimadas forem precisos. • Importância do cálculo do Ponto de Equilíbrio para que se saiba o que pode acontecer caso a previsão de vendas não se concretize. • Ignora a elasticidade de preços e preços dos concorrentes.
Preço de valor percebido	• As percepções de valor dos compradores, não custos, são fatores-chave para determinar preço. • A chave para o uso de valor percebido é determinar corretamente, através da pesquisa de marketing, a percepção do mercado em relação ao valor da oferta. • É fundamental o pensamento do posicionamento do produto. • Medir o valor percebido de cada um dos benefícios do produto (precificação pelos componentes de valor): durabilidade, confiabilidade, serviço superior, garantia em peças, entre outros. • Deve-se mostrar ao consumidor por que o produto é mais caro, ou seja, o valor que a oferta de fato representa.
Preço de valor	• A fixação de um preço baixo em relação à alta qualidade do produto quando comparado ao seu concorrente. • Não é a simples redução do preço, mas sim um esforço de redução dos custos sem perder a qualidade.
Preço de seguidor do concorrente	• A empresa baseia seu preço em função dos preços cobrados, pelos concorrentes, dedicando menor atenção aos custos ou à demanda.
Preço de licitação	• A fixação do preço é fortemente orientada para a concorrência. • Maior o preço, menores serão as chances da empresa de vencer a licitação, sendo possível o cálculo do lucro esperado de cada alternativa de preço com as respectivas probabilidades de vitória.

Por fim, a empresa deve considerar fatores adicionais à medida que os métodos de determinação de preço forem consolidando-se na faixa a partir da qual a empresa deve selecionar seu preço final.

Esses fatores adicionais são relatados a seguir:

- Preço psicológico: associação do preço alto com a qualidade leva a empresa a colocar seus produtos e serviços com o preço entre os mais caros do segmento.

- Influência de outros elementos do composto de marketing: a empresa deve levar em consideração a qualidade da marca e da propaganda em relação à concorrência. Existe um relacionamento positivo entre preço alto e orçamento de propaganda. Os clientes geralmente estão dispostos a pagar mais por produtos conhecido que por desconhecidos. Daí decorre a importância do planejamento e da gestão estratégica de marketing (PGEM).

- Políticas de preço da empresa: o preço deve ser consistente com as políticas de preço da empresa, com a finalidade de assegurar que a força de venda trabalhe com preços atrativos para o clientes e rentáveis para a empresa.

- Impacto de preços sobre os outros membros do canal: a empresa deverá levar em consideração a reação das outras partes envolvidas e interessadas na cadeia, como distribuidores e revendedores.

Após a determinação do preço, é importante que a empresa elabore uma estrutura de adequação do preço. Influenciados pelas saturações de mercado com baixa taxa de crescimento e pela competição acirrada, as empresas estão aderindo a diferentes formas de adequação de preço.

Essas empresas elaboram estratégias de adequação que refletem variações, principalmente, na demanda e nos custos. Existem cinco principais estratégias para realizar uma adequação. Na Tabela 6.9 são apresentadas essas estratégias.

Tabela 6.9 – Ações coletivas nos canais de distribuição (Kotler & Keller, 2006).

Estratégias de adequação do preço	Considerações
Preço geográfico	Considera os custos de transporte até o cliente, que crescem em importância quando o frete se torna uma parte maior do custo variável total. Existem duas estratégias geográficas: • Por ponto de produção, pois o produto é retirado na empresa. • Preço de entrega uniforme, no qual o mesmo preço é cotado para todos os compradores independentemente de sua localização.
Descontos e concessões	Desconto para pagamento à vista, desconto por quantidade, descontos funcionais (oferecidos aos membros do canal de distribuição), descontos sazonais e concessões.
Preço promocional	Preço isca, preço de ocasião, cupons de desconto, financiamento a juros baixos, maior prazo, garantia e contratos de serviços, desconto psicológico (uso de preço alto artificial) para depois realizar uma redução drástica.
Preço diferenciado (discriminado)	Preço por segmento de consumidores, preço por versão diferente do produto, preço de imagem, preço por localização, preço por período. Deve ser possível a segmentação, impossível revender, deve ser legalizado e em consonância com o ambiente institucional.
Preço de composto de produtos	O produto faz parte de um composto e a empresa procura um preço que maximize este composto das seguintes formas: • Preço de linha de produtos: cada versão sucessiva do produto traz características extras, permitindo preços mais elevados. • Preço de subproduto: venda de subprodutos permite a redução do preço do produto principal. • Preço do pacote: reunião de vários produtos, que são vendidos mais baratos do que separadamente.

Anexo 1: *Checklist* de Oportunidades

Aspectos do Projeto

- *Do que se trata seu negócio/projeto? (O que é? Para que serve? Quem irá usar/comprar?) Descreva.*

- *Quem é o empreendedor deste negócio/projeto? (Você mesmo? Outra pessoa, quem? Ainda não foi identificado?).*

- *Você é capaz de listar pelo menos três benefícios oferecidos pelo produto/serviço de seu projeto? Descreva.*

- *Para definir seu produto ou projeto, você pesquisou as necessidades do mercado-alvo? Caso positivo, quais são essas necessidades? Caso contrário qual foi sua inspiração? Descreva.*

- *Que tendências você percebe na área em que você está propondo o projeto? Consegue vislumbrar mudanças significativas que poderão ocorrer no mercado nos próximos anos (produto, clientes, preços, atendimento, comercialização, distribuição)? Comente.*

- *Você sabe quais são os seus concorrentes? Descreva.*

- *Descreva a missão/objetivo do seu negócio/projeto da forma mais clara e sucinta possível.*
  Missão/objetivo:

Checklist

- O que está faltando para o seu negócio/projeto? (Mais de uma opção pode ser escolhida.)
  - ☐ *a. Estudo de viabilidade técnica e/ou econômica (EVTE).*
  - ☐ *b. Desenvolvimento de um protótipo funcional (P&D).*
  - ☐ *c. Captação de recursos financeiros para P&D.*
  - ☐ *d. Transformação de um protótipo funcional em produto comercial.*
  - ☐ *e. Outros. Especifique:*

  Comentário (opcional):

- Quais competências essenciais que seu negócio/projeto já possui?
  - ☐ *a. Empreendedor e equipe técnica.*
  - ☐ *b. Somente o empreendedor.*
  - ☐ *c. Somente equipe técnica (completa).*
  - ☐ *d. Parte da equipe técnica.*
  - ☐ *e. Nem empreendedor e nem equipe técnica.*

  Comentário (opcional):

- Há quanto tempo o empreendedor deste negócio/projeto trabalha na área?
  - ☐ *a. Acima de 30 meses.*
  - ☐ *b. De 19 meses a 30 meses.*
  - ☐ *c. De 7 meses a 18 meses.*
  - ☐ *d. Até 6 meses.*
  - ☐ *e. Nunca atuei na área.*

  Comentário (opcional):

- Nesse tempo, qual foi a função com que o empreendedor mais se envolveu? (Mais de uma opção pode ser escolhida.)
  - ☐ *a. Como usuário?*
  - ☐ *b. Como vendedor?*
  - ☐ *c. Como desenvolvedor?*

☐ d. Não desempenhou nenhuma função.
☐ e. Outros. Especifique:
Comentário (opcional):

- Em que etapa se encontra seu negócio/projeto?
  ☐ a. Idéia apenas no nível de discussão.
  ☐ b. Idéia já descrita (formalizada em um documento, por exemplo, plano de negócios).
  ☐ c. Foi realizada prova de conceito.
  ☐ d. Foi desenvolvido um protótipo de bancada.
  ☐ e. Foi criado um protótipo para fins comerciais.
  ☐ f. Outros. Especifique:
  Comentário (opcional):

- Qual o capital inicial necessário para o desenvolvimento (P&D) do seu negócio/projeto?
  ☐ a. Até R$ 50 mil.
  ☐ b. Entre R$ 50 e R$ 250 mil.
  ☐ c. Entre R$ 250 mil e R$ 600 mil.
  ☐ d. Entre R$ 600 mil e R$1 milhão.
  ☐ e Acima de R$ 1 milhão.
  ☐ f. Não sei.
  Comentário (opcional):

- Qual o tamanho do mercado potencial para seu negócio/projeto?
  ☐ a. Maior que R$ 500 milhões.
  ☐ b. Entre R$ 350 milhões e R$ 500 milhões.
  ☐ c. Entre R$ 70 milhões e R$ 350 milhões.
  ☐ d. Entre R$ 35 milhões e R$ 70 milhões.
  ☐ e. Até R$ 35 milhões.
  ☐ f. Não sei responder esta questão.
  Comentário (opcional):

- Qual é a taxa anual de crescimento do mercado-alvo do seu negócio/projeto?
  ☐ *a. Acima de 15%.*
  ☐ *b. Entre 10% e 15%.*
  ☐ *c. Entre 5% e 10%.*
  ☐ *d. Entre 2% e 5%.*
  ☐ *e. Até 2%.*
  ☐ *f. Não tenho conhecimento.*
  Comentário (opcional):

- Quanto tempo leva para o produto/serviço do seu negócio/projeto estar disponível no mercado, supondo ter todas as condições para tal?
  ☐ *a. Acima de 25 meses.*
  ☐ *b. De 19 a 24 meses.*
  ☐ *c. De 13 a 18 meses.*
  ☐ *d. De 7 a 12 meses.*
  ☐ *e. Até 6 meses.*
  ☐ *f. Ainda não está definido.*
  Comentário (opcional):

- Qual é o grau de inovação do seu negócio/projeto?
  ☐ *a. Existe alguma solução similar bem aceita pelo mercado.*
  ☐ *b. Existe uma solução similar, mas ela não é muito usada no mercado.*
  ☐ *c. Existem trabalhos acadêmicos validando a solução.*
  ☐ *d. A solução ainda não foi validada no meio acadêmico.*
  ☐ *e. Ainda não sei.*
  Comentário (opcional):

- Como o empreendedor acompanha os avanços tecnológicos e de mercado na área deste negócio/projeto? (Mais de uma opção pode ser escolhida.)
  ☐ *a. Publicações especializadas.*
  ☐ *b. Jornais de grande circulação.*
  ☐ *c. Artigos acadêmicos e/ou publicações científicas específicas.*

☐ *d. Nas relações de trabalho (rede de contato).*
☐ *e. Outros. Especifique:*
☐ *f. Não tenho informações.*
Comentário (opcional):

- Você sabe identificar quais fatores externos constituem ameaças graves ao seu negócio/projeto? (Mais de uma opção pode ser escolhida.)
  ☐ *a. Política governamental (juros, câmbio, impostos, crédito, legislação e normas etc.).*
  ☐ *b. Insumos (matéria-prima).*
  ☐ *c. Mão-de-obra, mudanças tecnológicas, características socioculturais.*
  ☐ *d. Não há ameaças.*
  ☐ *e. Não sei informar.*
  ☐ *f. Outros. Especifique:*
  Comentário (opcional):

- Você conhece em detalhes o(s) produto(s) do(s) seu(s) concorrente(s)?
  ☐ *a. Conheço os concorrentes e não existe nada similar.*
  Comente:
  ☐ *b. Conheço. Já trabalhei com o(s) produto(s) concorrente(s).*
  Comente:
  ☐ *c. Conheço. Pesquisei o potencial técnico do(s) concorrente(s).*
  Comente:
  ☐ *d. Conheço algo que já tenha sido desenvolvido e/ou fabricado, semelhante ao meu negócio/projeto, mas que não chegou a ser comercializado.*
  Comente:
  ☐ *e. Sei que existe, mas não tenho informações sobre esse concorrente.*
  Comente:
  ☐ *f. Não disponho de informações suficientes.*
  Comentário (opcional):

- Existe possibilidade de retaliação por parte de seus concorrentes?
    - ☐ *a. Não há possibilidade. Comente:*
    - ☐ *b. Há poucas chances. Comente:*
    - ☐ *c. Há muitas chances. Comente:*
    - ☐ *d. Com certeza. Comente:*
    - ☐ *e. Não disponho desta informação.*

    Comentário (opcional):

- Você já identificou possíveis canais de venda? (Mais de uma opção pode ser escolhida.)
    - ☐ *a. Parceiros comerciais/representantes (agentes comissionados).*
    - ☐ *b. Distribuição própria (vendedores contratados pela empresa).*
    - ☐ *c. Empresas terceirizadas (revendedores).*
    - ☐ *d. Eu mesmo vou vender.*
    - ☐ *e. Não tenho estratégia de venda.*

    Comentário (opcional):

- Você tem noção do preço final para o cliente do produto do seu negócio/projeto?
    - ☐ *a. Até R$ 12 mil.*
    - ☐ *b. Entre R$ 12 mil e R$ 50 mil.*
    - ☐ *c. Entre R$ 50 mil e R$ 85 mil.*
    - ☐ *d. Entre R$ 85 mil e R$ 120 mil.*
    - ☐ *e. Acima de R$ 120 mil. Quanto?*
    - ☐ *f. Não sei responder esta questão.*

    Comentário (opcional):

- Você tem informações sobre o preço final praticado pelo seu concorrente? (Se houver mais de um produto/serviço concorrente, escolher aquele cujas características técnicas mais se aproximam do produto do seu negócio/projeto.)
    - ☐ *a. Até R$ 12 mil.*
    - ☐ *b. Entre R$ 12 mil e R$ 50 mil.*

☐ c. Entre R$ 50 mil e R$ 85 mil.
☐ d. Entre R$ 85 mil e R$ 120 mil.
☐ e. Acima de R$ 120 mil. Quanto?
☐ f. Não sei responder esta questão.
Comentário (opcional):

- Você possui alguma parceria estratégica? (Mais de uma opção pode ser escolhida.)
  ☐ a. Com fornecedores. Especifique:
  ☐ b. Com agentes de negócio (vendedores). Especifique:
  ☐ c. Com instituições de pesquisa. Especifique:
  ☐ d. Com empresas para o desenvolvimento. Especifique:
  ☐ e. Com empresas para fabricação. Especifique:
  ☐ f. Não tenho parceria.
  Comentário (opcional):

- Há dependência de terceiros para a concretização de seu negócio/projeto? (Mais de uma opção pode ser escolhida.)
  ☐ a. Nenhuma.
  ☐ b. Fornecedores, certificações e normatização. Especifique:
  ☐ c. Capital externo (dinheiro para investimento). Especifique:
  ☐ d. Empresas terceiras (para o desenvolvimento e/ou fabricação). Especifique:
  ☐ e. Agentes de negócios. Especifique:
  ☐ f. Não sei responder esta questão.
  Comentário (opcional):

- O produto do seu negócio/projeto apresenta alguma vantagem competitiva? (Mais de uma opção pode ser escolhida.)
  ☐ a. Nenhuma.
  ☐ b. Preço de venda final. Especifique:
  ☐ c. Tecnologia própria e/ou patentes. Especifique:
  ☐ d. Características exclusivas do produto. Especifique:

☐ *e. Possui canais de distribuição e pós-venda (suporte e assistência).
Especifique:*
☐ *f. Não sei responder esta questão.*
Comentário (opcional):

Anexo 2: Exemplo de Elaboração de PGEM

Planejamento e Gestão Estratégica de Marketing

ENS3D

Energy Network System 3D

Sistema Computacional para Redução de Perdas em
Redes de Distribuição de Energia com Interface 3D

Responsável: Antonio Valerio Netto, Dr.

São Carlos, SP
Dezembro de 2006

1. Introdução e Entendimentos

1.1 Histórico da Empresa

Fundada em maio de 2003, a Cientistas Associados Desenvolvimento Tecnológico Ltda. é uma empresa formada por cientistas empreendedores para o desenvolvimento de projetos de hardware e software visando inovações tecnológicas em produtos e processos. A empresa tem como filosofia, desde sua criação, canalizar o conhecimento e as habilidades de seus colaboradores e associados para transformar esse potencial em soluções tecnológicas.

Para a empresa, é de extrema importância gerar credibilidade e apresentar resultados da sua competência junto à sociedade brasileira, pois, dessa forma, ratifica-se a presença de cientistas no meio empresarial. No País, existem poucas iniciativas empreendedoras nessa área, e dessa forma é importante unir esforços para apresentar o cientista, como categoria profissional de elevada competência e importância para o crescimento sustentável do Brasil.

Missão

Prover soluções tecnológicas nas áreas de hardware e software com valor agregado e elevado grau de qualidade para nossos clientes.

Visão

Ser, em 2015, referência nacional no desenvolvimento e na integração de soluções tecnológicas nas áreas de hardware e software.

Valores

- *Convicção:* estar ciente da visão, da missão e dos valores da empresa.
- *Compromisso:* estar envolvido e comprometido com a empresa e realizar tarefas com determinação e dedicação.
- *Cooperação:* cooperar com a equipe de trabalho e demais colaboradores no desenvolvimento dos trabalhos.
- *Integridade:* ser íntegro e ético no desenvolvimento das tarefas e no relacionamento entre seus colaboradores, parceiros e clientes.
- *Aprendizagem organizacional:* buscar constantemente aprender com disciplina e ser adaptável a mudanças.
- *Transparência:* ser claro e viver os processos de comunicação abertamente, compartilhar dúvidas e idéias.
- *Profissionalismo:* valorizar a formação de seus colaboradores e motivá-los na busca de novos conhecimentos e no desenvolvimento de novas competências.
- *Responsabilidade:* desenvolver projetos que ofereçam impacto econômico e social, não utilizar o conhecimento em detrimento do bem-estar de gerações futuras.

1.2 Método de Planejamento da Empresa

A empresa desenvolveu seu planejamento estratégico baseado na percepção de ofertar soluções tecnológicas para o mercado nacional com a possibilidade de exportar para os países ibero-latino americanos.

Essas soluções tecnológicas são especificamente nas áreas de hardware e software, pois foi detectado que não existiam muitas empresas nacionais que trabalhavam em projetos que envolvessem as duas áreas para gerar uma solução para o cliente final. Diante desse fato, buscou-se o diferencial que seria ofertar as soluções não se limitando a desenvolver ou integrar somente o software, agregando valor também com o desenvolvimento ou a integração do hardware.

Para atingir o mercado de serviços na área de tecnologia, inicialmente no Brasil, foi necessário que a empresa rapidamente desenvolvesse uma marca com credibilidade.

Os sócios eram cientes que não possuíam no início uma rede de contatos (*networking*) que permitisse gerar um volume de oportunidades de negócios que pudesse ser significativo. Diante desse fato, buscou-se cercar de premissas que atestassem a competência da equipe técnica e de negócios (prospecção de projetos). Para isto, objetivou-se conquistar projetos técnicos junto aos Governo Federal e Estadual, caso do CNPq, FINEP e FAPESP, para que pudesse montar a infra-estrutura (equipamentos e softwares) e contratar pessoal com competência por meio de bolsas-trabalho.

Nos primeiros dois anos e seis meses da empresa, obteve a aprovação de sete projetos PIPE-FAPESP entre fases 1 e 2, cujo investimentos para desenvolvimento desses projetos foram em torno de R$ 2,5 milhões entre material de consumo, material permanente, bolsas-trabalho, transporte e diárias. Do CNPq foram conquistados quatro projetos, que em bolsas-trabalho geraram o valor de R$ 208 mil.

Para a empresa, os projetos aprovados junto à FAPESP, permitiram montar uma infra-estrutura necessária em equipamentos (computadores, analisadores lógicos, osciloscópios, multímetros etc.) e softwares de desenvolvimento que são essenciais para ofertar os serviços tecnológicos para potenciais clientes.

1.3 Existência de Planos Adicionais

A empresa desde a sua fundação nunca elaborou um documento específico para o Planejamento e Gestão Estratégica de Marketing (PGEM). Anteriormente, foram confeccionados planos de negócios (PN) para cada projeto técnico que a empresa encaminhava para o programa de fomento à pesquisa em pequenas empresas (PIPE) da Fundação de Amparo à Pesquisa do Estado de São Paulo (FAPESP). Diante disso, os planos não se convergiam, haja vista que os produtos enviados tinham em comum apenas a tecnologia de desenvolvimento do software. Não existiam áreas de aplicação semelhantes.

Jutificativa para Implantação do Processo

O PGEM inicia-se agora, pois a empresa passou por um processo de reestruturação administrativa, onde antigos dirigentes que não possuíam vínculo estável com a empresa (sócios ausentes) foram retirados.

A empresa, atualmente, conta com dois sócios com visão profissional e maior entendimento da área estratégica.

ADAPTAÇÃO A PROCESSOS JÁ EXISTENTES

Não se aplica, pois a empresa não possuía um processo de planejamento anterior. Inclusive, hoje, o planejamento estratégico da empresa encontra-se em desenvolvimento. Diante disso, o PGEM está sendo trabalhado paralelamente ao planejamento estratégico da empresa. É importante salientar que esse PGEM será o modelo a ser adotado por outros projetos na empresa.

1.4 Aspectos Culturais e Equipes

A empresa possui uma estrutura hierárquica composta por uma diretoria técnica subdividida em duas, Divisão de Sistemas Computacionais e Divisão de Robótica e Instrumentação. Nessas divisões, existem equipes de desenvolvimento que trabalham em projetos específicos.

Cada equipe é responsável pelo desenvolvimento ou pela integração de um produto ou serviço. Essa equipe possui um coordenador técnico responsável.

Dão sustentação a esta diretoria técnica outras duas diretorias: Diretoria Administrativa que possui quatro departamentos: Departamento Jurídico e Financeiro, Gestão de Pessoas, Logística & Compras e de Gestão de Processos e Qualidade e Diretoria de Estratégias de Negócios que possui dois departamentos: Marketing & Inteligência de Mercado e Negócios & Alianças.

EQUIPES PARTICIPANTES DO PGEM

A Divisão de Estratégias de Negócios da empresa (DEN) que é composto por dois departamentos: Marketing & Inteligência de Mercado (M&IM) e Negócios & Alianças (N&A).

RESPONSÁVEL PELO RELACIONAMENTO COM OUTRAS EMPRESAS

Coordenador do projeto (principal dirigente responsável pelo projeto técnico).

2. Análise do Ambiente com Enfoque na Rede da Empresa

2.1 A Rede da Empresa

O fluxo de rede na ilustração abaixo mostra a relação da Cientistas Associados com seus fornecedores e consumidores final. A interação parte dos fornecedores e das instituições facilitadoras, passa pelas necessidades da empresa e o atendimento final das expectativas dos clientes.

Nesse ínterim, observa-se a dificuldade advinda das chamadas variáveis incontroláveis, que podem "dificultar" o processo produtivo, afetando tanto a própria empresa quanto os fornecedores na ponta e os clientes no final da cadeia de rede.

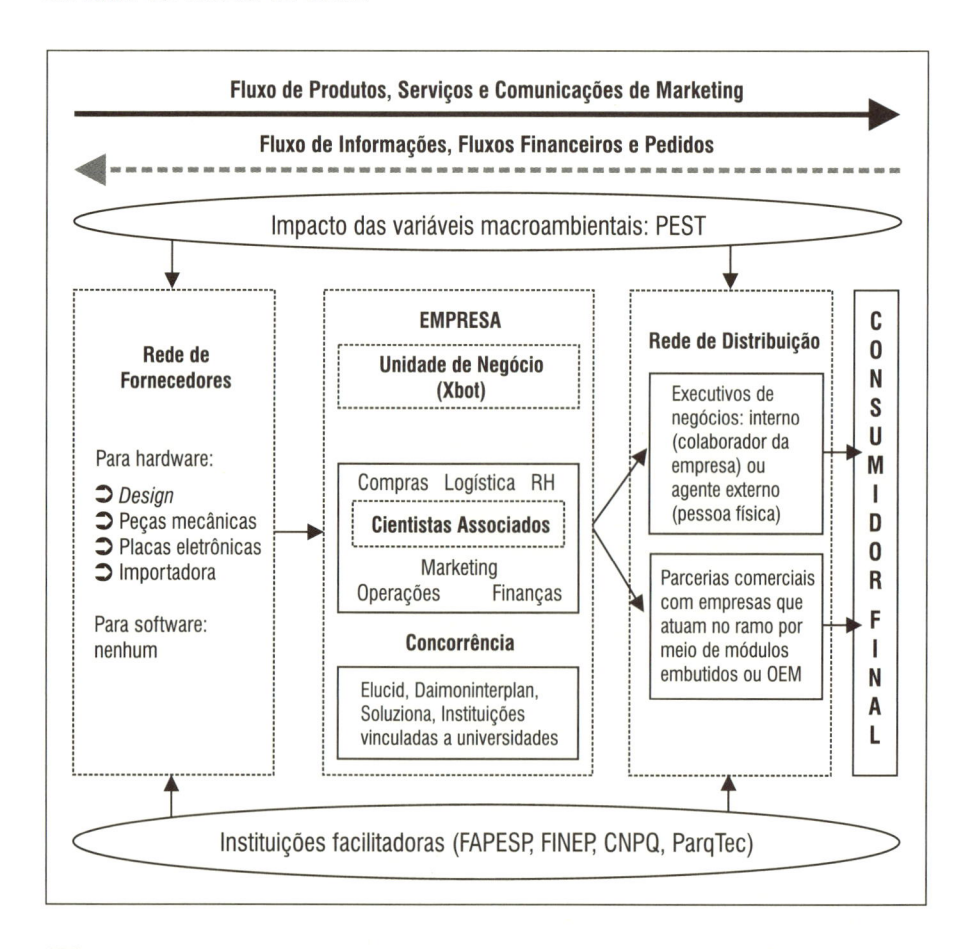

2.1 Informações sobre o Mercado de Distribuição de Energia Elétrica

A distribuição de energia no país é controlada pelo Ministério de Minas e Energia, que define regras gerais do setor e intervém na política de reajuste tarifário quando acha necessário. Já a Agência Nacional de Energia Elétrica (ANEEL) fiscaliza o cumprimento dos contratos; homologa os reajustes tarifários de acordo com os contratos e com os mecanismos criados pelo ministério; fiscaliza o cumprimento de metas de qualidade no serviço.

Usualmente, as perdas totais no sistema de potência são estimadas em 7%, sendo 2% na transmissão e 5% na distribuição. Segundo relatório da Associação Brasileira de Distribuidores de Energia Elétrica (ABDEE), no Brasil, as perdas são maiores, na ordem de 15,3% da energia produzida no país. Desse valor, cerca de 7,3% ocorrem na transmissão e 8% na distribuição. A malha de distribuição de energia envolve, praticamente, toda área urbana do país e diversos setores rurais.

Poucos aplicativos voltados para perdas técnicas comercializadas, atualmente, levam em consideração informações ligadas ao SIG (Sistema de Informação Geográfica). Algumas distribuidoras de energia vem buscando implantar essas informações em suas operações.

Além disso, na área de planejamento de estrutura da rede elétrica e no gerenciamento de ativos, prospectou-se a eficiência de uma ferramenta onde uma representação em 3D contextualizando a região topográfica da cidade com suas elevações e baixadas, tamanho de edificações etc., facilitaria determinadas tomadas de decisões.

Para o futuro, algumas alterações devem ocorrer na estrutura dos investimentos em energia, incluindo a instalação de centrais termelétricas a gás natural, que exigem prazos de implementação e investimentos menores que as hidrelétricas.

Por outro lado, deverão ser ampliadas as importações de energia da Argentina, Venezuela e Bolívia (apesar da nacionalização das refinarias neste país, a dependência do gás natural que movimenta, principalmente, o parque industrial paulista é alta, cerca de 64% do gás utilizado é importado da Bolívia); e a interligação elétrica entre o Sul e o Norte do Brasil, o que significa maiores investimentos em rede de transmissão.

Atualmente, as principais oportunidades de negócios no mercado de energia elétrica nacional estão ligadas à oferta de novos empreendimentos de geração por parte da iniciativa privada e à construção de linhas de transmissão, bem como à privatização de ativos de sistemas de distribuição e de geração.

Outro foco se concentra na universalização do atendimento às comunidades isoladas da Região Norte e Nordeste do País e ao meio rural, onde o Governo Federal, por meio do Programa "Luz para todos", tem investido nesse sentido.

Ao longo das últimas duas décadas, o consumo de energia elétrica apresentou índices de expansão bem superior ao Produto Interno Bruto (PIB), fruto do crescimento populacional concentrado nas zonas urbanas, do esforço de aumento da oferta de energia e da modernização da economia. As classes de consumo residencial, comercial e rural obtiveram expressivos ganhos de participação, ao passo que o segmento industrial teve participação menor neste crescimento, principalmente pela utilização de tecnologias mais eficientes no uso final da eletricidade, aliada às medidas de racionalização de consumo, postas em prática, especialmente, na década de 90.

O Ministério de Minas e Energia (MME) estima que o consumo de energia cresça, em média, 5,2% ao ano até 2015. Como base de comparação, a taxa foi de 4,6% ao ano entre 1980 e 2005. Isto significa que o consumo *per capita* de energia passará de 2.049 kWh em 2005 para cerca de 3.053 kWh até 2015.

A demanda exige investimentos para atender o mercado consumidor. Para tanto, a capacidade instalada deve saltar de 47.543 MW médios em 2005 para 76.224 MW médios em 2015. Um valor aproximado, já que os investimentos poderão variar de acordo com o mix ótimo entre hidrelétricas e termelétricas. A decisão sobre construir ou não a usina nuclear Angra III também influenciará no montante total.

Já o mercado de distribuição de energia elétrica é atendido por 64 concessionárias entre estatais ou privadas, de serviços públicos que abrangem todo o País. As concessionárias estatais estão sob controle dos Governos Federal, Estaduais e Municipais.

Em várias concessionárias privadas, verifica-se a presença, em seus grupos de controle, de diversas empresas nacionais, norte-americanas, espanholas e portuguesas. São atendidos cerca de 47 milhões de unidades consumidoras, das quais 85% são consumidores residenciais, em mais de 99% dos municípios brasileiros. No entanto, a rentabilidade do setor elétrico, antes negativo, dá sinais de melhora, segundo levantamento realizado pela consultoria *Stern Stewart*, contratada pela Câmara Brasileira de Investidores em Energia Elétrica (CBIEE), que foi apresentado à diretoria da ANEEL (Agência Nacional de Energia Elétrica).

De acordo com o estudo, a rentabilidade do setor, apesar de ainda negativa, melhorou nos últimos dois anos, passando de uma perda econômica de R$ 13,2 bilhões em 2002 e R$ 13,1 bilhões em 2003, para perdas menores, de R$ 7,1 bilhões em 2004 e estimativas de R$ 4,4 bilhões negativos em 2005.

Nos últimos sete anos, os investidores em energia deixaram de ganhar cerca de R$ 55 bilhões. Considerando uma correção dos valores pelo IPCA, essas perdas econômicas chegam a R$ 69 bilhões, segundo o estudo.

O levantamento foi realizado com informações dos 16 maiores investidores privados ligados a CBIEE, com base no EVA – *Economic Value Added* (Valor Econômico Adicionado), indicador que leva em conta o custo do capital empregado, entre outros itens. Na avaliação da CBIEE, apesar de apresentarem lucros operacionais, as empresas do setor elétrico ainda não remuneram o capital alocado em suas operações.

As empresas que serviram de base para a pesquisa representam 60% do faturamento total do setor de distribuição de energia e 28% da geração total do País. Segundo as estimativas, apontam investimentos da ordem de 215 bilhões até 2015 (de acordo com o Plano Decenal apresentado ao MME, no início de 2006).

O planejamento governamental de médio prazo prevê a necessidade de investimentos da ordem de R$ 6 a 7 bilhões/ano, apenas para a expansão da matriz energética brasileira (fontes de obtenção de energia), em atendimento à demanda do mercado consumidor.

No gráfico da página seguinte, tem-se o resumo do setor de distribuição de energia elétrica no Brasil. Como se pode observar, é notório o volume de recursos do setor, e sua participação no PIB é considerável, tendo em vista outros setores de prestação de serviços.

Como o setor elétrico está em expansão (geração, transmissão e distribuição), mostra-se um paralelo do investimento isolada das empresas distribuidoras de energia elétrica em relação ao programa do Governo Federal "Luz para Todos".

Do gráfico, pode-se observar que os investimentos públicos se concentram mais nos anos de 2005 e 2006, ao passo que os investimentos privados (distribuidoras de energia) mantêm uma curva ascendente ao longo dos anos.

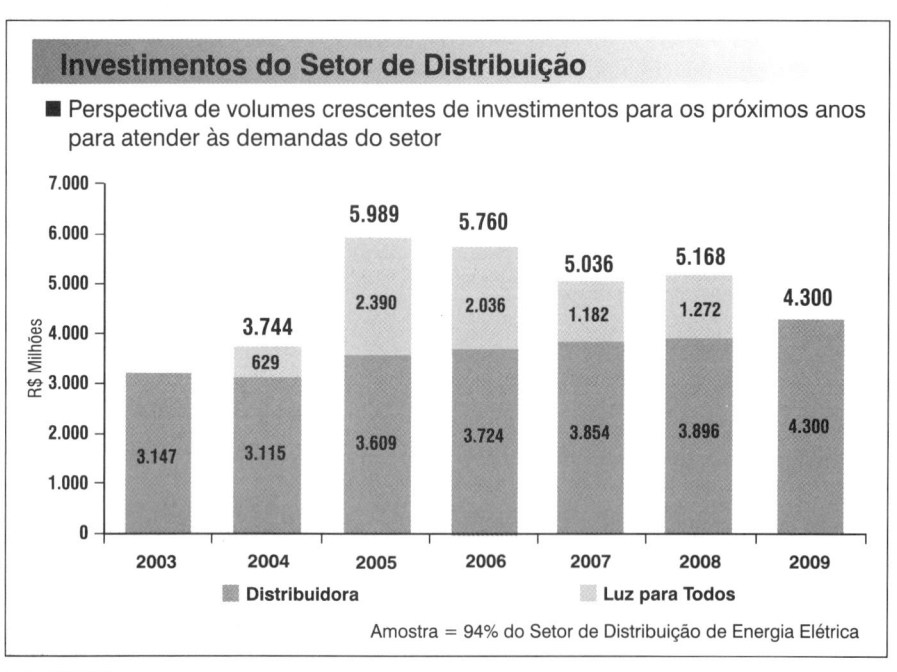

Investimentos do Setor de Distribuição

■ Perspectiva de volumes crescentes de investimentos para os próximos anos para atender às demandas do setor

Ano	Distribuidora	Luz para Todos	Total
2003	3.147	—	3.147
2004	3.115	629	3.744
2005	3.609	2.390	5.989
2006	3.724	2.036	5.760
2007	3.854	1.182	5.036
2008	3.896	1.272	5.168
2009	4.300	—	4.300

R$ Milhões

Amostra = 94% do Setor de Distribuição de Energia Elétrica

Fonte: ABRADEE

AS DISTRIBUIDORAS

Para se ter uma idéia do mercado de distribuição de energia elétrica no Brasil, na figura da página seguinte tem-se o mapa nacional indicando quais são as empresas e as respectivas áreas de concessão de cada uma delas.

O quadro a seguir mostra a participação de cada empresa no mercado de distribuição de energia.

Anexo 2: Exemplo de Elaboração de PGEM

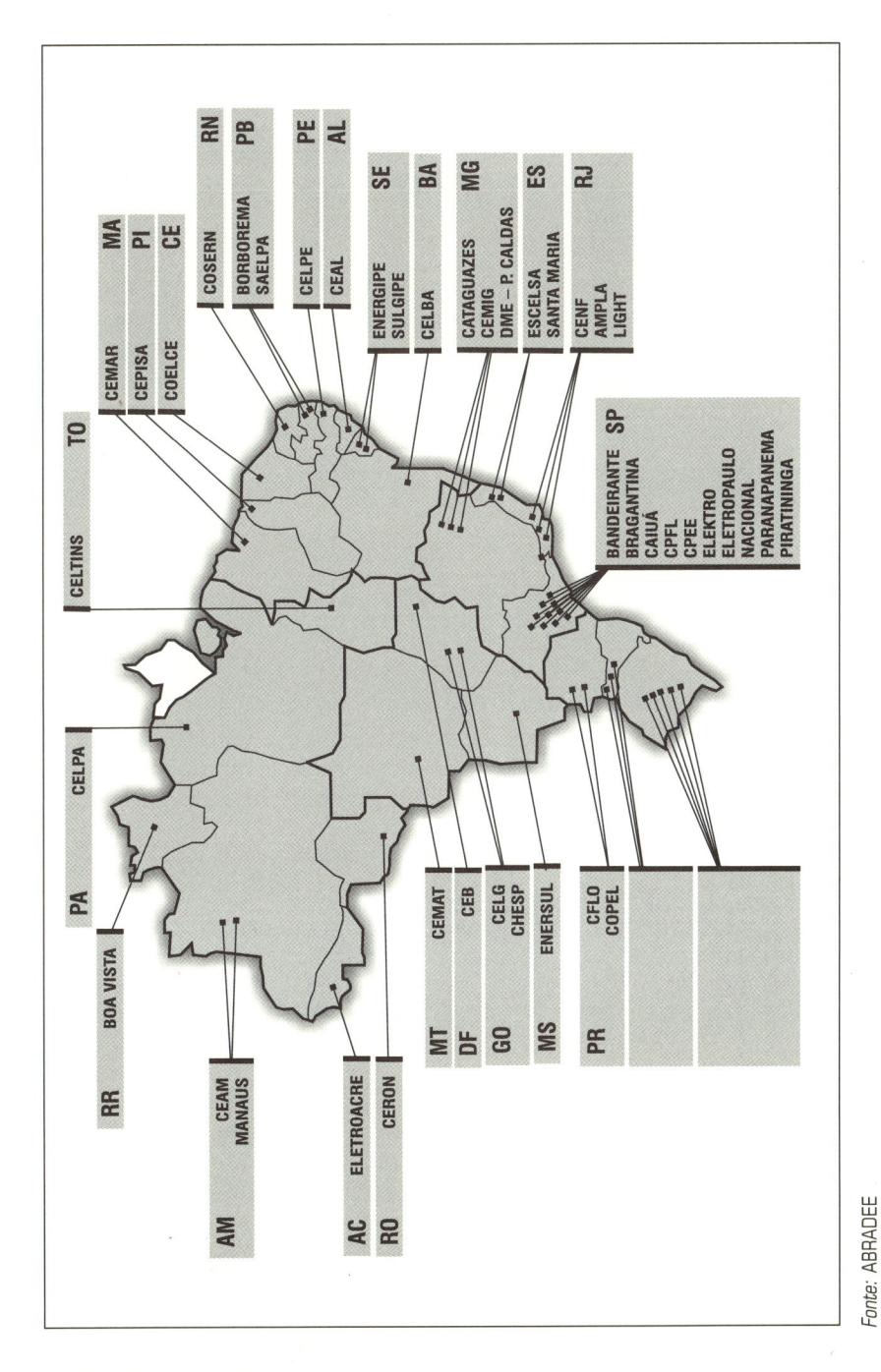

Fonte: ABRADEE
Obs.: o gráfico mostra 51 empresas das 64 existentes, representando 99% do mercado de distribuição de energia elétrica no Brasil.

Mercado de Distribuição Brasil 2000 – Concessionárias de Energia Elétrica (Valores em MWh)

Concessionárias	Energia em MWH	Participação no mercado nacional	Participação no mercado regional
CENTRO-OESTE			
CEB	3.781.774	1,14	23,14
CELG	6.512.785	2,13	39,84
CEMAT	3.175.090	1,04	19,42
CHESP	65.761	0,02	0,40
ENERSUL	2.811.032	0,92	17,20
TOTAL	16.346.442	5,34	100,00
NORDESTE			
CEAL	1.893.390	0,62	3,82
CELB	511.104	0,17	1,03
CELPE	7.425.096	2,42	14,98
CEMAR	2.313.166	0,76	4,67
CEPISA	1.378.420	0,45	2,78
CHESF	7.701.860	2,52	15,53
COELBA	9.765.825	3,19	19,70
COELCE	5.823.944	1,90	11,75
COSERN	2.794.388	0,91	5,64
ELN/MA	5.936.863	1,94	11,97
ENERGIPE	1.788.265	0,58	3,61
SAELPA	2.074.256	0,68	4,18
SULGIPE	175.698	0,06	0,35
TOTAL	49.582.285	16,19	100,00
NORTE			
BOA VISTA	258.599	0,08	1,64
CEA	430.844	0,14	2,73
CEAM	313.719	0,10	1,99
CELPA	3.854.387	1,26	24,45
CELTINS	703.744	0,23	4,46
CER	37.808	0,01	0,24
CERON	1.050.539	0,34	6,66
ELETROACRE	347.783	0,11	2,21
ELN/PA	6.299.342	2,06	39,96
MANAUS	2.468.947	0,81	15,66
TOTAL	15.765.712	5,15	100,00

Anexo 2: Exemplo de Elaboração de PGEM

	SUDESTE		
BRAGANTINA	613.186	0,20	0,35
CAIUÁ	789.288	0,26	0,45
CAT-LEO	1.004.058	0,33	0,57
CEMIG	37.540.051	12,26	21,44
CENF	312.655	0,10	0,18
CERJ	7.165.897	2,34	4,09
CESP	2.117.602	0,69	1,21
CPEE	254.776	0,08	0,15
CPFL	20.375.059	6,65	11,64
CSPE	344.642	0,11	0,20
BANDEIRANTE	21.981.649	7,18	12,56
ELEKTRO	11.273.635	3,68	6,44
ELETRONUCLEAR	401.663	0,13	0,23
ELETROPAULO	37.506.015	12,25	21,42
ESCELSA	6.460.486	2,11	3,69
FURNAS	276.918	0,09	0,16
JAGUARI	355.962	0,12	0,20
LIGHT	23.819.965	7,78	13,61
MOCOCA	175.666	0,06	0,10
NACIONAL	385.163	0,13	0,22
POÇOS DE CALDAS	274.568	0,09	0,16
SANTA CRUZ	754.367	0,25	0,43
SANTA MARIA	267.318	0,09	0,15
V. PARANAPANEMA	624.469	0,20	0,36
TOTAL	176.074.948	57,18	100,00
	SUL		
AES-SUL	7.341.651	2,40	14,85
CEEE	6.196.515	2,02	12,53
CELESC	12.031.509	3,93	24,34
CFLO	196.076	0,06	0,40
COCEL	151.457	0,05	0,31
COOPERALIANÇA	87.566	0,03	0,18
COPEL	16.673.942	5,45	33,73
CORONEL VIVIDA	18.057	0,01	0,04
DEMEI	80.849	0,03	0,16
ELETROCAR	120.881	0,04	0,24
GERASUL	549.335	0,18	1,11
JOÃO CESA	20.070	0,01	0,04
MUXFELDT	18.213	0,01	0,04
NOVA PALMA	44.661	0,01	0,09
PANAMBI	51.524	0,02	0,10
RGE	5.689.076	1,86	11,51
URUSSANGA	46.351	0,02	0,09
XANXERÉ	120.395	0,04	0,24
TOTAL	49.438.128	16,15	100,00
TOTAL BRASIL	306.207.515	100,00	0

Fonte: Aneel 2000.

Com relação à concorrência, cujo mercado-alvo são as distribuidoras de energia elétrica, podem-se mencionar as seguintes informações observadas:

- A Unicamp, por meio do Instituto (INOVA), em parceria com o centro de planejamento e P&D da CPFL, começou a desenvolver um estudo similar ao aplicativo oferecido pela Cientistas Associados no ano de 2003, porém ainda não se sabe sobre o impacto dessas pesquisas, se, de fato, resultou-se em uma ferramenta de uso comercial.
- Estudo semelhante foi encontrado a pedido da Bandeirante Energia que, em 1999, solicitou junto à ANEEL, uma pesquisa sobre um aplicativo com descrição geográfica que pudesse orientar o usuário na tomada de decisão. Essa parceria cientifica ocorreu junto à USP, mas até o momento não se sabe o resultado dessa pesquisa, no tocante à viabilidade de uma ferramenta para fins comerciais.
- Dentre as empresas que oferecem soluções na área, podem-se citar: Daimoninterplan (Pertec), Soluziona (SGD), Elucid (Monitor GTDC, Smartmater e CIS, todos softwares ligados à gestão técnica), SIMPERDAS (Coelba e Universidade de Salvador).

Mas informações sobre esses concorrentes podem ser encontradas no item que aborda a concorrência.

Evolução de mercado (somente para aplicativos voltados para redução de perdas de energia elétrica em redes de distribuição)

	2005	2006*Dez.	2007*
Valores (em mil R$)	700	500*	(450 a 750)*
Volumes (quantidade) (unidades)	10	7*	12*
Preço médio (Implantação em mil R$)	50	50*	(40 a 45)*
Vendas empresa	0	0	–
Participação de mercado da empresa	0	0	–

* Estimativa.

Evolução de mercado por região (em unidades implantadas de softwares voltados para redução de energia elétrica em redes de distribuição)

	2005	2006*Dez.	2007*
Região Norte	0	2	2
Região Sul	3	0	2
Região Cento-Oeste	0	3	4
Região Sudeste	4	0	2
Região Nordeste	3	2	2
Total	10	7	12

* Previsão baseada na concorrente e investimento das distribuidoras em P&D.
Fonte: Estimativa.

RECURSOS FINANCEIROS PARA P&D

O Programa Anual de Pesquisa e Desenvolvimento Tecnológico do Setor Elétrico foi criado pela Lei nº 9.991 de 24 de julho de 2000 e alterado pela Lei nº 10.848 de 15 de março de 2005 (Art.12) e tem como objetivo a capacitação tecnológica da concessionária, visando à geração de novos processos ou produtos, ou o evidente aprimoramento de suas características.

Diferentemente da pesquisa puramente acadêmica, a pesquisa empresarial deve ter cronogramas e metas bem definidas. Assim, as Empresas Distribuidoras de Energia Elétrica devem aplicar 0,20% de sua ROL (Receita Operacional Líquida) em projetos que comporão a carteira do Programa de P&D. Estão aptas a participar Instituições como Universidades, Centros de Pesquisa e Consultorias.

Em conformidade com a Lei nº 9.991/2000, a participação de instituições públicas ou privadas de ensino ou de P&D é limitada àquelas nacionais, reconhecidas pelo Ministério da Ciência e Tecnologia (MCT) e/ou credenciadas pelo Ministério da Educação (MEC).

Nas tabelas a seguir, são apresentados os valores destinados a P&D de cada uma das concessionárias.

Empresas que apresentam o Programa de P&D em setembro/2005 (Receita referente ao período de julho/2004 a junho/2005)	CNPJ/MF	Valor destinado aos projetos aprovados pela ANEEL	Valor destinado ao MME	Valor devido ao FNDCT	Duodécimo – 1/12 do valor devido ao FNDCT
AES-SUL – Distribuidora Gaúcha de Energia	02.016.440/0001-62	2.908.587,14	1.454.293,57	2.908.587,14	242.382,26
CEEE – Companhia Estadual de Energia Elétrica (DISTRIBUIÇÃO)	92.715.812/0001-31	2.990.663,70	1.495.331,85	2.990.663,70	249.221,97
CEEE – Companhia Estadual de Energia Elétrica (TRANSMISSÃO)	92.715.812/0001-31	1.539.141,11	769.570,56	1.539.141,11	128.261,76
COELBA – Companhia de Eletricidade do Estado da Bahia	15.139.629/0001-94	5.544.828,04	2.772.414,02	5.544.828,04	462.069,00
COELCE – Companhia Energética do Ceará	07.047.251/0001-70	2.982.682,03	1.491.341,02	2.982.682,03	248.556,84
COSERN – Companhia Energética do Rio Grande do Norte	08.324.196/0001-81	1.555.114,74	777.557,37	1.555.114,74	129.592,89
CPFL – Companhia Paulista Força e Luz	33.050.196/0001-88	8.960.517,80	4.480.258,90	8.960.517,80	746.709,82
DEMEI – Departamento Municipal de Energia de Ijuí	95.289.500/0001-00	41.122,32	20.561,16	41.122,32	3.426,86
ELETROCAR – Centrais Elétricas de Carazinho	88.446.034/0001-55	55.242,37	27.621,19	55.242,37	4.603,53
ELETROPAULO – Metropolitana Eletricidade de São Paulo S.A.	61.695.227/0001-93	17.289.463,31	8.644.731,65	17.289.463,31	1.440.788,61
ENERGIPE – Empresa Energética de Sergipe S.A.	13.017.462/0001-63	788.907,30	394.453,65	788.907,30	65.742,27
ENERSUL – Empresa Energética do Mato Grosso do Sul S.A.	15.413.826/0001-50	1.756.014,53	878.007,27	1.756.014,53	146.334,54
HIDROPAN – Hidroelétrica Panambi S.A.	91.982.348/0001-87	30.474,03	15.237,01	30.474,03	2.539,50
MUXFELDT – Muxfeldt, Marin e Cia. Ltda.	97.578.090/0001-34	14.594,66	7.297,33	14.594,66	1.216,22
NOVA PALMA – Usina Hidroelétrica Nova Palma Ltda.	89.889.604/0001-44	21.001,04	10.500,52	21.001,04	1.750,09
RGE – Rio Grande Distribuidora de Energia	02.016.439/0001-38	3.173.082,79	1.586.541,40	3.173.082,79	264.423,57
Sá Carvalho S.A.	03.907.799/0001-92	158.736,94	79.368,47	158.736,94	13.228,08
SULGIPE – Companhia Sul Sergipana de Eletricidade	13.255.658/0001-96	92.071,62	46.035,81	92.071,62	7.672,63
TSN – Transmissora Nordeste Sudeste S.A.	04.102.424/0001-18	922.182,77	461.091,38	922.182,77	76.846,56
Central Termoelétrica de Cogeração S.A.	05.238.054/0001-03	38.694,18	19.347,09	38.694,18	3.224,52
CBA – Companhia Brasileira de Alumínio	61.409.892/0001/73	52.464,23	24.616,06	49.232,12	4.102,68

Anexo 2: Exemplo de Elaboração de PGEM

Empresas que apresentam o Programa de P&D em novembro/2005 (Receita referente ao período de setembro/2004 a agosto/2005)	CNPJ/MF	Valor destinado aos projetos aprovados pela ANEEL	Valor destinado ao MME	Valor devido ao FNDCT	Duodécimo – 1/12 do valor devido ao FNDCT
Boa Vista Energia S.A.	13.139.629/0001-94	171.418,38	85.709,19	171.418,38	14.284,87
Centrais Elétricas de Rondônia – CERON	02.016.440/0001-62	756.163,69	378.081,85	756.163,69	63.013,64
Companhia de Eletricidade de Nova Friburgo – CENF	61.695.227/0001-93	159.895,54	79.947,77	159.895,54	13.324,63
Companhia de Eletricidade do Acre – ELETROACRE	92.715.812/0001-31	247.322,83	123.661,42	247.322,83	20.610,24
Companhia de Eletricidade do Amapá – CEA	08.324.196/0001-81	211.333,90	105.666,95	211.333,90	17.611,16
Ampla Energia e Serviços S.A.	88.446.034/0001-55	4.239.460,57	2.119.730,29	4.2239.460,57	353.288,38
Companhia Energética de Roraima – CER	17.165.730/0001-64	17.287,09	8.643,55	17.287,09	1.440,59
Companhia Energética do Amazonas – CEAM	03.467.321/0001-99	207.522,26	103.761,13	207.522,26	17.293,52
LIGHT – Serviços de Eletricidade S.A.	95.289.500/0001-00	9.714.277,27	4.857.138,64	9.714.277,27	809.523,11
Manaus Energia S.A.	33.050.198/0001-88	1.413.810,07	706.905,04	1.413.810,77	117.817,51
EMAE – Empresa Metropolitana de Águas e Energia	02.302.101/0001-42	679.968,98	339.984,49	679.968,98	56.664,08
CESP – Companhia Energética de São Paulo	60.933.603/0001-78	8.414.332,18	4.207.166,09	8.414.332,18	701.194,35

Empresas que apresentam o Programa de P&D em dezembro/2005 (Receita referente ao período de outubro/2004 a setembro/2005)	CNPJ/MF	Valor destinado aos projetos aprovados pela ANEEL	Valor destinado ao MME	Valor devido ao FNDCT	Duodécimo – 1/12 do valor devido ao FNDCT
Companhia de Transmissão de Energia Elétrica Paulista – CTEEP	02.998.611/0001-04	5.110.313,15	2.555.156,68	5.110.313,15	426.859,43
ELEKTRO – Eletricidade e Serviços S.A.	02.328.280/0001-97	5.254.118,48	2.627.059,24	5.254.118,48	437.843,21
Expansion Transmissão Itumbiara Martimbondo Ltda.	04.689.936/0001-22	159.346,60	79.673,30	159.346,60	13.278,88

Empresas que apresentam o Programa de P&D em janeiro/2006 (Receita referente ao período de novembro/2004 a outubro/2005)	CNPJ/MF	Valor destinado aos projetos aprovados pela ANEEL	Valor destinado ao MME	Valor devido ao FNDCT	Duodécimo – 1/12 do valor devido ao FNDCT
Companhia Energética do Maranhão – CEMAR	06.272.793/0001-84	2.121.652,80	1.060.826,15	2.121.542,30	176.804,36
Companhia Energética de Alagoas – CEAL	12.272.084/0001-00	1.414.904,03	707.452,02	1.414.904,03	117.908,67
Companhia Energética de Brasília – CEB	00.070.698/0001-11	2.848.023,18	1.424.011,59	2.848.023,18	237.335,27
Companhia Energética de Goiás – CELG	01.543.032/0001-04	4.924.185,79	2.464.592,90	4.929.185,79	410.765,48
Companhia Energética de Pernambuco – CELPE	10.835.932/0001-08	5.306.940,96	2.653.470,48	5.306.940,06	442.245,08
Companhia Energética do Piauí – CEPISA	06.840.748/0001-89	1.228.718,12	614.359,06	1.228.718,12	102.393,18
Companhia Força e Luz Cataguazes Leopoldina – CFLCL	19.527.639/0001-58	1.018.110,91	509.055,46	1.018.110,91	84.842,58
Companhia Hidrelétrica São Patrício – CHESP	01.377.555/0001-10	58.780,34	29.390,17	58.780,34	4.898,36
Dpto. Municipal de Eletricidade de Poços de Caldas – DME-PC	23.664.303/0001-04	215.945,91	107.972,96	215.945,91	17.995,49
Empresa Luz e Força Santa Maria – ELFSM	27.485.069/0001-09	182.963,03	91.481,52	182.963,03	15.246,92
Espírito Santo Centrais Elétricas – ESCELSA	28.162.850/0001-71	3.924.123,92	1.962.061,96	3.924.123,92	327.010,33
Sociedade Anônima de Eletrificação da Paraíba – SAELPA	09.095.183/0001-40	1.579.988,83	789.994,42	1.579.988,83	131.665,74
Sul Transmissora de Energia Ltda – STE	05.217.560/0001-16	149.599,43	74.799,72	149.599,43	12.466,62

Empresas que apresentam o Programa de P&D em fevereiro/2006 (Receita referente ao período de novembro/2004 a outubro/2005)	CNPJ/MF	Valor destinado aos projetos aprovados pela ANEEL	Valor destinado ao MME	Valor devido ao FNDCT	Duodécimo – 1/12 do valor devido ao FNDCT
Empresa Regional de Transmissão de Energia S.A. – ERTE	05.321.920/0001-25	76.454,22	38.227,11	76.454,22	6.371,19
Empresa de Transmissão do Alto Uruguai S.A. – ETAU	05.063.249/0001-60	108.011,06	54.005,53	108.011,06	9.000,92
Goiana Transmissora de Energia S.A – GETESA	04.759.303/0001-43	17.746,75	8.873,38	17.746,75	1.478,90
Açu Transmissora de Energia S.A. – PARAISO-AÇU	05.292.918/0001-75	41.257,50	20.628,75	41.257,50	3.438,13
Eletronorte Transmissora de Energia S.A – AETE	06.001.492/0001-16	95.711,20	47.855,60	95.711,20	7.975,93

Anexo 2: Exemplo de Elaboração de PGEM

Empresas que apresentam o Programa de P&D em Março/2006 (Receita referente ao período de janeiro/2005 a dezembro/2005)	CNPJ/MF	Valor destinado aos projetos aprovados pela ANEEL	Valor destinado ao MME	Valor devido ao FNDCT	Duodécimo – 1/12 do valor devido ao FNDCT
Caiuá Distribuição de Energia S.A.	07.282.377/0001-20	605.801,52	302.900,76	605.801,52	50.483,46
Centrais Elétricas de Santa Catarina S.A.	83.878.892/0001-55	10.148.158,04	5.074.079,02	10.148.158,04	845.679,84
Centrais Elétricas do Pará	04.895.728/0001-80	3.518.285,34	1.759.142,67	3.518.285,34	293.190,44
Companhia de Energia do Estado do Tocantins	25.086.034/0001-71	922.385,91	461.192,96	922.385,91	76.865,49
Centrais Elétricas Matogrossense S.A.	03.467.321/0001-99	3.881.899,50	1.940.949,75	3.881.899,50	323.491,63
Companhia Campolarguense de Energia	75.805.895/0001-30	120.988,98	60.494,49	120.988,98	10.082,41
Cooperativa Aliança	83.647.990/0001-81	74.965,80	37.482,90	74.965,80	6.247,15
Copel Distribuição S.A.	04.368.898/0001-06	12.299.377,51	6.149.688,76	12.299.377,51	1.024.948,13
Companhia Paulista de Energia Elétrica	61.015.582/0001-74	199.963,09	99.981,55	199.963,09	16.663,59
Companhia Jaguari de Energia	53.859.112/0001-69	227.453,02	113.726,51	227.453,02	18.954,42
Companhia Luz e Força de Mococa	52.503.802/0001-18	130.925,70	65.462,85	130.925,70	10.910,47
Companhia Nacional de Energia Elétrica	61.416.244/0001-44	290.524,19	145.262,10	290.524,19	24.210,35
Companhia Força e Luz do Oeste	77.882.504/0001-07	122.167,38	61.083,69	122.167,38	10.180,62
Companhia Piratininga de Força e Luz	04.172.213/0001-51	6.260.181,09	3.130.090,54	6.260.181,09	521.681,76
Companhia Luz e Força Santa Cruz	61.116.265/0001-44	573.263,78	286.631,89	573.263,78	47.771,98
Companhia Sul Paulista de Energia	60.855.608/0001-20	253.662,24	126.831,12	253.662,24	21.138,52
Bandeirante Energia S.A.	02.302.100/0001-06	6.409.816,65	3.204.908,33	6.409.816,65	534.151,39
Empresa Elétrica Bragantina S.A.	60.942.281/0001-23	402.056,89	201.028,45	402.056,89	33.504,74
Empresas de Distribuição de Energia Vale do Paranapanema S.A.	07.297.359/0001-11	485.897,60	242.948,80	485.897,60	40.491,47
Empresa Força e Luz de Urussanga Ltda.	86.531.175/0001-40	33.141,90	16.570,95	33.141,90	2.761,82
Força e Luz Coronel Vivida Ltda.	79.850.574/0001-09	19.049,12	9.524,56	19.049,12	1.587,43
Empresa Força e Luz João Cesa Ltda.	86.301.124/0001-22	9.076,00	4.538,00	9.076,00	756,33
Iguaçu Distribuidora de Energia Elétrica Ltda.	83.855.973/0001-30	116.395,93	58.197,97	116.395,93	9.699,66
COPEL Geração S.A.	04.370.282/0001-70	4.962.873,51	2.481.436,76	4.962.873,51	413.572,79
Expansion Transmissão de Energia Elétrica S.A.	04.100.850/0001-12	395.903,77	197.951,89	395.903,77	32.991,98
COPEL Transmissão S.A.	04.368.943/0001-22	1.471.603,32	735.801,66	1.471.603,32	122.633,61
Empresa Catarinense de Transmissão de Energia	03.984.987/0001-14	186.707,96	93.353,98	186.707,96	15.559,00

2.2 Ameaças e Oportunidades Advindas das Variáveis Incontroláveis

Político
• Do processo de privatização da década de 90, tem sempre surgido alguma MP para a regulamentação do setor. • Política nacional de ciência e tecnologia tem estimulado a criação de empresas de base tecnológica. Assim, pode surgir em curto prazo de tempo um possível concorrente. • ANEEL e Ministério de Minas e Energia são órgãos reguladores do setor elétrico. E suas legitimidades são garantidas, sendo legalizados via contratos. • Um novo governo pode ter planos diferentes para o setor elétrico. Mas é certo que o investimento no setor no Brasil é fundamental para galgar um crescimento econômico nos próximos anos. • Aquisição de uma distribuidora por outra, e a primeira já utiliza o sistema e a segunda já tem um outro produto concorrente. • O Governo Federal, por meio do CT-Energia, fundo setorial destinado a financiar programas e projetos na área de energia, especialmente na área de eficiência energética no uso final, tem incentivado empresas de base tecnológica a desenvolverem projetos específicos para o setor de energia. • O programa do Governo Federal "Luz para todos" é outro fator que contribui para a ampliação da rede. Pretende-se investir R$ 7 bilhões para levar energia elétrica a 12 milhões de pessoas até 2008. • Programa Anual de Pesquisa e Desenvolvimento Tecnológico do Setor Elétrico coordenado pela ANEEL.

Econômico
• Se a economia atingir um patamar de crescimento econômico sustentável, não haverá outra saída para o governo e a iniciativa privada, senão investir pesado no setor de geração, transmissão e distribuição de energia. • Com a ampliação do turismo no Nordeste e o atendimento a zonas rurais de muitos Estados do Brasil, a rede de distribuição de energia tende a aumentar. • Como as linhas de transmissão dos Países da América Latina são semelhantes, isto é, são linhas aéreas e não subterrâneas, na maioria dos casos, pode haver alguma parceria no sentido da utilização do sistema naqueles paises. • A Eletrobrás pretende investir em 2006 R$ 5,2 bilhões nas cinco empresas que formam o Grupo. Desse investimento, uma parcela é voltada para a aquisição de projetos de P&D. • A Tractebel Energia, do Grupo Suez Energy Internacional, pretende investir este ano R$ 235 milhões em obras, revitalização e projetos de usinas que já estão com licença prévia. A empresa é a maior geradora privada do setor elétrico do País. Possui 8% de capacidade instalada do Brasil cobrindo os Estados do Sul e Centro-Oeste.

Econômico
• O setor elétrico brasileiro vai precisar de investimentos de cerca de R$ 125 bilhões até 2015. A previsão está no Plano Decenal de Energia Elétrica, divulgado pelo Ministério de Minas e Energia e inclui gastos em torno de R$ 40 bilhões só na instalação de novas linhas de transmissão. Hoje, são consumidos mais de 47 gigawatts de energia no país e em 2015 deverão ser 76 gigawatts.

Sociocultural
• Como o maior mercado consumidor de energia elétrica está localizado nas regiões Sudeste e Sul, a utilização do sistema pode-se iniciar, primeiramente, nessas regiões, evidentemente será considerada a força de venda da empresas nesses Estados, dada aos aplicativos concorrentes.
• A redução do desperdício proporcionado pelo sistema vai ao encontro dos interessados que, são: as empresas de distribuição, uma vez que as mesmas irão reduzir seus gastos (perdas de energia) e, os próprios consumidores finais que poderão ser beneficiados com esse repasse por parte das distribuidoras.
• As pessoas, atualmente, estão mais sensíveis à conscientização sobre a importância da economia de recursos finitos e que impactam diretamente no ecossistema. Tem-se notado nos últimos tempos, principalmente, depois do "apagão" de 2001 que o governo tem feito uma campanha de orientação para redução do consumo de energia.

Tecnológico
• Ainda não há um sistema que irá revolucionar o padrão de redes de distribuição. Dessa forma, o ciclo de vida do produto é considerável.
• Concorrentes podem oferecer uma tecnologia complementar ao produto oferecido, porém, até o momento, foi constatada a existência de aplicativos que contemplam tanto as perdas técnicas como as comercias, mas utilizam a interface 2D (caso do Pertec).
• Existem alguns projetos que estão sendo desenvolvidos pela Unicamp em parceria com a CPFL que seguem a linha de atuação da solução proposta pela Cientistas Associados (CA). Foi verificado também que o ENERQ, órgão de verificação da qualidade da energia, vinculado à EP/USP, é a principal instituição para desenvolvimento de aplicativo e soluções para o setor elétrico.
• Têm-se notícias de projetos encomendados pela Bandeirante Energia, juntamente com a ANEEL, para o desenvolvimento de soluções gráficas para otimizar a tomada de decisão na reconfiguração das redes de energia. Ainda não se sabe se o trabalho é diretamente similar e se resultou em alguma solução comercial. A proposta da CA é oferecer como solução adicional à interface 3D (maquete virtual da cidade).

Obs.: mais informações sobre o programa "Luz para Todos" podem ser obtidas no site do Ministério de Minas e Energia, no endereço http://www.mme.gov.br/luzparatodos.

2.3 Direcionadores de Mudança e Ações

Político-legal	
Impactos/Oportunidades	**Ações da Empresa**
• O programa do Governo Federal "Luz para Todos" é outro fator que contribui para a ampliação da rede. • Programa Anual de Pesquisa e Desenvolvimento Tecnológico do Setor Elétrico. • CT – Energia, do Governo Federal tem destinado recursos para a área. • Como o maior mercado consumidor de energia elétrica está localizado nas regiões Sudeste e Sul, a utilização do sistema pode-se iniciar, primeiramente, nessas regiões.	• A empresa terá que aproveitar os programas do governo voltados para a população de baixa renda e populações ribeirinhas para oferecer a solução às linhas mais distantes (caso da região Centro-Oeste e demais localidades onde os concorrentes ainda não estão instalados). • Caso surja algum concorrente, a empresa analisará formas de suplantar a concorrência direta, tanto no produto quanto na proposta de comercialização.
Econômico-natural	
Impactos/Oportunidades	**Ações da Empresa**
• Investimentos estão sendo realizados pelo governo e pela iniciativa privada para expandir o setor de distribuição e geração. • Há possibilidade de comercialização com países da América Latina, uma vez que o sistema de distribuição de energia elétrica é similar.	• A empresa deve entrar no vácuo desse crescimento do setor para ocupar espaço. • A empresa tem vários colaboradores vindos da América do Sul e Central, facilitando a atuação da empresa junto a esse potencial mercado.

Oportunidades	Ações e projetos
• O programa do Governo Federal "Luz para Todos" é um dos fatores que contribuem para a ampliação da rede. • Até 2015, estão previstos investimentos pesados no setor elétrico, cerca de R$ 215 bilhões serão investidos na geração e distribuição de energia (expansão da rede). • Aplicativos concorrentes que suplantem a operacionalidade do sistema da CA. • Nova regulamentação na legislação, por meio de concessões, pode atrapalhar os planos da empresa.	• A empresa terá que apresentar uma rápida estratégia para driblar o problema da concorrência. Reconfigurar o produto e inserir mais aplicabilidades podem ser algumas saídas. • Caso surja algum projeto de Lei sobre distribuição de energia elétrica, a empresa tentará jogar, em *lobby* conjunto, o direcionamento de novas normas para o setor. • A empresa terá que aproveitar os programas do governo voltado para a população de baixa renda e populações ribeirinhas

(Cont.)

• Existem alguns projetos que estão sendo desenvolvidos pela Unicamp, Enerq e outras instituições que podem-se tornar soluções comerciais e, posteriormente, concorrer com o aplicativo da Cientistas Associados. • Pode haver retaliações. Para enfrentar essa ação, a CA terá certa flexibilidade no preço.	para oferecer a solução às linhas mais distantes, onde, justamente, estão distribuidoras que ainda não utilizam os aplicativos concorrentes (região Centro-Oeste, MG, RJ e norte do país). • Os investimentos no setor vêm em boa hora. Como se projeta um crescimento de 3,5% a 4,5% sustentável do PIB para os próximos anos, a ação do governo juntamente com as PPPs (Parcerias Público-Privada) pode dar fôlego para as empresas que prestam serviços ao setor, como é o caso da CA.

BARREIRAS (TARIFÁRIAS E NÃO-TARIFÁRIAS)

O que mais norteia a estratégia de atuação de mercado da Cientistas Associados é a constatação de que estudos feitos via parcerias com empresas de energia foram implementados com instituições de pesquisas como a USP e Unicamp, através de fundos setoriais (CT-energia) e órgãos de fomento à pesquisa. A parceria entre as empresas distribuidoras e Universidades/Institutos transmite segurança para as distribuidoras e, por parte dos Institutos, inicia-se a rede de contatos com o setor, sendo tal parceria não descartada pela Cientistas Associados.

Em 2003, a CPFL, juntamente com o instituto INOVA da Unicamp, firmaram uma parceria que consiste, grosso modo, na obtenção de um aplicativo para redução de perdas em redes de distribuição de energia elétrica. No momento, técnicos da Cientistas Associados estão analisando o estudo a fim de verificar a compatibilidade dos sistemas.

Também é de conhecimento que, em 1999, a empresa Bandeirante Energia, firmou parceria de P&D, via ANEEL, para a implementação de uma visualização gráfica do sistema de redes de distribuição. No entanto, ainda não se sabe se esse estudo resultou em algum produto (aplicativo) comercial.

Existem concorrentes que já estão no mercado e que têm suporte de órgão vinculados a Universidades, como é o caso da Daimoninterplan e o Enerq da EP/USP. Outra empresa que já atua no setor faz algum tempo é a Soluziona, de origem espanhola, que possui o sistema SGD e firmou contrato de implantação com a Manaus Energia em meados de outubro de 2005.

Ainda cabe mencionar o SIM PERDAS, um software desenvolvido entre a distribuidora COELBA, da Bahia, em conjunto com a Universidade de Salvador. No entanto, a COELBA faz parte do grupo Neoenergia que também detém o uso do aplicativo Pertec, da Daimoninterplan.

Entrar no mercado do setor elétrico sem que haja alguma parceria com alguma distribuidora ou sem instituições de fomento à pesquisa é uma tarefa espinhosa, pois o setor é relativamente "fechado" para empresa que ainda não atuam diretamente no setor, isto é, só aderem a produtos de marcas conhecidas ou que recebam a indicação de alguém "influente" na área. Ainda não se verificou a oportunidade de firmar parcerias com as empresas que oferecem alguma solução no sentido daquela proposta pela Cientistas Associados, pois, apesar de as instituições de pesquisas serem abertas a P&D conjunto como é o caso do Enerq, a proximidade que este instituto mantém com a Daimoninterplan inviabiliza a parceria nesse mesmo nicho de mercado. Porém, as parcerias serão estratégicas, caso a solução da empresa seja um adicional ao software proposto por alguma outra, uma vez que se somem esforços na comercialização dos produtos (rede de contatos). Uma outra tática é evitar um possível *lobby* das concessionárias para redução dos preços de implantação do aplicativo, dado que o mercado possui outras empresas que trabalham com softwares para esta aplicação.

O grande diferencial da solução proposta pela Cientistas Associados é a interface 3D, uma vez que, no levantamento realizado, não se verificou a existência de nenhum aplicativo que contemple a solução proposta. A meta e o desafio da empresa é argumentar para o salto de qualidade e eficiência do produto que está sendo proposto e demonstrar para o futuro cliente (as distribuidoras) que o aplicativo baixa custo, pois a tomada de decisão do operador do sistema é muito mais rápida e eficiente do ponto de vista técnico e econômico.

AÇÕES COLETIVAS

Em uma possível parceria com outras empresas, poder-se-ia também trabalhar a questão da não compatibilidade das redes de distribuição, onde poderia ser realizado um estudo (P&D) conjunto para generalizar o uso desse aplicativo. Solucionadas as peculiaridades das redes de distribuição em âmbito nacional e, posteriormente, estrangeiras, há expectativa de que esse sistema possa ser implementado em alguns países da América do Sul.

Anexo 2: Exemplo de Elaboração de PGEM

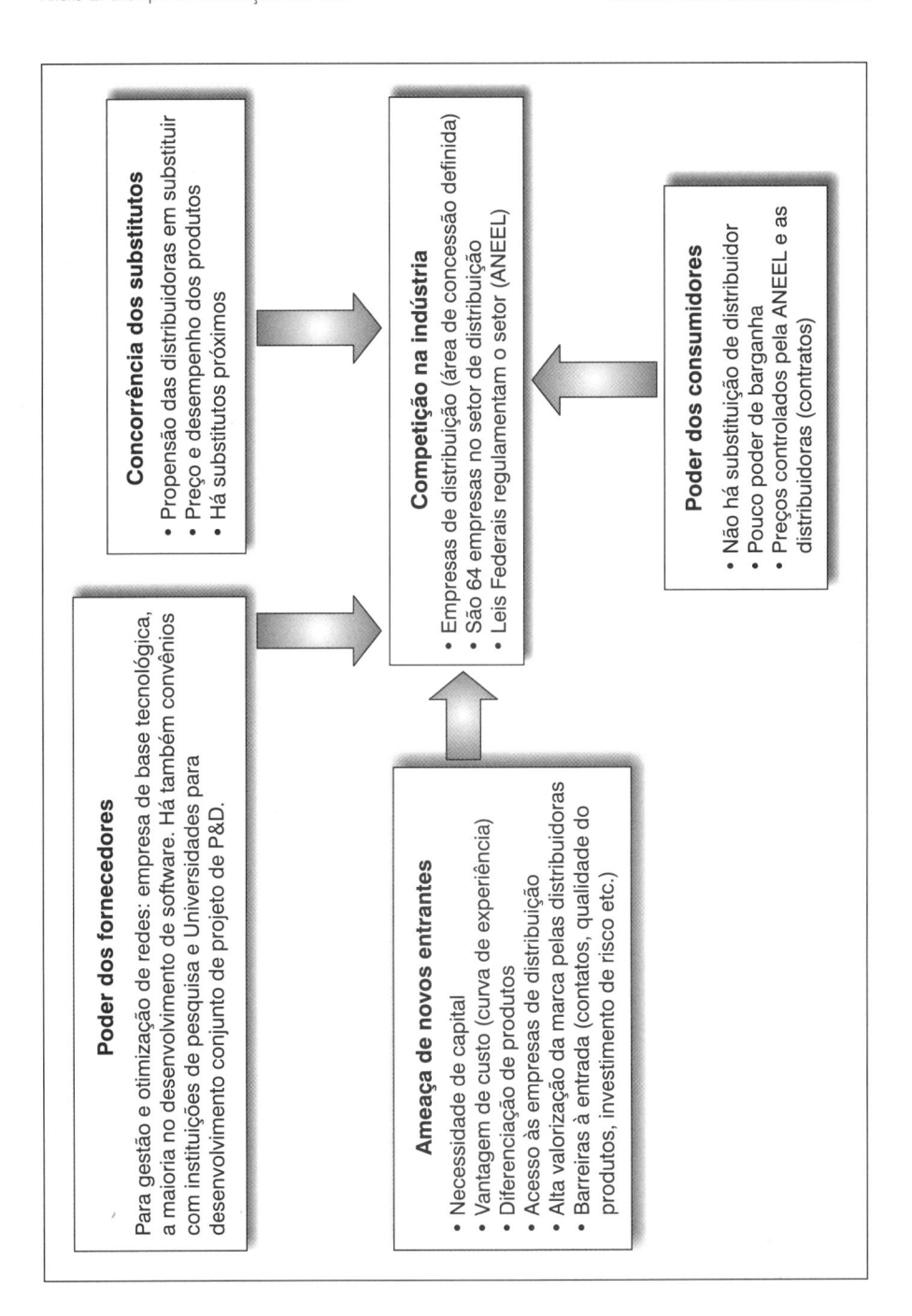

Poder dos fornecedores

Para gestão e otimização de redes: empresa de base tecnológica, a maioria no desenvolvimento de software. Há também convênios com instituições de pesquisa e Universidades para desenvolvimento conjunto de projeto de P&D.

Concorrência dos substitutos

- Propensão das distribuidoras em substituir
- Preço e desempenho dos produtos
- Há substitutos próximos

Competição na indústria

- Empresas de distribuição (área de concessão definida)
- São 64 empresas no setor de distribuição
- Leis Federais regulamentam o setor (ANEEL)

Poder dos consumidores

- Não há substituição de distribuidor
- Pouco poder de barganha
- Preços controlados pela ANEEL e as distribuidoras (contratos)

Ameaça de novos entrantes

- Necessidade de capital
- Vantagem de custo (curva de experiência)
- Diferenciação de produtos
- Acesso às empresas de distribuição
- Alta valorização da marca pelas distribuidoras
- Barreiras à entrada (contatos, qualidade do produtos, investimento de risco etc.)

2.4 Comportamento dos Clientes e seus Processos de Decisão de Compra

Consumidor final são as empresas de distribuição de energia elétrica ou as empresas que prestam serviço de consultoria na área de análise de perdas de energia elétrica para as empresas de distribuição de energia elétrica.

As distribuidoras de energia baseiam sua compra para este tipo de software desde que o mesmo agregue mais informações no auxílio da tomada de decisão. Para investir, as empresas observam o retorno do investimento sobre a economia com as perdas na distribuição.

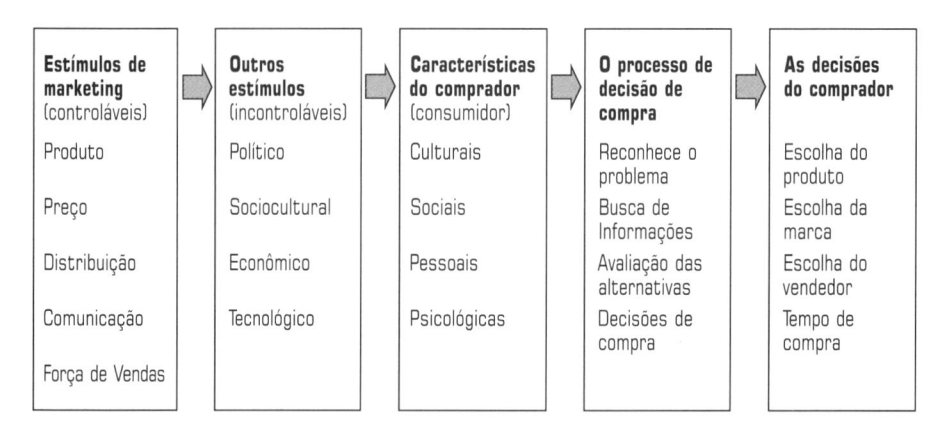

Estímulos de marketing (controláveis)	Outros estímulos (incontroláveis)	Características do comprador (consumidor)	O processo de decisão de compra	As decisões do comprador
Produto	Político	Culturais	Reconhece o problema	Escolha do produto
Preço	Sociocultural	Sociais	Busca de Informações	Escolha da marca
Distribuição	Econômico	Pessoais	Avaliação das alternativas	Escolha do vendedor
Comunicação	Tecnológico	Psicológicas	Decisões de compra	Tempo de compra
Força de Vendas				

PROCESSO DE DECISÃO DE COMPRA:

- *Identificação do problema:* perdas técnicas em redes de distribuição da empresas (prejuízos financeiros).
- *Levantamento de informações:* busca fornecedores ou prestadores de serviços para solucionar o problema.
- *Avaliação das alternativas:* identifica quem são os agentes fornecedores da solução.
- *Decisão de compra:* indicação de pessoas do "meio", preço final da solução, qualidade do produto, reconhecimento da marca.

2.5 Processo de compra do cliente

Etapa do processo de compra	Descreva como é o processo	Que oportunidades existem para a sua empresa?
Reconhecimento da necessidade do mercado	Fez-se um estudo de mercado e constatou-se a necessidade de um sistema que reduzisse as perdas de energia elétrica no momento da distribuição. Usualmente as perdas totais no sistema de potência são estimadas em 7%, sendo 2% na transmissão e 5% na distribuição. Segundo relatório da Associação Brasileira de Distribuidores de Energia Elétrica (ABDEE), no Brasil, as perdas são maiores, da ordem de 15,3% da energia produzida no país. Desse valor, cerca de 7,3% ocorrem na transmissão e 8% na distribuição. O custo anual devido apenas às perdas na distribuição é de, aproximadamente, U$ 1,5 bilhões.	A Cientistas Associados está desenvolvendo um sistema, com um software aplicativo que utiliza algoritmos evolutivos a fim de otimizar o processo de gerenciamento da rede de distribuição elétrica. Essa proposta vai ao encontro de uma requisição do mercado. Os sistemas que hoje estão no mercado não utilizam o método SIG (Sistema de Informação Geográfica), informações estas, que a CPFL está buscando implantar em suas operações. Além disso, na área de planejamento de estrutura da rede elétrica e no gerenciamento de ativos, prospectou-se a eficiência de uma ferramenta onde uma representação em 3D contextualizando a região topográfica da cidade com suas elevações e baixadas, tamanho de edificações etc. facilitaria determinadas tomadas de decisões. Muitas vezes, quando a rede de distribuição de energia é visualizada no plano (2D), o usuário não consegue visualizar possíveis elementos sobrepostos, como, por exemplo, os cabos.

Etapa do processo de compra	Descreva como é o processo	Que oportunidades existem para a sua empresa?
Busca de informações	Os consumidores finais para este aplicativo computacional são as empresas distribuidoras de energia elétrica. Foram feitos alguns contatos com essas empresas por parte da pesquisa de mercado e constatou-se que as distribuidoras de energia elétrica mostraram interesse na solução oferecida pela Cientistas Associados, algumas empresas inclusive, já conhecem a marca da CA no mercado. A motivação das distribuidoras por este produto está no fato da redução de perdas de energia, reduzindo, obviamente, os custos operacionais dessas empresas. As distribuidoras procuram encontrar aplicativos no mercado ou por conhecimento de quem pode fornecer ou indicação de alguém ou alguma empresa.	O interesse demonstrado pela empresas de distribuição de energia faz com que a projeção de demanda estimada pela Cientistas Associados seja bastante satisfatória, do ponto de vista das expectativas da empresa. Como muitas vezes a compra de um produto deste tipo depende de uma indicação de alguma pessoa ou empresa externa às distribuidoras, pode ser um fator negativo para a Cientistas Associados, pois a empresa ainda possui pequena rede de contato no setor elétrico.
Avaliação das alternativas	As distribuidoras procuram soluções que, muitas vezes, estão consolidadas no mercado. Os produtos já foram testados e corroborados pelos clientes do setor. Outro fator é a credibilidade da marca da empresa e o que ela pode oferecer no pacote para as distribuidoras que compram esse aplicativo.	A Cientistas Associados possui know-how na área de desenvolvimento de software para esta finalidade. Não obstante, a marca da empresa já é reconhecida e respeitada na área de desenvolvimento de hardware e software.

Anexo 2: Exemplo de Elaboração de PGEM

Etapa do processo de compra	Descreva como é o processo	Que oportunidades existem para a sua empresa?
Decisão da compra	O mercado de distribuição de energia elétrica é atendido por 64 concessionárias, estatal ou privado, de serviços públicos que abrangem todo o País. As concessionárias estatais estão sob controle dos Governos Federal, Estaduais e Municipais. A necessidade de um sistema de gerenciamento otimizado das redes de distribuição de energia elétrica é imediata, uma vez que a perda de energia acarreta custos para as empresas distribuidoras.	As empresas distribuidoras estão interessadas na aquisição de um sistema como o oferecido pela Cientistas Associados. Para tanto, será preciso fazer uma demonstração do sistema junto aos técnicos e executivos das distribuidoras a fim de comprovar a eficiência do sistema. Outro ponto a ser levado em conta pelas distribuidoras é o preço final do sistema implantado.
Comportamento pós-compra	As distribuidoras esperam que o produto, uma vez implantado, atenda às necessidades das propostas. A manutenção do sistema por meio de visitas periódicas é praxe e esperada pela distribuidora cliente. Evidentemente, contratos de manutenção e garantias são firmados entre as partes. Essas são ações-chave que determinam muitas vezes as decisões de compra desse setor.	Para isso, a Cientistas Associados terá à disposição das distribuidoras alguns de seus técnicos alocados diretamente para esta necessidade. Bem como também possui uma estrutura institucional jurídica capaz de viabilizar os meandros do mercado de energia.

2.6 Sistema de Informações de Marketing

Por meio de sites de informação sobre economia & negócios, Google notícias (setor elétrico), governo e instituições de autarquias como Ministério de Minas e Energia e agências reguladoras como a ANEEL etc. Revistas e jornais como: Valor Econômico, Gazeta Mercantil, material específico para o setor elétrico e observação dos agentes que atuam no setor (Pertec-Daimoninterplan, SGD – Soluziona, Sim Perdas – Coelba/Universidade de Salvador, Elucid etc.).

2.7 Principais Concorrentes Nacionais e Internacionais

Nenhum dos aplicativos atualmente comercializados leva em consideração informações ligadas ao SIG (Sistema de Informação Geográfica) baseada em visualização gráfica 3D. A proposta oferecida pela Cientistas Associados proporciona ao operador e, conseqüentemente, à empresa um conjunto de informações que permite otimizar a tomada de decisão em relação às perdas técnicas em redes de distribuição. A maioria dos trabalhos de P&D encontrados é realizada entre Instituições de pesquisa e Universidades ou em conjunto com departamentos de P&D das empresas distribuidoras. Foram encontrados alguns trabalhos de P&D, os quais podemos enumerar a seguir:

Pertec – Software de Perdas Técnicas

- Contato: desenvolvido pelo ENERQ/USP e mantido pela Daimon Engenharia e Sistemas.
- Objetivos: o Pertec é um software para cálculo de perdas técnicas por segmento do sistema de distribuição de energia elétrica e abrange os segmentos: medidor de energia, ramal de ligação ao consumidor, rede de baixa tensão, transformador de distribuição, rede de média tensão e subestação de distribuição. Sua concepção permite calcular as perdas técnicas em cada componente do sistema e, a partir da utilização de dados de medição, calcular as perdas não técnicas por alimentador primário ou por transformador de subestação, bem como calcular as perdas técnicas devido à presença de furto ou fraude. Com interface amigável e de fácil compreensão, permite visualizar as perdas totais e por segmento para as áreas de concessão e para cada uma de suas regiões

a partir de diversos tipos de gráficos. O Pertec também armazena os dados históricos das perdas calculadas, permitindo o acompanhamento das perdas mensais, anuais, acumuladas em 12 meses ou em qualquer outro período desejado. Para análises complementares, o Pertec conta ainda com módulo de balanço de energia que, a partir dos índices percentuais de perdas calculados para cada um dos segmentos do sistema de distribuição e dos montantes de energia de suprimento e faturada, apresenta o fluxo de energia em todos os segmentos e níveis de tensão. Pela equação de balanço energético, apresenta ainda as perdas não técnicas ou comerciais.

- Sobre a metodologia do Pertec: para calcular as perdas no sistema de distribuição, o Pertec utiliza um método de fluxo de potência trifásico desequilibrado que calcula as perdas em intervalos de 60, 15, 10 ou 5 minutos, considerando eventuais desequilíbrios de tensões e correntes. Para isso, são usados os dados topológicos da rede, os dados de faturamento e os dados de curvas típicas de carga por classe de consumidor e por faixas de consumo. A partir das curvas típicas de cargas do consumo faturado, determinam-se as curvas de cargas diárias de cada consumidor em termos de demanda. Após a determinação das curvas de carga de cada consumidor, realiza-se um fluxo de potência para todos os intervalos do dia para calcular as perdas em todo o sistema. Em seguida, o Pertec confronta as energias estimadas para cada alimentador primário com suas respectivas energias medidas e realiza uma correção nos resultados de perdas de forma a igualar energias medida e estimada. Tal procedimento é necessário para considerar possíveis erros de cadastro, os diferentes roteiros da leitura dos consumidores com pedido de leitura não sincronizados e a presença de furto e fraude na rede. Quando não houver a disponibilidade de dados topológicos referentes às redes de baixa tensão, o Pertec permite calcular as perdas nesse segmento a partir da utilização de redes típicas.

- Condições Comerciais para aquisição: custo de aquisição do Pertec: R$ 50 mil (sem limite de licenças); contrato de manutenção anual (referência): 20% do valor da aquisição; e prazo para implantação: três meses.

Empresas clientes: AES Eletropaulo – Eletropaulo Metropolitana Eletricidade de São Paulo S/A; CPFL – Companhia Paulista de Força e Luz; AES Sul Distribuidora Gaúcha de Energia; Sistema Cataguases Leopoldina; RGE – Rio Grande Energia; Grupo Neoenergia – Coelba (Companhia de Eletricidade do Estado da Bahia), Cosern; Celpe; e Enersul – Energias do Brasil.

SGD – Sistema de Gestão da Distribuição

- Contato: Soluziona.
- Objetivos: é um sistema desenhado para suportar todos os processos de rede de distribuição de uma empresa de energia elétrica. Inclui planejamento, desenho, projeto, operação e manutenção da rede. Suporta a gestão técnica, operacional e administrativa de cada um dos processos, com o fim de melhorar a qualidade dos fornecimentos e a atenção ao cliente, otimizar os investimentos e reduzir os custos. Sua grande flexibilidade e modularidade permitem sua fácil parametrização para acomodar-se às necessidades específicas de cada empresa. Principais características: sistema 100% orientado a objetos; baseado em banco de dados SQL; base de dados contínua; conectividade – redes permanentemente montadas.

Descrição dos Módulos do OPEN SGD

- GIS: é um sistema composto de procedimentos para capturar, manejar, analisar, modelar e representar dados georreferenciados, no propósito de resolver problemas de gestão e planejamento da distribuição. É uma ferramenta desenvolvida especialmente para auxiliar a análise e a visualização dos dados cadastrais das concessionárias de distribuição de energia elétrica relacionados com a sua cartografia.
- Estudo: permite aos técnicos e aos engenheiros elétricos modelarem desde o mais simples sistema elétrico, até os mais sofisticados, propiciando a funcionalidade de análise necessária para estudos diversos que vão desde a fase de planejamento até a do acompanhamento da qualidade do sistema elétrico. A integração, no mesmo sistema, do recurso GIS mais um aplicativo de cálculos é um marco fundamental na evolução das ferramentas de análises de sistemas de potência.

- Operação: é um produto com toda a funcionalidade para a gestão de interrupções das concessionárias de distribuição de energia elétrica. Provê uma representação visual do estado operacional da rede e contém as ferramentas necessárias para automatizar a gestão de interrupções com acesso *On Line/Real Time* ultra-rápido.
- Atendimento: é um produto com todas as funcionalidades necessárias para a gestão das reclamações. Possibilita diminuição do tempo de atendimento e melhorias no serviço ao cliente por meio da redução da duração das interrupções do serviço, provisão de informações e retorno sobre tempos estimados de restabelecimento do fornecimento de energia.
- Gestão de Serviços: permite o gerenciamento de todos os serviços realizados pelas equipes de campo, bem como centralizar toda a informação para acompanhamento das ordens de serviços geradas por todos os sistemas corporativos. O principal objetivo do SGS é ser o mecanismo único de solicitação de serviços entre as áreas da empresa, integrando as ordens de serviços geradas por todos os sistemas corporativos. Resulta na eliminação do trabalho de digitação dos dados para baixa das ordens de serviço realizado em campo, pois os dados registrados pela equipe serão utilizados para a baixa automática das ordens no sistema de origem.
- Interface SCADA: contém funções SCADA, executadas de forma distribuída, totalmente integradas aos Sistemas SCADA tradicionais do mercado. A aquisição de dados e o protocolo de comunicação são executados no módulo SGD SCADA. A interface de operação SCADA está integrada no Módulo Operação, isto é, não há necessidade de estações específicas para visualização em tempo real do estado e do controle da rede de distribuição de energia.
- Manutenção: efetua o controle e o planejamento da manutenção das redes elétricas, permitindo que se aloquem recursos exatamente nos locais prioritários. Estas prioridades são determinadas através da apuração de Índices, onde diversas variáveis são consideradas. O Gerenciamento da Manutenção de Redes de Distribuição está intimamente ligado às outras funções de engenharia, como cadastro, operação e projetos, a confiabilidade dos dados gerados nestas áreas influi diretamente na qualidade do "planejamento da manutenção".

- Projetos: disponibiliza todas as ferramentas necessárias para que o usuário possa obter uma configuração ótima do sistema elétrico em fase de projeto. Integrado com o módulo de Atualização Cadastral e o de Estudos, permite ao usuário obter o Anteprojeto que é interfaceado com sistema ERP corporativo, do qual são obtidos os insumos relativos aos custos. Funciona como se o sistema pudesse enxergar uma outra versão da rede elétrica para cada projeto previsto. Permite a simulação do projeto, com a utilização de todas as facilidades que o SGD incorpora, como cálculos elétricos, balanceamento de rede, edição de simbologia, execução de filtros tipo queries, plotagem etc. Após a execução do projeto em campo, as atualizações cadastrais são repassadas para a base de dados real, evitando o trabalho de recadastramento dos dados.
- Pedidos: é um produto com toda a funcionalidade necessária para o atendimento a pedidos de ligações novas, aumento de carga, ligações provisórias, religação de clientes, extensões de rede, iluminação pública, remoção de postes e projetos particulares. Provê uma interface muito amigável para automatizar a gestão de solicitações de pedidos técnicos.
- Planejamento: produto destinado a atividades de planejamento de redes de distribuição e que permite a criação de vários cenários para simulação, análise e planejamentos executivos e estratégicos. Possibilita a exibição de múltiplas atualizações de um estudo na mesma tela para comparação de mapas e gráficos. Permite a criação de mapas de Distribuição, bi e tridimensionais, a partir de filtros definidos na base de dados. Permite definir a porcentagem de crescimento de consumo por classe de consumidor e o número de anos para projeções de aumento de consumo.
- Gerência de Equipamentos: tem como principais funções controlar a movimentação dos equipamentos cadastrados na base de dados do SGD e efetuar o registro de todas as operações realizadas com estes equipamentos. Tendo em vista possibilitar consultas posteriores a estas operações, o módulo disponibiliza o controle de leituras, de históricos e cronogramas, bem como o registro de inspeções e manutenções de cada equipamento.

CIS – Customer Information System

- Contato: Elucid.

- Objetivos: concebido com base nas práticas de gestão comercial do setor elétrico brasileiro, o Utilities Expert – Comercial é um sistema CIS (*Customer Information System*), com modelo de dados único, que processa informações de cadastro, medição, faturamento, arrecadação, contabilização e cobrança. Utilizado por 14 das 64 concessionárias de energia elétrica do País, o UE-COM beneficia cerca de seis milhões de consumidores e é o principal e mais completo sistema de gestão comercial utilizado em empresas do setor elétrico. Adaptável às demandas das concessionárias, o sistema pode ser utilizado por companhias de pequeno, médio e grande porte. O software ainda contempla grupo de funcionalidades e procedimentos ligados às legislações e regras do racionamento de energia elétrica da GCE de 2001, o que permitiu que, no período da crise de energia, nenhuma empresa usuária do sistema ficasse um único dia sem faturar. Em 2002, um *benchmarking* realizado nos Estados Unidos em parceria com grandes *players* de mercado – Oracle, Sun Microsystems e Accenture – comprovou sua robustez e capacidade para operar dez milhões de consumidores, num País em que o máximo atendido por uma concessionária é de seis milhões. Em 2003, a maturidade do sistema permitiu que fosse criado o Grupo de Usuários, que reúne representantes de todas as empresas que utilizam o sistema e que, com um formato diferenciado dos grupos encontrados no mercado, possibilita vantagens como maior poder de negociação junto a outros fornecedores.

- Benefícios:
  - Atende a todas as legislações da ANEEL – Agência Nacional de Energia Elétrica, estaduais e municipais específicas e diferenciadas.
  - Atende a concessionárias de qualquer porte de capital privado ou estatal.
  - Módulos de gestão técnica e empresarial nativos e opcionais.
  - Solução com maior ROI (*Return on Investment*) do mercado.

– Solução com melhor prazo de implantação do mercado.
– Completa integração das informações provenientes dos sistemas comercial e de despacho, possibilitando ao *call center* informações em tempo real.
– Redução dos tempos de processamento por não haver processo de transferência de dados entre várias bases.
– Presença no Grupo de Usuários.

Utilities Expert – Técnico

- Contato: Elucid.
- Objetivos: é um sistema de gestão técnica que reúne aplicações de alta tecnologia voltadas à gerência de redes de distribuição de energia elétrica. Além de controlar toda a estrutura física de uma rede e contribuir significativamente para o combate às perdas, o sistema destaca-se pela facilidade de visualização de dados proporcionada pelo Sistema de Informações Geográficas – SIG. Para atender a todas as necessidades da área técnica de uma *utility*, o UE-TEC possui aplicativos específicos, mas integrados a seus principais processos. É mantido atualizado de acordo com as normas e portarias dos órgãos reguladores e com as práticas mais bem-sucedidas do setor, por meio de reuniões periódicas com usuários, convênios com universidades e institutos de pesquisa tecnológica.
- Benefícios:
    – Totalmente aderente à legislação do setor.
    – Digitalização georreferenciada de redes existentes.
    – Visualização georreferenciada de todas as informações.
    – Cálculo de perdas globais proporcionalizado (comerciais e técnicas).
    – Cálculo dos indicadores de continuidade (DEC, FEC, DIC, FIC, DMIC).
    – Cálculo elétrico da rede de distribuição.
    – Cálculo de carregamento e desbalanceamento do transformador com sugestão de balanceamento e remanejamento.

- Manobra de isolamento e transferência de trecho de rede com análise de correntes e cabos.
- Cálculo do provável ponto de falha com visualização georreferenciada.

SIM PERDAS – Simulador Probabilístico de Perdas Técnicas em Redes Secundárias de Distribuição

- Contato: Universidade de Salvador/Coelba.
- Empresa parceira: Coelba – Companhia de Eletricidade da Bahia.
- Objetivos: o programa desenvolvido, intitulado Sim Perdas, simula uma rede secundária típica, segundo a topologia escolhida e calcula as perdas técnicas. Trata-se de um programa simples de usar, oferecendo resultados rápidos com o mínimo de dados específico do sistema de distribuição da concessionária. O Sim Perdas está estruturado em três módulos básicos:

    – *Dados:* neste módulo, são registrados os cadastros básicos dos elementos construtivos de uma rede secundária.

    – *Cálculos das perdas médias de uma rede secundária:* neste módulo, são construídas as redes típicas dos sistemas de distribuição da concessionária e efetua-se o cálculo das perdas médias de cada rede, uma por vez.

    – *Cálculo das perdas médias relativas ao conjunto de redes secundárias de uma região:* neste módulo, especifica-se a combinação de redes típicas construídas no módulo anterior que compõe uma dada região (alimentador, subestação, regional etc.). Registra-se a quantidade de cada rede típica existente na região e efetua-se o cálculo das perdas médias do agrupamento.

    O software já dispõe de cadastros básicos típicos necessários ao cálculo de uma primeira aproximação das perdas médias de uma rede secundária bastando que o usuário defina a rede e processe o cálculo de suas perdas. As redes típicas fornecidas pela concessionária local estão cadastradas.

    Uma rápida descrição do programa seria: define-se e nomeia-se uma topologia para a rede a ser calculada; para esta topologia, define-se a potência do transformador, o carregamento do mesmo, a bitola dos cabos, consumidores por postes, tipos de consumidores e o desequilíbrio máximo entre as fases. Nomeia-se a rede a ser calculada e define-se uma série de parâmetros gerais e, então, já é possível realizar o cálculo para uma rede.

O Sim Perdas realiza tantas interações quantas forem definidas nos parâmetros gerais e apresenta como resultado as perdas médias e o desvio-padrão por segmento da rede. Para realizar o cálculo por região, é necessário predefinir as redes que serão utilizadas. O cálculo é realizado da mesma e, em ambos os casos, o resultado é apresentado em uma planilha EXCEL para facilitar a utilização em outros aplicativos.

SIAPE – Sistema de Avaliação de Perdas Técnicas de Energia
- Contato: Lee – Laboratório de eficiência energética.
- Objetivo: o Siape foi desenvolvido há mais de cinco anos, pelo LEE – Laboratório de Eficiência Energética, da Universidade Federal da Paraíba e Paqtec de Campina Grande. A ferramenta é utilizada para diminuir a quantidade de energia perdida pelas distribuidoras de energia elétrica, e o referido sistema busca, no banco de dados geoprocessados das empresas, todas as informações dos consumidores. É esse banco de dados que alimenta o Siape que, dessa forma, determina o nível das perdas técnicas.

Projetos de P&D Voltados para Redução de Perdas de Energia

Os projetos descritos a seguir são P&D para redução de perdas de energia em conjunto com empresas parceiras da área de distribuição; no entanto, ainda não foi verificado se esses projetos resultaram em aplicativos comerciais.

Metodologia para Redução das Perdas por Reconfigurações de Redes Considerando Demandas Variáveis nas Barras de Distribuição
- Contato: Instituto INOVA/Unicamp.
- Empresa parceira: CPFL – Companhia Paulista de Força e Luz.
- Objetivos: desenvolver metodologia para redução das perdas por meio de reconfiguração da rede considerando a variação da demanda no tempo. O principal aspecto inovador é a possibilida-

de de incorporar ao dia-a-dia da operação da empresa os benefícios de redução de perdas por reconfiguração sem acrescentar riscos decorrentes de chaveamentos ao longo de um período de variações de carga.

Redução das Manobras e Melhora da Confiabilidade na Restauração do Sistema de Distribuição

- Contato: Instituto INOVA/Unicamp.
- Empresa parceira: CPFL – Companhia Paulista de Força e Luz.
- Objetivos: desenvolver um sistema de apoio à tomada de decisão, para restaurar o fornecimento de energia em redes de distribuição após uma emergência, maximizando o número de consumidores religados e minimizando as manobras necessárias, de forma a contemplar os aspectos de confiabilidade e segurança de operação.

Descrição das Empresas e Instituições Concorrentes Nacionais e Internacionais

Empresa: Soluziona

Esta empresa oferece soluções tecnológicas de alto valor agregado em matéria de gestão, tecnologia e infra-estruturas. Entre suas vantagens competitivas, destacam-se sua especialização setorial em energia, infra-estrutura, transportes e telecomunicações. A Soluziona dispõe, atualmente, mais de 5.500 profissionais altamente qualificados. Possui escritórios comerciais em 28 países espalhados pelo mundo, onde se destaca as Américas e a Europa como focos principais. A Espanha representa 70% do faturamento da empresa, como podemos observar na tabela abaixo: Cerca de 70% da receita da empresa vêm da Espanha, matriz da empresa, os outros 30% advêm do resto dos lugares onde a empresa atua ou tem alguma representação. A receita da Soluziona tem aumentado em média 12,3% ao ano, pelo menos de 2000 a 2004. Abaixo, podemos observar a receita da empresa (em milhões de Euros).

Receita/Ano	2000	2001	2002	2003	2004
Em milhões de Euros	495,3	686,4	698,4	718,3	787,5

Fonte: Soluziona.

Não se observou nenhuma parceria entre a empresa de consultoria Soluziona e empresas distribuidoras no Brasil. A empresa espanhola já detém o software Open SGD e comercializa-o com agentes interessados em sua aplicação. A equipe de software da Soluziona conta com mais de 300 profissionais distribuídos em vários países com o objetivo de desenvolver soluções tecnológicas para melhorar a gestão empresarial. No ano de 2003, investiu-se 19 milhões de Euros em mais de 36 novos projetos de P&D. O P&D foi realizado em colaboração com prestigiadas Universidades e instituições de diversos países e com programas europeus de fomento à pesquisa. Suas linhas de inovação são: melhora nos processos de software; redes e serviços em 3G/Wireless; transporte e distribuição de energia; estudos energéticos e de redes e realidade virtual.

Empresa: Daimon Engenharia e Sistemas (agora Daimoninterplan)

A Daimoninterplan é uma empresa especializada no desenvolvimento de software e estudos técnicos para Empresas do Setor Elétrico, e conta com equipe preparada para a implementação de soluções personalizadas. A Daimoninterplan atua nas seguintes áreas:

- Desenvolvimento de software de planejamento estratégico e operacional de redes de distribuição de energia elétrica.
- Desenvolvimento de software de estudos de perdas técnicas e comerciais.
- Desenvolvimento de software para estudos de mercado.
- Desenvolvimento de módulos computacionais especiais para cálculos elétricos de fluxo de potência, curto-circuito, proteção, perdas e outros. Estes módulos trabalham inseridos em ambientes corporativos SIG.
- Consultoria e estudos especializados para o setor elétrico, envolvendo análises de planejamento, tarifas, mercado, perdas e outros.
- Capacitação e treinamento de pessoal especializado em estudos na área de energia elétrica.

Empresa: Elucid

Especializada em consultoria e no desenvolvimento de tecnologias e softwares de gestão, a Elucid está entre as 15 maiores consultorias de informática do País. Com capital totalmente nacional e mais de uma década de atuação, a empresa tem conquistado ampla participação criando soluções para companhias *utilities*. Atualmente, os projetos e as soluções desenvolvidos pela Elucid estão presentes em todo o País, beneficiando mais de seis milhões de consumidores. Entre seus diferenciais, está a criação de softwares de gestão específicos para seu setor de atuação, além de inovações tecnológicas que resultam em economia de consumo, redução de custos, maior produtividade e aumento da receita nessas organizações. A Elucid é considerada a principal fornecedora de sistemas de gestão de clientes do País (CIS – *Customer Information System*) com *market-share* de aproximadamente 27%. Suas soluções sejam sistemas de gestão, ou softwares de *business intelligence* ou projetos de recuperação de perdas comerciais estão presentes em 45% das concessionárias de energia do Brasil. Realiza P&D conjunto com instituições de ensino em diversas regiões do Brasil. Em 2003, a empresa conquistou a certificação ISO 9001:2000 para os seus processos de projeto, desenvolvimento, fornecimento, manutenção, assistência técnica de produtos de software, serviços associados de instalação e implantação e em suas atividades de apoio. Com sede em São Paulo, a Elucid possui centros técnicos em Bragança Paulista (SP), Belém (PA) e Cuiabá (MT), onde mais de 300 funcionários estão estrategicamente posicionados.

A Elucid no mercado:

- Maior fornecedora de sistemas de gestão de clientes – CIS (*Customer Information System*) – para o mercado elétrico com 27% de *market-share*.

- Uma das dez maiores consultorias de informática do Brasil de acordo com *ranking* da Gazeta Mercantil.

- Soluções presentes em 45% das distribuidoras brasileiras de energia elétrica.

- Beneficia cerca de 6% dos consumidores em todo o País, o que corresponde a aproximadamente 30 milhões de habitantes.

- Sistema de gestão comercial certificado a operar dez milhões de consumidores.

- Durante o racionamento de energia em 2001, os clientes da Elucid não deixaram de faturar um único dia.

- Portfólio de clientes: Caiuá – Caiuá Serviços de Eletricidade; CEA – Companhia de Eletricidade do Amapá; CEB – Companhia Energética de Brasília; Celpa – Centrais Elétricas do Pará; Celtins – Cia. Energia Elétrica do Estado do Tocantins; Cemar – Companhia Energética do Maranhão; Cemat – Centrais Elétricas Matogrossenses; CEP – Companhia Energética Petrolina; Ceron – Centrais Elétricas de Rondônia; CFLO – Companhia Força e Luz do Oeste; CLFSC – Companhia Luz e Força Santa Cruz; CNEE – Companhia Nacional de Energia Elétrica; EEB – Empresa Elétrica Bragantina; EEVP – Empresa Elétrica Vale do Paranapanema; Enguia – Enguia gen CE; Elektro – Serviços de Eletricidade; Eletroacre – Companhia de Eletricidade do Acre; Light – Serviços de Eletricidade.

- Além de suporte e implantação de suas soluções, a Elucid possui uma gama de serviços sob medida para garantir a performance dos negócios de seus clientes. São eles: Documentação e Treinamento, Tecnologias Interativas, Soluções para Perdas Comerciais e Consultoria para Certificação.

Instituição: Enerq – Centro de Estudos em Regulação e Qualidade de Energia

O Enerq foi criado a partir da iniciativa de um grupo de professores do PEA – Departamento de Engenharia de Energia e Automação Elétricas da Escola Politécnica da USP. Seu objetivo é, associado a outros professores e pesquisadores da USP e de outras instituições de ensino e pesquisa, colocar à disposição do novo setor elétrico nacional toda a potencialidade da área acadêmica, dentro de uma nova e moderna visão de integração empresa – universidade, atuando nas áreas de regulação e qualidade de energia, por meio de programas de P&D, Consultorias e Treinamentos. Os projetos e cursos de treinamento e capacitação serão custeados pelos associados ou através de consórcios em pesquisas cooperativas. Além disso, o Enerq se relaciona com organizações associadas, empresas nacionais e estrangeiras, órgãos reguladores, associações setoriais, centros de pesquisa e instituições de ensino. Quaisquer instituições com interesse nas áreas de regulação e qualidade de energia poderão associar-se ao Enerq. As instituições associadas recebem boletins periódicos, e estão credenciadas para participação nas atividades fins do centro.

As empresas distribuidoras mencionadas a seguir já são clientes do Enerq: Eletropaulo Metropolitana Eletricidade de S. Paulo S.A., Empresa Bandeirante de Energia, Elektro – Eletricidade e Serviços S.A., Companhia Paulista de Força e Luz, AES Sul Distribuidora Gaúcha de Energia, Rio Grande Energia, Companhia Paranaense de Energia, Companhia de Eletricidade do Rio de Janeiro, Espírito Santo Centrais Elétricas S.A., Light – Serviços de Eletricidade S.A., Companhia Piratininga de Força e Luz, Companhia Energética do Maranhão, Companhia Força e Luz Cataguases Leopoldina, Duke Energy – Brasil, Companhia Energética de Petrolina, Termocabo Ltda., Operador Nacional do Sistema Elétrico, Companhia Energética de Pernambuco, Companhia de Eletricidade do Estado da Bahia, Centrais Elétricas de Santa Catarina S.A., Empresa Energética do Mato Grosso do Sul, Empresa Paulista de Transmissão de Energia, Cia. de Transmissão de Energia Elétrica Paulista.

Instituição: Lactec – Instituto de Tecnologia para o Desenvolvimento

É um centro de pesquisa tecnológica, sem fins lucrativos, auto-sustentável, que por meio de soluções tecnológicas contribui e promove o desenvolvimento econômico, científico e social, preservando e conservando o meio ambiente.

Eficientização Energética do Sistema de Iluminação Pública: Supervisão e implantação de projetos de eficientização da iluminação pública em municípios: melhoria na qualidade dos serviços, redução de custos na fatura de energia, utilização de tecnologias eficientes em equipamentos auxiliares, como reatores e relés fotoelétricos, luminárias e lâmpadas, satisfação dos consumidores e diminuição de despesas operacionais.

O Lactec não oferece nenhum aplicativo específico para a redução de perdas técnicas em redes de distribuição de energia elétrica. Portanto, não se trata de um concorrente direto. Tem know-how para o desenvolvimento de um aplicativo como o proposto pela Cientistas Associados.

Instituição: Labplan – Laboratório de Planejamento de Sistemas de Energia Elétrica

Criado em 1992, tem por objetivos realizar e promover o desenvolvimento de atividades de pesquisa, ensino e extensão na área de sistemas de energia elétrica (SEE), com ênfase nos aspectos de planejamento e análise, nos segmentos de geração, transmissão e distribuição.

Linhas de pesquisa:

- Planejamento de sistemas de energia elétrica: métodos e modelos para o planejamento da expansão da transmissão; métodos e modelos para o planejamento de sistemas de distribuição; acesso à transmissão; serviços ancilares; geração distribuída; métodos probabilísticos no planejamento de SEE; técnicas de inteligência artificial no planejamento de SEE; planejamento da manutenção.

- Regulação e dinâmica de mercados competitivos de energia elétrica: modelos computacionais para a simulação de mercados competitivos de energia elétrica; regulação técnica e econômica de SEE sob competição; gerenciamento de sistemas pelo lado da demanda; eficiência energética.

- Computação de alto desempenho aplicada a sistemas de energia elétrica: métodos e modelos para a análise da segurança de sistemas elétricos de potência; métodos e modelos para o planejamento da expansão e operação de sistemas hidrotérmicos; aplicações de fluxo de potência ótimo.

- Dinâmica e controle de sistemas elétricos de potência: síntese de controladores adaptativos e robustos e aplicação de algoritmos genéticos; desenvolvimento de técnicas de análise da estabilidade de tensão; implementação eficiente de técnicas de análise para a estabilidade dinâmica; métodos e modelos para análise e melhoria da segurança de sistemas elétricos de potência.

Instituição: CERME – Centro de Excelência e Regulação de Mercados de Energia Elétrica

O CERME/UFSC tem por finalidade propiciar à UFSC – Universidade Federal de Santa Catarina – um instrumento que viabilize o desenvolvimento de ações interdisciplinares e multidepartamentais relacionadas com as questões de Regulação de Mercados de Energia Elétrica, através da soma dos esforços das unidades envolvidas, no âmbito do Estado de Santa Catarina e do Brasil.

Projetos:
- Mecanismos para a formação e regulação de preços de energia: investigar o processo de formação de preços no mercado *spot* e

suas conseqüências para o mercado de longo prazo; investigar a influência da elasticidade da demanda na operação econômica; investigar os aspectos para regulação de preços.

- Tarifação de serviços ancilares: classificar os serviços ancilares. Identificar os custos para provimento dos serviços ancilares. Identificar os procedimentos para remuneração dos serviços ancilares.

- Regulação e gestão competitiva no setor elétrico: estudar a introdução de políticas e estratégias nas organizações setoriais visando à competitividade; estudar o processo de adaptação organizacional das empresas de energia elétrica em um ambiente de desregulamentação.

Instituição: Cepel – Centro de pesquisa de energia elétrica

A sede do Cepel está localizada na Cidade Universitária da UFRJ, na Ilha do Fundão. Nela está sediada a direção do Centro de Pesquisas e mais de 20 laboratórios. Em Nova Iguaçu, situam-se os maiores laboratórios do Cepel, onde são realizados ensaios de grande magnitude elétrica. O Cepel realiza, há mais de 25 anos, pesquisa e desenvolvimento tecnológico para indústrias e para empresas de geração, transmissão e distribuição de energia elétrica, cobrindo aspectos de operação e planejamento.

Destaca-se que a Cepel possui inúmeros projetos, mas nenhum deles visa à concepção de um aplicativo computacional relacionado com perdas de energia elétrica. Os sócios são empresas distribuidoras de energia elétrica, principalmente. Para informações detalhadas da Cepel, veja o link http://www.cepel.br/.

Sistemas elétricos já desenvolvidos:

- AMPLANT: ambiente computacional para planejamento da expansão de transmissão.

- Anafas – Light: integração do Anafas a um ambiente integrado de interface gráfica e banco de dados.

- NH2: modelos para simulação Prob e Confiabilidade operação/planejamento.

- TARDIST II: sistema integrado para regulação tarifária dos sistemas de distribuição.

2.8 Ações Coletivas com Concorrentes e Empresas Parceiras

Matriz de ações coletivas entre os membros de uma rede

Idéias de ações coletivas com seus fornecedores
Como se trata de um software, não há um vínculo significativo com os fornecedores pontuais. Verificar-se-á se alguns dos fornecedores tradicionais da empresa possui algum tipo de contato com o setor elétrico.
Idéias de ações coletivas com seus canais
A postura da Cientistas Associados até o momento é vender o aplicativo através de sua própria força de venda, procurando atacar onde os concorrentes ainda não atuam, como é o caso da região Centro-Oeste e Norte e no Estado de Minas Gerais e do Rio de Janeiro.
Idéias de ações coletivas com empresas facilitadoras
Não está descartada a possibilidade de captação de recursos junto a FINEP (CT-energia) e outros possíveis parceiros, *angels* e *joint-venture* para capitalizar a empresa para que se possa montar uma estrutura de força de venda.
Idéias de ações coletivas com seus concorrentes
Trabalho de Pesquisa e Desenvolvimento (P&D) para generalizar a aplicação do sistema para outras funcionalidades de planejamento ou supervisão nas redes de distribuição de energia, isto é, acrescentar mais de uma aplicabilidade na área de energia elétrica.
Possível parceria na vendas dos módulos do aplicativo, facilitando a entrada da empresa no mercado.
Pode haver a possibilidade de uma força conjunta de vendas com os concorrentes no sentido de oferecer o módulo 3D para um fornecedor tradicional do setor elétrico para facilitar a inserção do produto da CA no mercado.

3. Analisando a Empresa e os Concorrentes

3.1 Orientação para o Cliente

O quadro a seguir mostra as competências e os principais pontos a serem melhorados pela Cientistas Associados Desenvolvimento tecnológico Ltda., junto aos seus clientes.

Anexo 2: Exemplo de Elaboração de PGEM

Avaliação da empresa quanto à orientação ao cliente por área de atuação

Atividades realizadas	Nota 0 a 10
Pesquisa e Desenvolvimento	
• Está atenta às inovações mundiais, via *web* e outros.	10
• Dedica tempo a se reunir com os clientes e a ouvir seus problemas.	1
• Aceita o envolvimento de marketing e produção, entre outros, em cada novo projeto.	8
• Testa e avalia os produtos dos concorrentes.	5
• Procura conhecer as reações dos clientes e pede sugestões.	4
• Melhora e aperfeiçoa, continuamente, o produto com base no *feedback* do mercado.	—
Compras e Produção	
• Estimula a inovação contínua nos fornecedores, não os deixando acomodar.	8
• Busca de maneira proativa os melhores fornecedores, em vez de escolher apenas dentre aqueles que as procuram.	8
• Reduz custos de transação buscando relacionamentos de longa duração com um número menor de fornecedores confiáveis e de alta qualidade.	9
• Não faz concessões à qualidade para economizar no preço.	9
• Convida os clientes para visitar e conhecer suas fábricas.	5
• Visita as fábricas dos clientes e verifica como eles usam os produtos da empresa.	5
• Busca continuamente produzir bens mais depressa e/ou a um custo menor.	5
• Melhora, continuamente, a qualidade dos produtos, tentando atingir um índice zero de defeitos.	—
• Satisfaz às exigências dos clientes de "personalização", quando isso puder ser feito de maneira lucrativa.	5
Marketing	
• Ouve e estuda as necessidades e os desejos dos clientes em segmentos bem definidos de mercado.	—
• Distribui esforços de marketing de acordo com o potencial de lucro em longo prazo dos segmentos-alvo.	—
• Cria ofertas vencedoras para o segmento-alvo.	8
• Avalia, continuamente, a imagem da empresa e a satisfação dos clientes.	6
• Coleta e avalia, continuamente, idéias de novos produtos e de como melhorar produtos e serviços existentes a fim de satisfazer às necessidades dos clientes.	—
• Influencia todos os departamentos e funcionários da empresa para que considerem o cliente em tudo que pensarem e praticarem.	5
• Possui conhecimento especializado do setor de atividade do cliente.	6
• Esforça-se para oferecer ao cliente "a melhor solução".	—

Avaliação da empresa quanto à orientação ao cliente por área de atuação

Atividades realizadas	Nota 0 a 10
Contabilidade e Finanças	
• Só faz promessas que possa cumprir.	—
• Transmite as necessidades e as idéias dos clientes aos responsáveis pelo desenvolvimento de produtos.	8
• Serve os mesmos clientes por um longo período de tempo.	—
• Estabelece um padrão elevado para os prazos de serviço ao cliente, capaz de responder às suas perguntas, atender às suas reclamações e resolver seus problemas de maneira rápida e satisfatória.	—
• Divulga notícias favoráveis sobre a empresa e "controla os danos" das desfavoráveis.	8
• Atua como um cliente interno e um advogado do público no intuito de melhorar as diretrizes e as práticas de empresa.	—
Contabilidade e Finanças	
• Prepara, periodicamente, relatórios de "lucratividade" por produto, segmento de mercado, áreas geográficas (regiões, territórios de vendas), tamanho de pedidos e clientes individuais.	—
• Prepara faturas apropriadas às necessidades dos clientes e responde às suas indagações com rapidez e cortesia.	—
• Compreende e apóia os investimentos de marketing (por exemplo, propaganda institucional) que produzem preferência e lealdade dos clientes em longo prazo.	—
• Faz adequação do pacote financeiro às necessidades financeiras dos clientes.	—
• Toma decisões rápidas acerca da capacidade do cliente em honrar seus compromissos financeiros.	—
Outros funcionários que mantém contato com clientes São competentes, atenciosos, alegres, confiáveis e receptivos.	—

A seguir, segue a análise de SWOT (pontos fortes e fracos) da empresa. Cabe ressaltar que a empresa passa por um processo de amadurecimento onde se observa uma evolução no sentido da profissionalização dos seus negócios (*core business*).

3.2 Análise SWOT

Forças (pontos fortes)	Fraquezas (pontos fracos)
• Alta qualidade dos colaboradores que trabalham na empresa. Em torno de 75% com pós-graduação (Mestres e Doutores) na UFSCar e USP, garantindo mão-de-obra qualificada e especializada. • Possibilidade de desenvolver sistemas com alto valor agregado. • Parcerias importantes com a Secretaria Municipal de Habitação e Desenvolvimento Urbano da cidade de São Carlos e da CPFL (Companhia Paulista de Força e Luz) consolidadas. • Já foi captado dinheiro a fundo perdido junto a FAPESP para realizar o desenvolvimento do aplicativo. • A empresa está localizada em um centro tecnológico onde há toda uma cadeia de agentes especializados na área.	• Os colaboradores da empresa têm uma grande capacidade técnica em detrimento da experiência administrativa e setorial. • A empresa é pequena, possuindo pouco recurso para lançar o produto no mercado, e, justamente por isto, possui maior capacidade de adaptação às mudanças micro e/ou macroeconômicas. • O projeto é multidisciplinar. O que acarreta maior trabalho no desenvolvimento da solução final. Porém, esta multidisciplinaridade pode gerar oportunidades em outros mercados e importantes conquistas de divisas tecnológicas para a empresa. • Como se trata de uma empresa incipiente, não possui experiência de relacionamento com o mercado. • Pequena rede de contato na área de energia.
Oportunidades	**Ameaças**
• Melhoria da eficiência na distribuição de energia elétrica no Brasil, permitindo melhor interação do usuário com o ambiente, utilizando melhor seus sentidos para tomadas de decisão. • Os aplicativos existentes não possuem interface gráfica 3D. • Atualmente, verifica-se um nível de investimento elevado no setor, tanto por parte da iniciativa pública quanto privada. • Verifica-se que muitas empresas distribuidoras de energia elétrica têm procurado firmar parcerias para o desenvolvimento de projetos de desenvolvimento e melhoramento do sistema elétrico. • Existem alguns institutos de pesquisa do setor elétrico que estão dispostos a firmar parcerias para P&D. Posteriormente, pode-se verificar a possibilidade de utilizar a rede de contatos desses institutos para a inserção do produto no mercado. • Como os concorrentes estão mapeados, verificou-se que a maior oportunidade está nas regiões Centro-Oeste, e nos Estados de Minas Gerais e do Rio de Janeiro.	• Mercado brasileiro com pouca tradição de investimento na aquisição de equipamentos e serviços para área em que o sistema atua. • Dentre as parcerias estabelecidas entre as empresas distribuidoras de energia elétrica e instituições de pesquisas, foram identificados projetos que têm como função a mesma aplicabilidade da solução proposta pela Cientistas Associados, porém, até o momento, não foi possível identificar se esses projetos resultaram em algum aplicativo comercial. • Existem concorrentes já atuantes no mercado, como é o caso do Pertec da Daimoninterplan, do SGD da Soluzina e o Sim Perdas da Coelba/Universidade de Salvador e a Elucid. Verificou-se que estes *players* já atuam em algumas empresas e, portanto, poderá haver certa resistência para a entrada do aplicativo da CA na região onde esses operam.

3.3 Informações sobre os Concorrentes

Empresa: Elucid

Mercado	Compradores	Produtos, serviços, marcas e embalagens	Comunicações	Canais de distribuição
• *Market-share* de aproximadamente 27%. • Soluções presentes em 45% das concessionárias de energia do Brasil. • Líder em TI para o setor elétrico. • Beneficia cerca de 6% dos consumidores em todo o país, o que corresponde a aproximadamente 30 milhões de habitantes. • Sistema de gestão comercial certificado a operar dez milhões de consumidores. • Fornece soluções para 18 distribuidoras de energia.	• Empresa consolidada que atua faz tempo no mercado. • Atende aos requisitos necessários para motivar a compra de soluções por parte das distribuidoras, como se evidencia no modelo de decisão de compra.	• Faz P&D, próprio e em parceria com Institutos e Universidades. • Solução com boa performance. • Oferece garantias na prestação de serviços.	• Forte inserção no setor elétrico. • Realiza grande força de vendas.	• Com sede em São Paulo, a Elucid possui centros técnicos em Bragança Paulista (SP), Belém (PA) e Cuiabá (MT), onde mais de 300 funcionários estão estrategicamente posicionados.

Anexo 2: Exemplo de Elaboração de PGEM

Empresa: Soluziona				
Mercado	Compradores	Produtos, serviços, marcas e embalagens	Comunicações	Canais de distribuição
• Cerca de 70% da receita da empresa vêm da Espanha, matriz da empresa, os outros 30% advêm do resto dos lugares onde a empresa atua ou tem alguma representação. • A receita da Soluziona tem aumentado em média 12,3% ao ano, pelo menos de 2000 a 2004.	• Empresa consolidada que atua há bastante tempo no mercado. • Atende aos requisitos necessários para motivar a compra de soluções por parte das distribuidoras, como se evidencia no modelo de decisão de compra.	• A equipe de software da Soluziona conta com mais de 300 profissionais distribuidos em vários países com o objetivo de desenvolver soluções tecnológicas para melhorar a gestão empresarial. • Oferece garantias na prestação de serviços. • MILETO-AYER: Planificação da distribuição de energia elétrica. • Em 2003, investiram 19 milhões de Euros em mais de 36 novos projetos de P&D. • O P&D se deu junto com Universidades e instituições de diversos países e com programas europeus de fomento à pesquisa.	• Forte poder de mercado, também possui forte inserção no mercado elétrico. • Tem forte participação em eventos do setor elétrico. • Força de vendas também é alta.	• A Soluziona dispõe, atualmente, de mais de 5.500 profissionais altamente qualificados. Possui escritórios comerciais em 28 países espalhados pelo mundo, onde se destacam as Américas e a Europa como focos principais.

Empresa: Daimoninterplan

Mercado	Compradores	Produtos, serviços, marcas e embalagens	Comunicações	Canais de distribuição
• Fornece atualmente o Pertec (software para gestão de perdas) para sete distribuidoras elétricas, entre elas: Eletropaulo e CPFL.	• Atende aos requisitos necessários para motivar a compra pelas distribuidoras. • Possui referência do Enerq.	• Desenvolve softwares de estudos de perdas técnicas e comerciais (Pertec) e outras soluções para o setor elétrico. • Atualmente, tem dois projetos de P&D que estão em andamento tendo como empresa parceira a Eletropaulo.	• A força de vendas não é forte, entretanto carrega a bandeira do suporte da EP/USP no relacionamento com as distribuidoras.	• A Daimoninterplan possui forte vínculo com o Enerq da USP, aproveitando-se dos contatos já existentes em Institutos e as distribuidoras. • O corpo de profissionais é altamente qualificado; advém da EP/USP. • A empresa tem sede em SP.

Anexo 2: Exemplo de Elaboração de PGEM

Comparativo entre as empresas:

Daimoninterplan	Soluciona	Elucid	SIAPE	SIMPERDAS
		Características principais		
Formada por pesquisadores e professores da EP/USP. O software Pertec foi desenvolvido pelo Enerq, vinculado à EP/USP e depois a Daimoninterplan mantém o software.	Empresa de origem espanhola possui escritórios em 28 países e atua em outros segmentos como energia e telecomunicações; oferece, também, softwares de gestão comercial.	Especializada em consultoria e no desenvolvimento de tecnologias e softwares de gestão, a Elucid está entre as 15 maiores consultorias de informática do País.	Sistema desenvolvido pelo LEE – Laboratório de Eficiência Energética da Universidade Federal da Paraíba e atualmente, encubado em uma empresa de tecnologia do Paqtec de Campina Grande.	Sistema desenvolvido pela faculdade de engenharia elétrica de Salvador em parceria com a Coelba – Companhia Elétrica da Bahia.
		Principais fornecedores		
Nenhum (para softwares de perdas).	Nenhum (para softwares de perdas).	Nenhum (para softwares de perdas).	Nenhum (para softwares de perdas).	Nenhum (para softwares de perdas).
		Principais segmentos		
Soluções para empresas de geração, transmissão e distribuição de energia.	Soluções para empresas de energia elétrica de telecomunicações e transportes.	A Elucid é considerada a principal fornecedora de sistemas de gestão de clientes do País (CIS – *Customer Information System*), atua principalmente, no setor elétrico.	Exclusivamente para redução de perdas em redes de distribuição.	Exclusivamente para redução de perdas técnicas em redes de distribuição, utilizando interface 3D.

197

Infra-estrutura		
Possui corpo técnico qualificado para as pretensões de atender o mercado de distribuição com soluções em softwares.	Empresa já atua há tempos no mercado (1988). Possui corpo técnico qualificado e estrutura para desenvolvimento de projetos e soluções na área de energia.	O capital da empresa é totalmente nacional e já atua no mercado há mais de uma década. Possui cerca de 300 funcionários para o desenvolvimento de softwares distribuídos em SP, PA e MT.	Paqtec de Campina Grande e Universidade Federal da PB.	Laboratórios da Universidade de Salvador. Não se têm informações se o software foi implantado em outra empresa além da Coelba.
Faturamento				
Somente com o software para perdas Pertec, o resultado foi cerca de R$ 400 mil em 2005.	Somente no ano de 2004, o faturamento da Soluziona atingiu 787,5 milhões de Euros.	Suas soluções estão presentes em 18 das 64 distribuidoras de energia, mas não se sabe sobre o faturamento da empresa.	Indeterminado.	Indeterminado.
Força de vendas e remuneração				
Média.	Alta.	Alta.	Média.	Média.
Movimentos estratégicos				
Tem forte vínculo com o Enerq, vinculado à EP/USP. Na maioria, seus colaborados são professores mestres e graduados em engenharia elétrica pela EP/USP.	Tem atacado a região Norte onde a concorrência é menor. Tem ainda seu grande portfólio de clientes na Europa.	Tem bases de pesquisas espalhadas estrategicamente pelo território nacional, onde viabiliza P&D em parcerias com Universidades e Institutos locais bem como com empresas distribuidoras.	Atua basicamente na área de pesquisa e encubação do projeto. O primeiro teste para o produto é o Estado da Paraíba.	Atua basicamente na Unidade da Coelba no Estado da Bahia.

3.4 Análise Interna *versus* Concorrentes

Fatores de avaliação	C.A.	Elucid	Soluziona	Daimoninterplan
Produto	–	–	–	–
Qualidade	–	9	9	9
Estilo	–	–	–	–
Marcas e embalagens	–	9	9	8
Garantia e serviços de apoio	–	9	9	9
Custo	–	8	8	8
Prazos de entrega	–	8	8	9
Preço	–	–	–	–
Nível de preço	–	8	8	9
Política de descontos	–	–	–	–
Condições de crédito	–	–	–	–
Condições de pagamento	–	–	–	–
Prazos especiais	–	–	–	–
Comunicação	–	–	–	–
Publicidade	–	9	10	8
Vendas pessoais	–	8	8	9
Promoção	–	–	–	–
Propaganda	–	8	9	7
Distribuição	–	–	–	–
Canais de distribuição	–	10	7	7
Cobertura dos canais	–	–	–	–
Localização	–	10	8	8
Sistemas de transporte	–	–	–	–
Recursos Humanos	–	–	–	–
Processo de Produção	–	–	–	–
Rapidez	–	8	8	9
Eficiência	–	9	9	9
Utilização da capacidade	–	–	–	–
Outros	–	–	–	–
...				
Totais		113	110	109

3.5 Estrutura de Marketing

A empresa Cientistas Associados tem evoluído e implementado algumas ferramentas de auxílio à tomada de decisão. Atualmente, a empresa possui seu próprio método de avaliação de projetos (novas oportunidades de negócios) que leva em conta tanto a viabilidade técnica quanto a econômica do projeto a ser avaliado. Além do método avaliador de projetos, a empresa tem implementado com sucesso a elaboração de Plano de Negócios para captação de recursos financeiros e, atualmente, está implantando a ferramenta de planejamento e gestão estratégica de marketing para cada um de seus produtos.

3.6 Criação de Valor, Recursos e Competências

Os produtos ganham "valor" à medida que transcorrem pela linha de produção (os clientes pagariam mais para ter o produto do que realmente ele vale, pela simples composição de seus componentes). O valor pode ser gerado tanto na produção como no marketing, logística etc. A Cientistas Associados (CA) já tem uma marca estabelecida e definida que transmite seriedade e competência no desenvolvimento de soluções baseadas em hardware e software. Evidentemente, isso acarreta valor aos seus produtos e, posteriormente, criará um laço de fidelidade com seus clientes, fornecedores e colaboradores.

- Intangíveis: os principais recursos da CA atualmente são seu capital humano que faz da empresa detentora de *know-how* em sua área de atuação. A empresa já tem uma certa projeção de sua marca no setor de tecnologia, principalmente na área de instrumentação e robótica.

- Tangíveis: os fatores físicos e financeiros são, de certa forma, limitadores da atuação da empresa em relação aos investimentos próprios em projetos para desenvolvimento de produtos/novos negócios.

- Competência: no entanto, há uma orientação estratégica para a empresa que norteia todos os colaboradores envolvidos, dinamizando uma estrutura interligada entre os agentes, onde se observa elevada competência organizacional.

3.7 Classificação dos Recursos

	CA	Elucid	Soluziona	Daimoninterplan
Recursos tangíveis				
Recursos Financeiros	5	8	9	6
Recursos Físicos	7	10	8	8
Recursos intangíveis				
Recursos Tecnológicos	9	9	9	9
Reputação	5	10	9	8
Cultura	5	8	8	8
Recursos humanos				
RH	6	8	9	7
Criatividade	7	9	10	8

3.8 Fatores Críticos de Sucesso

O que os clientes querem:

- As distribuidoras de energia elétrica são o mercado-alvo do aplicativo.
- O objetivo do setor energético (distribuidoras), principalmente, em relação à distribuição de energia é reduzir seus custos pelas perdas técnicas e comerciais em redes de distribuição.

Análise dos concorrentes:

- São três os principais concorrentes que oferecem soluções para redução de perdas de energia.
- Os concorrentes abrangem todo o território nacional. No entanto, cada um deles procura ocupar nichos ainda não explorados pelo pioneiro no mercado.
- Como os concorrentes já estão há mais tempo no mercado, a maneira de estabelecer competitividade é mostrar transparência e confiabilidade da marca e preços mais competitivos. No entanto, a reputação e a credibilidade da marca vêm ao longo do tem-

po como parceiro e ofertante de soluções para as empresas de distribuição.
- Existe a necessidade de inserção no mercado, seja via rede de contatos, seja outra forma de aproximação com as empresas de distribuição
- Esperam que haja manutenção do sistema, periodicamente.

Potencialidades e desafios para os fatores críticos de sucesso:
- A Cientistas Associados tem condições de ofertar para o setor de distribuição de energia uma solução que atenda às necessidades das empresas e que possa, inclusive, suplantar os aplicativos existentes hoje no mercado.
- A Cientistas Associados tem possibilidade de firmar parcerias seja comercial ou em P&D. Esse seria um caminho para driblar a barreira da entrada no setor. Uma aproximação com quem já atua no mercado possibilita uma via de acesso ao mercado.

Fatores críticos de sucesso		C.A.		Elucid		Soluziona	
Descrição	Peso	Nota	Peso x Nota	Nota	Peso x Nota	Nota	Peso x Nota
Acesso às distribuidoras	7	2	14	8	56	6	42
Capacidade de oferecer soluções competitivas	9	9	81	9	81	8	72
Suporte pós-venda	6	4	24	8	48	8	48
Totais	22	–	119	–	185	–	162

3.9 Demanda para os Produtos e Identificação das Necessidades dos Clientes

O sistema computacional para redução de perdas em redes de distribuição de energia tem como mercado-alvo as empresas distribuidoras de energia elétrica. Usualmente, as perdas totais no sistema de potência são estimadas em 7%: 2% na transmissão e 5% na distribuição. Segundo relatório da Associação Brasileira de Distribuidores de Energia Elétrica (ABDEE), no Brasil, as perdas são maiores, da ordem de 15,3%

da energia produzida no País. Desse valor, cerca de 7,3% ocorrem na transmissão e 8% na distribuição. Nenhum dos aplicativos atualmente comercializados leva em consideração informações ligadas ao SIG (Sistema de Informação Geográfica), informações estas que a CPFL está buscando implantar em suas operações. Além disso, na área de planejamento de estrutura da rede elétrica e no gerenciamento de ativos, prospectou-se a eficiência de uma ferramenta onde uma representação em 3D contextualizando a região topográfica da cidade com suas elevações e baixadas, tamanho de edificações etc. facilitaria determinadas tomadas de decisões.

O setor elétrico brasileiro vai precisar de investimentos de cerca de R$ 125 bilhões até 2015. A previsão está no Plano Decenal de Energia Elétrica, divulgado pelo Ministério de Minas e Energia e inclui gastos em torno de R$ 40 bilhões só na instalação de novas linhas de transmissão. Hoje, são consumidos mais de 47 gigawatts de energia no País e em 2015 deverão ser 76 gigawatts. O consumo de energia elétrica deverá aumentar em 5,2% por ano até 2015, quando as indústrias, que hoje consomem 47% de toda a energia produzida no País, deverão absorver 43%, segundo o Plano. O comércio deverá passar dos atuais 15% para aproximadamente 18% do consumo, ao passo que as residências vão elevar o consumo atual de 24% para 25%. Atualmente, a rede de distribuição de energia atende cerca de 47,2 milhões de unidades residenciais e o setor elétrico dispõe de 64 empresas distribuidoras.

3.10 Benchmarks

a. Elucid: empresa de capital nacional que tem três centros de P&D. Oferece soluções como suporte para as áreas de gestão e áreas técnicas. Seus centros de pesquisas estão estrategicamente localizados no Pará, Mato Grosso e Interior de São Paulo, onde realizam projetos em parceria com empresas de distribuição, Universidades e Institutos de Pesquisas. Tem corpo profissional altamente especializado e está no setor faz uma década.

b. Soluziona: utiliza sua matriz na Espanha para realizar P&D via empresas e órgão de fomento Europeus; esse é o seu principal mercado. Participa de eventos relacionados ao setor onde procura demonstrar suas soluções e se inserir no mercado de energia.

c. Daimoninterplan: composta por professores, mestres e doutores da faculdade de engenharia da Escola Politécnica da USP, utiliza contatos e inserção do Enerq, órgão vinculado à mesma instituição, para se inserir no mercado de energia. O aplicativo fornecido pela empresa contempla em um só pacote a redução tanto das perdas técnicas quanto das comerciais.

3.11 Oportunidades e Ameaças (Propostas de Ação)

Todas as três empresas são fortes concorrentes da Cientistas Associados, porém nenhum dos aplicativos possui interface gráfica 3D; é esse o diferencial estratégico. No entanto, alguns dos aplicativos oferecidos pelos concorrentes já oferecem, além da redução de perdas técnicas, as perdas comerciais ("gatos", roubos de energia etc.). Assim, uma parceria comercial seria positiva no intuito de ofertar um módulo adicional aos softwares já existentes, a cidade 3D. Dessa forma, seria possível a empresa vender seu projeto via contatos de empresas já atuantes no mercado.

4. Objetivos da Empresa em Relação ao Produto em Questão

Depois do estudo de mercado, verificou-se quem são os concorrentes e o mercado-alvo para a solução proposta. Observou-se nos capítulos anteriores como os concorrentes estão distribuídos geograficamente e seu espaço de atuação. Nessa seção, estão definidas as projeções de vendas, participação (*market share*) e presença no setor de software para otimização da distribuição de energia. Na tabela abaixo, tem-se a posição da Cientistas Associados em relação a algumas informações de mercado. Dentre elas estão os faturamentos, os lucros, as vendas e as participações no mercado de distribuição de energia elétrica (referência anual).

Descrição	2006	2007**	2008**	2009**
Faturamento (em mil R$)	00	600	1.100	700
Lucro (em mil R$)	00	550	920	620
Vendas (unid.)	00	02	05	06
Participação de Mercado (%)*	0	3,13	7,81	9,38

* Baseado nos softwares que já estão em operação e novos entrantes a cada ano de referência.
** Estimativa.

Como se pode observar, a primeira inserção no mercado por parte da Cientistas Associados se dará em 2007. Apesar de a solução ainda estar em desenvolvimento, já há algum esforço em contatar possíveis clientes para o aplicativo. Um fator que dificulta a inserção do aplicativo no mercado é a falta de uma rede de contatos de maior amplitude no setor elétrico, uma vez que, como foi observado nos capítulos anteriores, a compra de produtos pelo setor depende de indicação ou de ampla credibilidade e conhecimento da marca do fornecedor.

Atualmente, cerca de 39% da 64 distribuidoras de energia elétrica utilizam algum tipo de software para redução de perdas de energia em redes de distribuição. Com o crescimento da competitividade na economia e o crescimento do produto interno (PIB) brasileiro, é esperado que a demanda por energia aumente e, conseqüentemente, a eficiência das concessionárias também deverá seguir o mercado no sentido de ofertar energia de melhor qualidade e redução dos custos.

Ademais, verificou-se um aumento de cerca de 10% a.a., na aquisição de softwares voltados para a redução de perdas em redes de distribuição. Com esse aumento da procura por soluções para esta finalidade, abre-se a possibilidade para a Cientistas Associados ganhar espaço no mercado, uma vez que apenas o aplicativo da empresa oferece uma maquete virtual contextualizando o ambiente, a cidade 3D. Característica essa que nenhum outro aplicativo em operação contempla.

O faturamento da empresa advém da venda do aplicativo, cujo preço inicial de implantação será cerca de R$ 300 mil com uma taxa anual de manutenção de 10% sobre o valor de aquisição do software. Quanto à participação no mercado, além da força de venda pela própria empresa, uma possível manobra será oferecer apenas o módulo 3D como adicional às empresas que já comercializam softwares para redução de perdas. Isso se deve à dificuldade de atingir todo o leque de empresas de distribuição que operam no mercado.

5. Estratégias para Atingir os Objetivos

Para alcançar as metas citadas no capítulo anterior, é preciso que a empresa possua vantagens competitivas frente a seus concorrentes. Para mostrar alguns pontos positivos do aplicativo em relação aos seus concorrentes, tem-se o quadro a seguir.

Vantagem competitiva	
Custo mais baixo	**Diferenciação**
Alvo amplo	• O mercado é composto por 64 distribuidoras de energia espalhadas por todo o território nacional.
Escopo competitivo	• Somente o aplicativo oferecido pela Cientistas Associados possui maquete virtual da cidade para auxílio na tomada de decisão.
Alvo estreito	• Equipe técnica multidisciplinar (Interface Homem-Computador, SIG, Sistemas inteligentes, Engenharia de Software).

5.1 Estratégias Gerais

Na tabela abaixo, identificam-se algumas potencialidades e fraquezas que atualmente permeiam a Cientistas Associados no tocante ao desenvolvimento do aplicativo computacional. Nota-se que, apesar da vantagem inicial do software, devido à união em um mesmo sistema computacional das tecnologias de Interface Homem-Computador (IHC), SIG e Sistemas Inteligentes (SI) para tomada de decisão, a falta de uma ampla rede de contatos no setor pode prejudicar a entrada da mesma no mercado de distribuição de energia.

Fatores de trabalho	Possíveis vantagens	Possíveis desvantagens
Estratégia de custos	• Localizada no Estado que mais consome energia elétrica. • Suporte financeiro para desenvolvimento do aplicativo computacional. • Flexibilidade no preço final.	• Se algum concorrente que já está no mercado desenvolver uma plataforma computacional com as mesmas tecnologias, a vantagem do aplicativo fica comprometida.
Estratégia de diferenciação	• O aplicativo é o único que possui interface gráfica com a cidade 3D, que possibilita ao usuário uma visão contextualizada, facilitando a tomada de decisão. • Equipe técnica qualificada.	• A rede de contatos da Cientistas Associados ainda é pequena no setor de distribuição de energia elétrica.

Fatores de trabalho	Possíveis vantagens	Possíveis desvantagens
Estratégia de enfoque	Atende de maneira mais completa às necessidades dos usuários, pois relaciona três tecnologias (IHC, SIG e SI) para auxílio à tomada de decisão.	Dificuldade do cliente de visualizar o valor agregado da união das três tecnologias (IHC, SIG e SI).

5.2 Estratégias Alternativas

No quadro a seguir, tem-se a contextualização das estratégias que podem viabilizar o produto.

Tipo de liderança buscada pela empresa hoje	Vantagens para a empresa ao utilizar esta alternativa de estratégia hoje
• A liderança hoje é por via da inovação técnica do aplicativo computacional.	• Atualmente, nenhum outro aplicativo no mercado utiliza um sistema que agrega as tecnologias aplicadas.
Qual seria a alternativa hoje?	**Por que a alternativa a princípio não é viável?**
• Potencializar o aplicativo com o módulo de restrição de perdas comerciais.	• Para acrescentar o módulo de perdas comercias, é necessário modelar toda a parte de perdas comerciais. Não existe acesso às informações para esta modelagem.
Qual seria a alternativa para daqui a cinco anos?	**Quais as vantagens em utilizar determinada alternativa de estratégia daqui a cinco anos?**
• Implantar o módulo para restrição de perdas comerciais e balizar o aplicativo para ser implantado em outros tipos de redes (subterrâneas, por exemplo).	• Com a crescente preocupação com a poluição visual das cidades, afetando a qualidade de vida da população, é provável que as futuras redes de distribuição passem a ser implantadas não mais de forma aérea. • A estratégia de vendas da empresa prevê que a solução composta pelo módulo comercial será uma necessidade.

5.3 Segmentação: B2B

O mercado-alvo para o aplicativo é as empresas distribuidoras de energia elétrica. Como se trata de um serviço prestado às distribuidoras, pode-se segmentar o mercado-alvo na seguinte representação:

Demográficas	• Concessionária de distribuição de energia elétrica. • Distribuidoras variam de tamanho (área de concessão) e poder para investimento. • Algumas das maiores em consumo de energia estão localizadas no Estado de São Paulo, porém as 64 empresas distribuidoras de energia estão espalhadas por todo o território nacional.
Operacionais	• O desenvolvimento de novos produtos aplicados às necessidades das distribuidoras tem sido fomentado pelas mesmas. Foi levantado que existe demanda para a solução proposta pela empresa.
Abordagem de compra	• O modelo de compra das distribuidoras já foi mostrado nos capítulos anteriores, porém evidencia-se que as distribuidoras são influenciadas na compra por agentes que detêm certo "poder" na tomada de decisão, via indicação de pessoas influentes no setor. Diante deste fato, a empresa optou como estratégia enviar projetos de P&D para os programas de pesquisa das concessionárias.
Fatores situacionais	• A utilização de soluções voltadas para redução de perdas em redes de distribuição é de fundamental importância para as distribuidoras de energia. Por meio de uma pesquisa de mercado, foi identificada a importância de um aplicativo que possua uma interface que contenha uma maquete da cidade 3D. Apesar de o módulo de restrição de perdas comerciais, associado no pacote, ser ainda mais relevante, segundo apontou a pesquisa de mercado.
Características	• As distribuidoras têm certa lealdade com seus fornecedores, principalmente, em relação a aplicativos voltados para suprir necessidades operacionais. No entanto, as empresas do setor são cautelosas na aceitação de soluções inovadoras.

Espera-se que as empresas mais capitalizadas busquem inovar em suas operações técnicas adquirindo o software. Um ponto interessante é a potencialidade da venda junto aos grupos que compõem o setor de energia, como o grupo: Rede, Neoenergia, Eletrobrás, uma vez que as empresas que compõem esses grupos têm receitas distintas e recursos próprios para investimentos (seja em P&D, seja em consumo).

No quadro abaixo, observa-se a potencialidade em relação aos investimentos de aquisição do aplicativo da Cientistas Associados. Apesar de Eletropaulo e CPFL serem as maiores distribuidoras do Estado de São Paulo e umas das maiores do país, principalmente, no tocante à capacidade de investimentos, essas empresas já utiliza softwares concorrentes na área de distribuição de energia e ferramentas para SIG, contudo em plataformas separadas, o que diminui a possibilidade de a empresa vir a prestar serviços com a finalidade a qual o software se propõe.

Neste contexto, a empresa irá buscar apresentar a essas duas distribuidoras que a integração das três plataformas tecnológicas (IHC, SIG e SI) permitirá um ganho de produtividade no auxílio à tomada de decisão e planejamento que as ferramentas que possuem essas tecnologias separadas não permitem atualmente (foco em longo prazo). Em situação oposta, têm-se algumas empresas isoladas que ainda não adquiriram nenhum aplicativo e têm potencial para realizá-lo (foco em curto e médio prazos).

Na figura a seguir, observa-se a potencialidade de venda do sistema entre as empresas do setor elétrico.

Porte	Rentabilidade			
Grande			Eletropaulo CPFL	Foco em longo prazo
Médio	Neoenergia Eletrobras Grupo Rede	Elektro Bandeirante		Foco em curto e médio prazos
Pequeno				
	Alto	Médio	Baixa	

5.3.1 Estratégias de Diferenciação e Posicionamento no Mercado

O principal quesito de uma empresa que oferta um produto ou serviço é procurar passar idéia de que seu produto ou serviço tem um diferencial em relação aos outros produtos que estão no mercado. Atualmente, ter um diferencial é pré-requisito necessário para alcançar o sucesso de uma organização. Para tanto, a Cientistas Associados busca sempre inovar em seus produtos e serviços de forma a garantir a exclusividade de suas soluções.

Com o sistema direcionado ao setor elétrico, a mesma exclusividade é garantida, uma vez que a empresa possui uma equipe multidisciplinar que três tecnologias de aplicação do sistema: IHC (interface homem-computador), SIG (sistema de informação geográfica) e SI (sistema inteligente). A interação dessas tecnologias garante um suporte superior para o operador no tocante à tomada de decisão. Ademais, como o projeto conta com suporte financeiro da FAPESP, ou seja, os recursos empregados para o desenvolvimento do software não são reembolsáveis, a Cientistas Associados pode oferecer vantagens adicionais sob o ponto de vista comercial.

5.3.2 Estratégia de Mercado para o Produto

Nesse item, mostra-se a estratégia da Cientistas Associados no setor de distribuição de energia elétrica em relação aos seus concorrentes. Nesse contexto, o estudo de mercado sinalizou que, assim como na maioria dos mercados, o setor de aplicativos para redes de distribuição possui os líderes e seus seguidores, que são apresentados a seguir. Como a empresa é nova no setor elétrico como fornecedora de soluções e, apesar de contar com uma equipe multidisciplinar e dispor de uma solução diferenciada, a denominação mais plausível de entrada nesse mercado é como empresa tomadora de nicho.

A seguir, temos a exposição da atual situação do mercado para soluções voltadas para redução de perdas de energia elétrica:

Empresa líder:
- Elucid: tem portfólio de 18 distribuidoras clientes de seus softwares, desde soluções na área técnica (perdas técnicas) como soluções comerciais (perdas comerciais e de gestão).

Possui três centros de P&D estrategicamente distribuídos pelo território nacional. O capital da empresa também é nacional.

Empresa desafiadora de mercado:
- Daimoninterplan: tem portfólio de nove distribuidoras clientes de seu software, voltado para perdas técnicas e comerciais. O software utiliza interface 2D e tem acesso ao mercado via órgão de pesquisa do setor como o Enerq, vinculado à EP/USP. O corpo técnico da Daimoninterplan é composto por professores, ex-alunos e alunos da EP/USP. Por meio de parceria com a Universidade, a Daimoninterplan sinaliza para o mercado sua potencialidade em oferecer soluções na área.

Empresa seguidora de mercado:
- Soluziona: não se tem o número exato de aplicativos da empresa que estão atualmente no mercado, porém nos últimos seis meses a empresa implantou pelo menos uma unidade do sistema na Manaus Energia. Por meio do seu aplicativo, a empresa tem conseguido manter-se no setor oferecendo a solução de maneira mais cautelosa que as duas primeiras empresas citadas. A maior parte de sua receita advém da Europa (cerca de 70%) ao passo que o resto do mundo compõe a outra parte da renda da empresa. Possui escritórios em 28 países do mundo e não é totalmente focada em oferecer soluções para perdas de energia.

Empresa tomadora de nicho de mercado:
- Cientistas Associados: a principal estratégia da empresa é mostrar que o sistema oferecido é inovador, ou seja, além da funcionalidade técnica, o software ainda conta com a interação de três tecnologias (IHC, SIG e SI) integradas ao sistema, as quais auxiliam o operador na tomada de decisão.
- Cientistas Associados: caso a primeira estratégia não atenda às expectativas da empresa em relação às vendas e ao *market-share*, a segunda estratégia é firmar parcerias de P&D junto aos programas de pesquisas das próprias distribuidoras. O projeto seria encaminhado para os programas e, caso aceito, o desenvolvimento do aplicativo seria conjunto.

5.3.3 Estratégia de Crescimento e Diversificação

Definir novas possibilidades de crescimento da empresa é de fundamental importância para as projeções, venda e lucro da organização. Dessa maneira, algumas possibilidades de crescimento, sejam via produto, mercado ou forma de integração, são estabelecidas. Para o aplicativo computacional para redução de perdas em redes de distribuição, existem algumas possibilidades para alavancar o crescimento do negócio.

Conforme o quadro abaixo, observa-se que, inicialmente, a solução se destina a um fim e a um mercado-alvo específico. Porém, o desenvolvimento do produto e uma possível nova segmentação de mercado são de suma importância para garantir a sustentabilidade do negócio.

	Mercados	
	Atuais	**Novos**
Produtos atuais	• Aplicativo computacional para redução de perdas de energia em redes de distribuição. • Mercado-alvo (distribuidoras de energia elétrica).	• Como está estruturado o negócio, o sistema computacional pode sofrer uma "integração para frente", isto é, o projeto ser adquirido por um fornecedor já tradicional das empresas de distribuição ou até mesmo ser enviado para um programa de P&D de alguma distribuidora.
Produtos novos	• Adicionar ao aplicativo o módulo de redução de perdas comerciais para atender de forma mais ampla no mercado consumidor.	• O know-how adquirido no desenvolvimento pode ser utilizado para segmentar o mercado e oferecer outros tipos de serviços como, por exemplo, consultorias técnicas em sistemas de distribuição e a implementação do uso do SIG (sistema de informações geográficas) para outras aplicações.

No quadro a seguir, tem-se uma análise das possíveis estratégias de crescimento do negócio, no qual se apresenta a forma de atingir tanto as metas de crescimento, quanto as idéias e as ações para o cumprimento dos objetivos.

Tipo de estratégia de crescimento	Como pode ser atingida?	Possibilidades para a empresa
Maior participação no mercado	• Aumentar a rede de contatos no setor de distribuição para que a empresa possa ser indicada por alguém "forte" do setor e passar a ser um fornecedor da área.	• Participar de feiras e congressos da área no intuito de contactar pessoas especializadas no setor de distribuição.
Desenvolvimento de novos mercados	• Existe a possibilidade de o sistema computacional para redução de perdas em redes de distribuição sofrer uma "integração para frente", isto é, o projeto pode ser adquirido por um fornecedor já tradicional das empresas de distribuição, devido à exclusividade da interação de três tecnologias no mesmo sistema (IHC, SIG, SI).	• Estabelecer acordos junto aos fornecedores já tradicionais do mercado de distribuição, uma parceria em vendas e sugerir o sistema como pauta de projeto de P&D junto às distribuidoras.
Desenvolvimento do produto	• Agregar ao produto o módulo para redução de perdas comerciais.	• Integração do módulo comercial no aplicativo.
Integração para frente	• A empresa pode vender seu projeto ou parte dele para um fornecedor tradicional do setor de distribuição. • Há a possibilidade de encaminhar o sistema como projeto de P&D junto às distribuidoras.	• Parceria em vendas. • Programas de P&D das empresas distribuidoras.

Ainda seguindo a idéia da diversificação, na tabela a seguir são apresentadas as necessidades de diversificação e a forma como ela pode ser conduzida.

Motivos para uma empresa buscar a estratégia de diversificação	De que forma pode ser realizada, ou quais os incentivos que se busca	Alternativas de obtenção dos benefícios sem ser por meio da diversificação
Aspectos gerenciais	• Buscar reconhecimento no setor de atuação.	• Focar no desempenho do produto para eventuais demonstrações conquistando, dessa forma, a atenção dos tomadores de decisão do setor.
Redução de riscos	• O desenvolvimento do módulo para redução de perdas comerciais pode garantir de maneira mais fácil a inserção do sistema no setor de distribuição.	• Buscar a liderança como *software* para redução de perdas técnicas junto às distribuidoras.
Lucratividade	• A integração de três tecnologias ao sistema (SIG, IHC, SI) fornece exclusividade ao produto. Dessa forma, o preço do mesmo pode ser diferenciado dos aplicativos que hoje estão em operação.	• Focar nas estratégias de negociação e desenvolvimento do aplicativo.
Poder de mercado	• A integração das tecnologias (SIG, IHC e SI) mais o módulo para redução de perdas comerciais podem driblar momentaneamente a concorrência e garantir certa exclusividade do produto.	• Levantar a importância dessa integração de tecnologias, obtendo como resultado a cidade 3D, junto às distribuidoras como foco na força de venda.
Economia de escopo	• Firmar parcerias de vendas de módulos em partes, oferecendo os módulos em separado.	• Focar na parceria com institutos de pesquisas ou agentes influentes no setor para conseguir ter acesso às distribuidoras.

No gráfico a seguir, tem-se a participação de cada empresa no setor de distribuição de energia elétrica, bem como a média de crescimento do setor e a classificação final do negócio em termos de rentabilidade. Como se pode observar, o negócio é atraente do ponto de vista do retorno financeiro. Apesar de a empresa não possuir uma ampla rede de contatos no setor de distribuição de energia, projeta-se uma participação de quase 10% no mercado em três anos, um nível considerável, tendo em vista o tempo de atuação de outros *players* no setor.

Anexo 2: Exemplo de Elaboração de PGEM

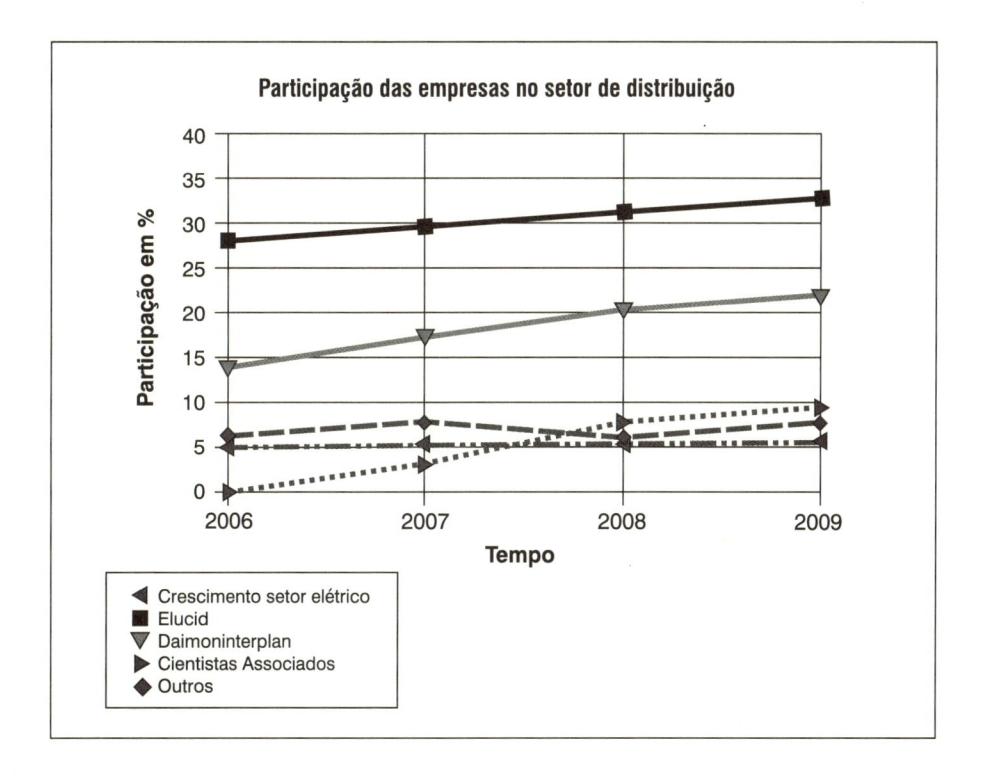

Participação das empresas no setor de distribuição

[Gráfico: Participação em % vs Tempo (2006-2009)
- Crescimento setor elétrico
- Elucid
- Daimoninterplan
- Cientistas Associados
- Outros]

Para efeito de comparação de possibilidade e participação no mercado, a Elucid, líder em números de clientes no setor, apresenta um crescimento cerca de 6% ao longo dos três anos analisados, ao passo que, a Daimoninterplan apresenta um crescimento de 8%. O salto e ganho de mercado da Cientistas Associados está relacionado com a exclusividade da integração de três tecnologias em um único sistema, como foi explanado anteriormente.

Outro ponto importante é a flexibilidade nas negociações comerciais por parte da empresa, uma vez que o custo de desenvolvimento do aplicativo obteve suporte financeiro da FAPESP. Diante disto, a estrutura de custos não foi onerada na forma de investimentos reembolsáveis, garantindo, então, possibilidades de "promoções comerciais". Cabe ressaltar que a oferta de energia por parte das distribuidoras cresce a uma taxa média anual de aproximadamente 5%. No quadro a seguir, pode-se observar as vantagens da empresa, como elas foram criadas e os mecanismos para sustentá-las ao longo do tempo.

Formas de criação de vantagem competitiva	Como criar e sustentar esta vantagem na empresa
Curva de experiência	A Cientistas Associados tem vantagem de custo em relação a todos seus concorrentes, uma vez que o projeto de desenvolvimento do aplicativo foi totalmente financiado pela FAPESP.
Externalidade de rede	As distribuidoras que utilizarem o aplicativo poderão trocar informações técnicas sobre perdas em redes de distribuição, facilitando, dessa forma, a possibilidade de melhorias no uso do sistema pela experiência adquirida dos usuários.
Reputação	Focar na marca da empresa para passar a imagem de confiabilidade e qualidade do produto.
Restrições legais	Como o aplicativo conta com a exclusividade da integração de três tecnologias, o SIG, o IHC e o SI, há a possibilidade de ser requerida uma salvaguarda de proteção por um determinado período de tempo.
Acesso superior	A rede de contatos da Cientistas Associados no setor de distribuição ainda é pequena, mas a vantagem de custo e a qualidade do sistema podem "abrir portas" nas distribuidoras.
Economia de escala	Como o custo de desenvolvimento e o grau de especialização são altos, tem-se uma barreira natural à entrada de novos agentes no fornecimento de soluções para redução de perdas.
Custos de mudança ao cliente	Como a implantação do sistema não é imediata, ou seja, há todo um custo com a implantação do aplicativo (maquete da cidade 3D), as empresas que decidirem pelo pacote oferecido pela empresa não terão estímulos financeiros para mudar de software. Além disso, o aplicativo da empresa é o mais avançado dentre os que estão atualmente no mercado.

Alguns atributos acima são destacados como principais instrumentos de poder de mercado. Dentre eles, principalmente, dois pontos fortes merecem referências: o primeiro deles, o fato de o desenvolvimento do projeto ter sido financiado pela FAPESP com recursos não reembolsáveis. Isso garante à empresa maior poder de mercado em relação à flexibilidade nos preços e um arrocho menor em sua planilha de custos. E, segundo, o aplicativo conta com a exclusividade de três tecnologias embutidas no sistema, sendo resultado de uma delas a inclusão do módulo da cidade 3D (maquete virtual da cidade) uma vez que os concorrentes utilizam interface gráfica 2D e não possui nenhuma dessas tecnologias de maneira integrada.

6. Produtos e Marcas

A empresa é prestadora de serviços de desenvolvimento e implantação de software e hardware para área de engenharia. No caso, para as concessionárias de distribuição de energia elétrica, a empresa possui um aplicativo computacional para redução de perdas técnicas em redes de distribuição. No caso, o sistema é responsável pela busca de uma configuração da rede elétrica que minimize as perdas. Este software é utilizado para área de planejamento.

Este aplicativo possui um sistema baseado em três tecnologias que garantem o diferencial para seus concorrentes. As tecnologias embarcadas no aplicativo são: IHC (interface homem-computador), SI (sistema inteligente) e SIG (sistema de informações geográficas), tecnologias essas que já foram explicadas no capítulo anterior. O diferencial está baseado nas tecnologias integradas de SIG e IHC que possibilitam a concepção de uma maquete virtual da cidade com sua rede de distribuição de energia, permitindo uma tomada de decisão por parte do operador do sistema baseada em informações de localização e espacialidade. O posicionamento da empresa é de tomadora de nicho.

6.1 Análise dos Produtos Existentes e Novos Produtos

Com o desenvolvimento desse sistema e com a presença de técnicos experientes na área de energia, a empresa adquiriu know-how para lançar novos produtos e projeto como propostas de P&D. O Programa Anual de Pesquisa e Desenvolvimento Tecnológico do Setor Elétrico foi criado pela Lei nº 9.991 de 24 de julho de 2000 e alterado pela Lei nº 10.848 de 15 de março de 2005 (Art.12) e tem como objetivo a capacitação tecnológica da concessionária, visando à geração de novos processos ou produtos, ou o evidente aprimoramento de suas características. Diferentemente da pesquisa puramente acadêmica, a pesquisa empresarial deve ter cronogramas e metas bem definidas. Assim, as empresas distribuidoras de energia elétrica devem aplicar 0,20% de sua ROL (Receita Operacional Líquida) em projetos que comporão a carteira do Programa de P&D. Estão aptas a participar instituições como universidades, centros de pesquisa e consultorias.

Em conformidade com a Lei nº 9.991/2000, a participação de instituições públicas ou privadas de ensino ou de P&D é limitada àquelas nacionais, reconhecidas pelo Ministério da Ciência e Tecnologia (MCT) e/ou credenciadas pelo Ministério da Educação (MEC). Nesse ínterim, recentemente, foi enviado aos programas de P&D das distribuidoras de energia, projetos elaborados para outras aplicações no setor elétrico, graças ao know-how da equipe coordenadora de tais projetos. A seguir, são mencionados os projetos que já foram enviados aos programas de P&D do setor elétrico.

- Projeto de alocação de dispositivos de proteção (área de planejamento): este projeto tem como objetivo desenvolver e analisar, com segurança e economia, o planejamento da confiabilidade do sistema ao longo de sua vida útil e para propor melhorias no mesmo.

- Projeto de restauração da rede elétrica (área de operação): o principal objetivo deste projeto é o desenvolvimento de um sistema inteligente com geoprocessamento para restauração de redes de distribuição de energia elétrica na ocorrência de múltiplas faltas. Inclusive este projeto de restauração está sendo implementado juntamente com o de reconfiguração.

- Projeto contra fraudes de energia elétrica (área comercial): este projeto visa a utilizar técnicas computacionais baseados em inteligência artificial com a finalidade de selecionar para inspeção apenas aqueles consumidores que tenham maiores indícios de irregularidades com apoio e integração no ambiente de um Sistema de Informação Geográfica (SIG), melhorando assim o índice de acertos nas inspeções realizadas para averiguação de fraudes em consumidores.

6.2 Detalhamento dos Serviços que Serão Oferecidos

A forma com que o serviço será oferecido para as distribuidoras de energia elétrica se assemelha às empresas prestadoras de serviço da área de ERP (*Enterprise Resource Planning*), isto é, a partir de uma plataforma computacional, é realizada a customização do aplicativo para cada uma das empresas distribuidoras espalhadas pelo País. Esta customização considera, principalmente, a parte de SIG referente à localização física da abrangência da atuação dessa distribuidora de energia e o banco de dados com as informações dessa rede de distribuição.

O ciclo de vida desse produto foi estimado em 36 meses: a fase de "Introdução" estimada em dez meses; a fase de "Crescimento" estimado em oito meses; a fase de "Maturidade" estimado em doze meses e, por fim, o "Declínio" foi estimado em seis meses. Na tabela a seguir, é apresentado de acordo com a aplicação do conceito do ciclo de vida ao composto de produto.

Fases do ciclo de vida	Atividades
Introdução	Criar consciência do produto: • Software será exposto em feiras e eventos técnicos para o público-alvo. • Serão realizadas visitas técnicas em empresas de distribuição de energia elétrica para apresentação da concepção do software. • Serão realizadas entrevistas técnicas para revistas especializadas para expor a tecnologia. • Enviar o projeto para os programas de P&D das concessionárias.
Crescimento	Maximizar a participação de mercado: • Dar continuidade à conscientização da tecnologia e seus benefícios com visitas e exposição em feiras e na mídia. • Viabilizar um caso de sucesso dentro de uma distribuidora de energia elétrica.
Maturidade	Maximizar lucro e diversificar o aplicativo: • Acrescentar novas funcionalidades ao sistema computacional. • Procurar outros nichos de mercado onde a plataforma possa ser utilizada.
Declínio	Reduzir gastos e tirar proveito da marca: • Retirar esforço de comunicação. • Simplificar o sistema computacional retirando itens mais fracos ou mais caros (versão mais barata).

Na figura da página seguinte, é apresentado um quadro com ações que podem gerar oportunidades de melhoria nos serviços a serem prestados.

6.3 Decisões sobre Marcas

Inicialmente, a marca que será utilizada para a realização do serviço será a da Cientistas Associados Desenvolvimento Tecnológico Ltda. Em relação à plataforma de software (aplicativo), a mesma será denominada ENS 3D (*Energy Network System*). A seguir, é apresentado o logo do aplicativo.

Diagrama

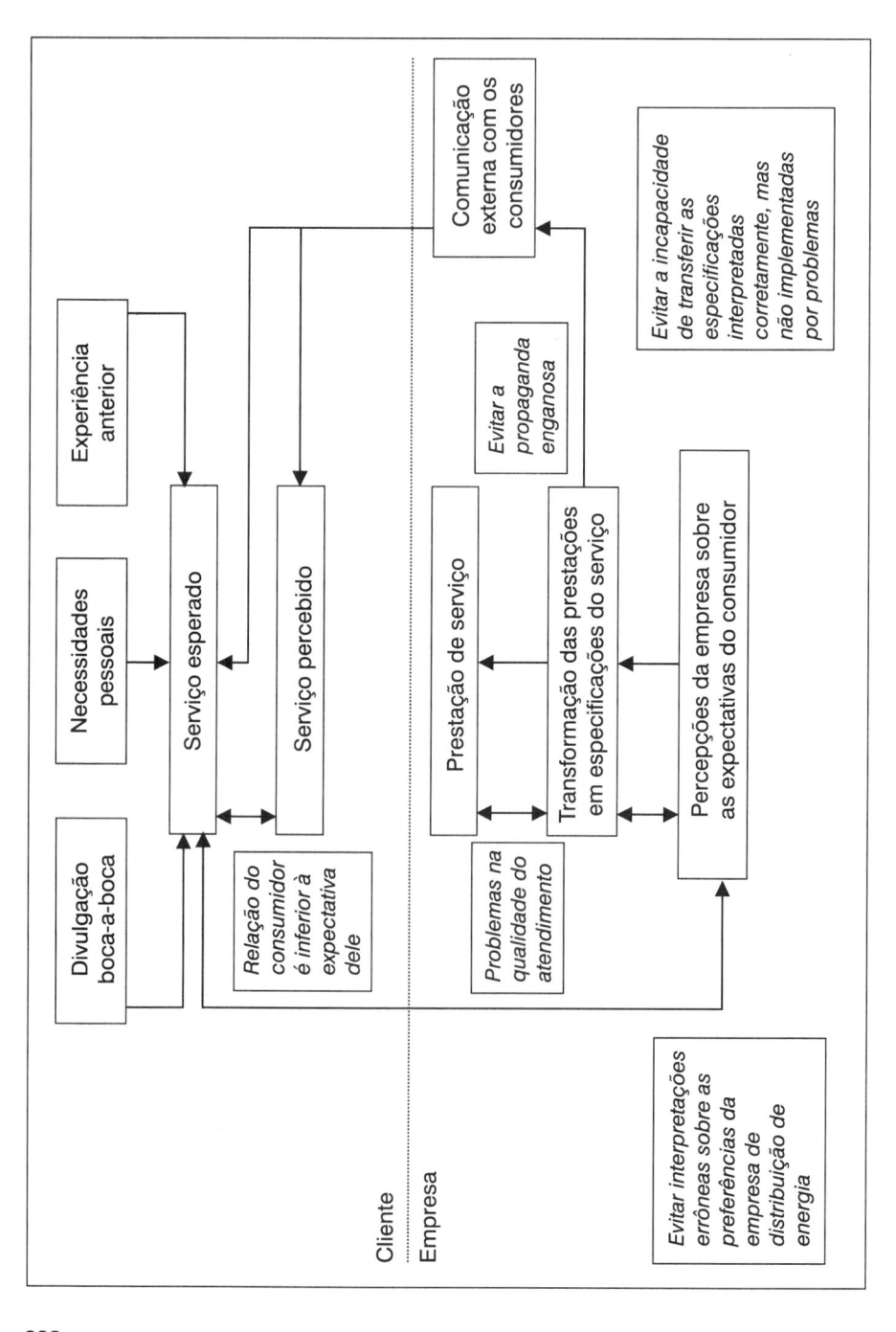

Cliente:
- Divulgação boca-a-boca
- Necessidades pessoais
- Experiência anterior
- Serviço esperado
- Serviço percebido
- *Relação do consumidor é inferior à expectativa dele*

Empresa:
- Comunicação externa com os consumidores
- Prestação de serviço
- Transformação das prestações em especificações do serviço
- Percepções da empresa sobre as expectativas do consumidor
- *Evitar a propaganda enganosa*
- *Problemas na qualidade do atendimento*
- *Evitar a incapacidade de transferir as especificações interpretadas corretamente, mas não implementadas por problemas*
- *Evitar interpretações errôneas sobre as preferências da empresa de distribuição de energia*

Anexo 2: Exemplo de Elaboração de PGEM

ENS 3D

Está em desenvolvimento na empresa a implantação e a criação do modelo de unidades de negócio baseado em *spin-off* para produtos/projetos que tenham grande possibilidade de sucesso comercial. Caso seja viável, a empresa criará uma unidade de negócio para dar sustentação e foco nas atividades comerciais do novo negócio. Na tabela a seguir, são compiladas as decisões de marca para a empresa e o serviço que está sendo oferecido.

Decisões sobre marcas	Ações para as ofertas (produtos) da empresa
O uso da marca	Foi criada uma marca para o software: ENS 3D (*Energy Network System*).
Patrocínio da marca	A marca será patrocinada pela empresa Cientistas Associados Desenvolvimento Tecnológico Ltda.
O nome utilizado	Será utilizado marca individual para não correr o risco de imagem em caso de fracasso. Como a marca da empresa é desconhecida, não existe problema com o benefício da marca corporativa.
Estratégia da marca	A estratégia da marca será de extensão de linha de produto, isto é, a empresa introduz diferentes versões do software dentro da mesma categoria com a mesma marca.

6.4 Ações Coletivas com Outras Empresas

Ações	Idéias para a empresa
Empresas complementarem linha de produtos	Assim que a fase de P&D for finalizada, o objetivo é apresentar a aplicação para as empresas players de software para área de distribuição de energia elétrica. O objetivo é que as tecnologias de SIG e IHC podem-se tornar um módulo do aplicativo dessas empresas.
Empresas desenvolverem projetos de novos produtos e inovações em conjunto	Acredita-se que com o domínio de SIG e cidade 3D para área de distribuição de energia possa estimular empresas prestadoras de serviço de software que queiram utilizar os módulos em seus aplicativos (idéia semelhante à ação anterior).
Desenvolvimento de mercados e definição de padrões dominantes	Ainda incipiente.

(Cont.)

Ações	Idéias para a empresa
Empresas licenciarem marcas de outras empresas em linhas não concorrentes	Ainda não foi definido, pois não se tem base do impacto do aplicativo na área de distribuição de energia.
Compartilhar e coordenar sistemas de qualidade	Ainda incipiente.

7. Plano de Comunicações

Na tabela abaixo, são apresentadas a definição de público-alvo e as ações de comunicação.

Público-alvo	Papel na decisão de compra	Mensagem
Presidente da empresa	Pagador	Melhorar a tomada de decisão no momento do planejamento e da operação, diminuindo, assim, o erro da empresa e com isto reduzindo custos.
Diretor de tecnologia	Decisor	Melhorar a tomada de decisão no momento do planejamento e da operação, diminuindo, assim, o erro da empresa e com isto reduzindo custos. Custos do projeto podem ser subsidiados pelo programa de P&D da ANEEL.
Gerente de planejamento e Gerente de operações	Usuários	Melhorar a tomada de decisão no momento do planejamento e da operação, diminuindo, assim, o erro da empresa e com isto reduzindo custos.
Gerente de P&D	Influenciador	Comunicar a inovação do projeto e seu impacto para o programa de P&D da ANEEL.

Na tabela a seguir, são estabelecidos os objetivos da comunicação. No caso do projeto, a comunicação será para persuadir o público-alvo.

Questões	Sim/Não	Sugestão de mudanças na mensagem/campanha
A mensagem utilizada em nossas comunicações atrai a **atenção** do público-alvo?	Sim	Nada consta
O conteúdo da mensagem é capaz de criar **interesse** no público sobre nossos produtos/serviços?	Sim	Nada consta

(Cont.)

Questões	Sim/Não	Sugestão de mudanças na mensagem/campanha
A estrutura e a forma da mensagem conseguem despertar o **desejo** do nosso público com relação a nossos produtos/serviços?	Sim	Nada consta
A mensagem utilizada pela empresa tem poder de influenciar o comportamento do cliente e levar à **ação** de compra?	Sim	Nada consta

A seguir, são apresentados os fatores influenciadores das decisões sobre o composto de comunicações.

Fatores do Produto:
- Natureza do produto: sistema de software integrado para área de distribuição de energia elétrica para auxílio à tomada de decisão.
- Especificidades presentes: o sistema integrado considera a tecnologia SIG.
- Características, atributos e benefícios: software para plataforma Windows que utiliza acesso ao banco de dados. Este software possui uma interface com três visões (Diagrama Unifilar, Navegação 2D e maquete virtual da cidade). Estas visões permitem melhor tomada de decisão na área de planejamento e operação.
- Posição no ciclo de vida: introdução.
- Quantidade média e freqüência de compra: cada distribuidora de energia irá comprar somente uma vez o software e o serviço de implantação. É possível assinar um contrato de manutenção por um período posterior à compra.

Fatores de Mercado:
- Participação de mercado: produto não está no mercado.
- Intensidade da concorrência: alto.
- Perspectivas da demanda: são 64 distribuidoras de energia elétrica no País. Deseja-se realizar a integração de, no máximo, duas por ano de um grupo de sete distribuidoras (em torno de 10% das empresas).

Fatores de Consumidores:
- Comportamento de compra:
- Número de clientes: 64 distribuidoras de energia elétrica em todo o País.

- Fontes de influência: *lobby*.
- Concentração dos clientes: região Sudeste, mais especificamente o Estado de São Paulo.

Fatores Orçamentários:
- Recursos financeiros da empresa: possui o programa de P&D da ANEEL para contratação de projetos.

Fatores do Composto de Marketing:
- Preço × qualidade relativa: o preço será cobrado por fases de implantação.
- Estratégia/estrutura de distribuição: trata-se de um serviço prestado diretamente para as distribuidoras de energia elétrica espalhadas pelo País. É necessária uma equipe de consultores/executivos de negócios para abordar o cliente. Posteriormente, uma equipe técnica irá realizar a implantação do sistema.
- Posicionamento: buscador de nicho.
- Segmentação: departamento de planejamento e operação das distribuidoras de energia elétrica.

Para alcançar o cliente com a mensagem proposta, serão utilizadas as seguintes ferramentas de comunicação:

Propaganda
- *Folders* e *Flyers:* serão criados, *folders* e *flyers*, para divulgação do sistema computacional. Apresentando os principais pontos positivos. Este material será entregue para as pessoas formadoras de opinião (influenciadores)
- Símbolos e logotipos: foram criados: uma marca (ENS 3D) e um logotipo para o sistema. O objetivo é realizar um reconhecimento fácil por parte dos clientes desse produto.
- Fitas de vídeo: será criado um vídeo promocional mostrando a utilidade da ferramenta computacional que será apresentado em eventos e também como ferramenta de sensibilização junto ao cliente (além do PowerPoint) para o executivo de negócios.

Promoção de Vendas
- Feiras setoriais: participar de feiras do setor de distribuição de energia elétrica para apresentar a solução para o público forma-

dor de opinião. Já foram mapeadas as feiras da área. Quando o sistema estiver em funcionamento, será gravada uma fita de vídeo promocional com o sistema.

- Demonstrações: serão realizadas demonstrações do software para o público-alvo. Ou em feiras setoriais ou levar um sistema exemplo na própria sede da distribuidora de energia elétrica, para apresentar a diretoria.
- Financiamento e juros baixos: existem vários programas do governo federal (BNDES e FINEP) que permitem adquirir softwares com as características desse projeto. Além disso, existe o programa de P&D para o setor de energia (ANEEL).

Relações Públicas

- Kits para imprensa: serão montados *press release* salientando o desenvolvimento do software e encaminhados para jornais de grande circulação e impacto (Folha de São Paulo, Estado de São Paulo, Gazeta Mercantil etc.). Também em revistas de grande circulação (Isto é, VEJA etc.) e revistas especializadas da área.
- Palestras: serão promovidas algumas palestras em eventos técnicos exibindo a aplicação. Para isto, já existe uma lista de eventos técnicos na área de distribuição de energia elétrica.
- Publicações: serão publicados artigos técnicos relacionados ao projeto em revistas e congressos técnicos da área. O objetivo é trazer visibilidade para a aplicação.
- *Lobby*: constatar pessoas importantes do meio (distribuidoras de energia elétrica) por meio de visitas ou encaminhamento do vídeo promocional. O objetivo é sensibilizar as pessoas que exercem influencia nos tomadores de decisão.
- *Newsletter* da empresa: a empresa possui um boletim bimestral que é disponibilizado na *homepage* da empresa e também encaminhado para uma lista de pessoas da rede de contato. Neste *newsletter*, seriam publicadas reportagens sobre a aplicação e seus benefícios.

Vendas Pessoais

- Apresentações e vendas: realizar visitas aos departamentos de planejamento e operação das distribuidoras de energia elétrica para sensibilizar os usuários. Realizar contato com o diretor de tecnologia para apresentar a solução e seus benefícios.

- Feiras e exposições: participar de feiras da área de distribuição de energia elétrica para poder gerar rede de contato para entrar nas distribuidoras de energia elétrica.

Marketing Direto
- Não se aplica.

O método escolhido para realizar o orçamento de comunicações será baseado em recursos disponíveis da empresa, pois a mesma, por se tratar de uma pequena empresa de tecnologia, não possui orçamento para realização de promoção. De acordo com o dinheiro disponibilizado pela empresa, serão realizadas as ações de comunicação. A desvantagem está na dificuldade do planejamento de longo prazo, contudo o ciclo de vida desse produto é de 30 meses e é possível revisar o método no início de cada fase (introdução, crescimento, maturidade e declínio).

Método	Possíveis vantagens	Possíveis desvantagens
Recursos disponíveis		
Baseado no recurso que a empresa pode gastar	Simplicidade	Dificulta o planejamento de longo prazo

Com relação às oportunidades para o uso de ações coletivas, a mesma não se aplica para este serviço a ser prestado.

8. Plano de Canais de Distribuição e Força de Vendas

O projeto consiste de um software com serviço agregado (consultoria para implantação). Dessa forma, foi escolhido o canal de distribuição baseado na integração vertical, isto é, a própria empresa possui a função de distribuição e assume as funções de realizar o relacionamento diretamente com o cliente (distribuidoras de energia elétrica). Também foi definido que, pela característica do software, não será possível na fase de introdução do produto no mercado (ciclo de vida) utilizar-se do enfoque de redes e ações coletivas em canais de distribuição.

Na tabela a seguir, são apresentados os fatores de consideração e riscos na integração vertical.

Fatores a considerar na integração vertical	Riscos da integração vertical
• A existência de especificidade de ativos no relacionamento com os canais de distribuição, combinados com incerteza ambiental e risco de ação oportunista, pode levar a empresa a integrar verticalmente para aumentar o controle e diminuir riscos. • A operação de um canal pode garantir o acesso a informações sobre o mercado, que garantem uma vantagem competitiva além de diminuir a assimetria informacional sobre padrões de desempenho. • Diminuição do custo de inspeção da qualidade, já que se controla os canais. • Proteção contra oscilações de mercado. • Por outro lado, existirão custos de "agência" nas atividades que foram internalizadas resultantes de diferentes interesses em uma organização. • Planejamento tributário integrado na cadeia (transferência de benefícios fiscais) pode gerar vantagens de custo. • Total controle dos canais e facilidade de influenciar a missão ou mudança dos objetivos das estratégias comerciais dos canais em tempo hábil. • Oportunidade de diferenciação frente aos concorrentes, no oferecimento de produtos com maior valor agregado aos clientes nos canais. • Acesso aos canais de distribuição e aumento do poder de negociação com outros distribuidores, se esses forem usados em conjunto com os canais próprios. • A necessidade de investimento dificulta o acesso a novos entrantes, quando a empresa tem uma alta participação de mercado e passa a "dominar" o acesso aos canais. • Existe um claro ganho de poder pelo aumento do negócio como um todo. • Defesa contra o fechamento do mercado, já que se possui acesso próprio a ele.	• Custo de troca de canais passa a ser alto. • No caso de integrar, muitas vezes, os custos e as despesas associadas com a integração são maiores que os ganhos referentes às margens dos canais de distribuição. • Pode ser desvantajoso não ter flexibilidade suficiente para acompanhar necessidade de desenvolvimento de novos mercados. • Maiores barreiras à saída. • Pode diminuir e limitar a taxa de inovação. • Custo de oportunidade em estar investindo em um negócio que ofereça uma rentabilidade interior e outras opções do mercado. • Exigência de investimentos de capital. • Clientes podem-se tornar concorrentes. • Diferenças de escalas ótimas de produção entre os estágios da cadeia (complexidade dos produtos e dos processos). • Diferenças substanciais nos negócios não geram sinergia administrativa. • Fuga do *core business* da empresa. • Problemas em um estágio de produção ameaçam a produção e a lucratividade de todos os outros estágios. • Eventualmente fechamento de acesso à pesquisa de outras alternativas de distribuição. • As atividades a jusante são muito diferentes e se sujeitam a modelos financeiros diferentes.

Com relação à força de venda, a mesma será influenciada pela estratégia de diferenciação (Estratégias de Porter). E será utilizado o vendedor (executivo de negócios) da própria empresa, que no caso é o próprio dono do negócio. E com respeito à organização da estrutura de vendas, a mesma será estruturada por produtos.

Na tabela abaixo, são apresentadas as características da estratégia de diferenciação.

	Estratégia	Implicação em força de vendas
Diferenciação	• Criação de algo percebido como único. • Fidelidade à marca. • Menor sensibilidade a preço.	• Venda de benefícios. • Gerar pedidos. • Serviços e resposta. • Prospecção é significativa. • Pessoal de vendas de alta qualidade. • Conhecimento técnico elevado.

Para o estabelecimento do segmento e foco de atuação, atualmente a empresa está no patamar do segmento 2, isto é, possui baixa participação no cliente, porém entende que a oportunidade de vendas é alta. Enfim, o trabalho a ser realizado é de rompimento de crenças.

POSIÇÃO DA EMPRESA

OPORTUNIDADE DE VENDAS		Alta Participação no Cliente	Baixa Participação no Cliente
	ALTA	Segmento 1: "Foco e esforço total" KEY ACCOUNTS	**Segmento 2:** **"Rompendo crenças"**
	BAIXA	Segmento 3: "Manter os clientes satisfeitos"	Segmento 4: "Deixar as portas abertas"

Com relação à escolha de vendedores internos, a mesma se baseia nas seguintes argumentos:

- Eles permitem maior controle, que pode ser fundamental quando o cliente se torna fiel ao vendedor e não à empresa.
- São mais dispostos a desempenhar ações não relacionadas a vendas.
- Eles são mais dispostos a vender produtos que estão na fase de introdução no ciclo de vida ou produtos em que o ciclo de vida é muito longo.
- Comprometem-se mais com a empresa porque provavelmente querem progredir dentro dela.
- Eles podem ser muito mais influenciados.
- Vendedores são mais leais.
- Vendedores têm mais conhecimento sobre os produtos.
- Pode-se ter exclusividade.

Além disso, existem os argumentos contingenciais:

- Uma empresa deve usar vendedores quando os pedidos médios são altos e menos freqüentemente comprados.
- Uma empresa deve usar vendedores quando os produtos são complexos, menos padronizados ou na sua fase inicial do ciclo de vida, demandando grande esforço.

Com relação à estrutura de vendas, foi escolhida a orientação para produtos, pois a mesma é indicada quando se têm, entre outras, as seguintes características:

- Produtos são complexos.
- Produto é customizado para atender a necessidades de clientes em específico.
- Produção e tempo de entrega são fatores-chave de competição.
- Novo produto é lançado.

Atualmente, a empresa conta com apenas um vendedor interno, que é o próprio dono da empresa. Diante deste aspecto importante, não serão consideradas informações da organização do esforço de vendas relacionadas com a: determinação de quotas de vendas, definição do número de vendedores, definição e alinhamento de territórios de vendas, estabelecimento de níveis hierárquicos e amplitude de controle gerencial em vendas. Informações sobre os recursos humanos em vendas e avaliação e controle de resultados de vendas também não serão apresentadas neste plano.

Com relação às ações coletivas em administração da força de vendas, existe um trabalho da empresa, atualmente, de identificar possíveis parceiros com ofertas complementares para compartilharem a equipe de vendas.

9. Plano de Preços

A seguir, são apresentadas as informações referentes às seis etapas para estabelecer o preço do sistema computacional desenvolvido pela empresa. É importante salientar que o sistema é novidade no mercado e não possui similar nacional e internacional. Será colocado no mercado no primeiro semestre de 2007.

- Seleção do objetivo do preço: foi definida a abordagem de maximização do crescimento das vendas, e posteriormente, manutenção e/ou aumento da parcela do mercado.
- Determinação da demanda: por ser uma inovação tecnológica, a demanda foi medida por meio de entrevista via Internet. A princípio, existe uma curiosidade por parte das distribuidoras de energia elétrica com relação a esta inovação. Diante deste fato, está-se buscando trabalhar a sensibilidade do cliente com relação ao preço. Na tabela abaixo são apresentadas as estratégias para reduzir a sensibilidade a preço.

Fatores para reduzir a sensibilidade a preço	Como a sua empresa pode utilizar este fator? Idéias e ações
O produto é exclusivo: valor único.	A comunicação do aplicativo vai buscar posicionar o software como inédito.
Compradores têm menos consciência da existência de substitutos.	Juntamente com a comunicação que o aplicativo é inédito será colocado que não existe similar nacional e internacional.
Compradores não conseguem comparar a qualidade de substitutos.	Foi criada uma nova categoria de software com interface avançada envolvendo SIG e IHC. Diante deste fato, o cliente não poderá comparar o software com outro.

(Cont.)

Anexo 2: Exemplo de Elaboração de PGEM

Fatores para reduzir a sensibilidade a preço	Como a sua empresa pode utilizar este fator? Idéias e ações
A despesa em relação à renda total é pequena.	Ainda não foi possível tornar o produto da empresa parte de uma despesa maior na qual ele não avalia diretamente seu custo. Está-se trabalhando apenas a idéia de utilizar o programa de P&D da ANEEL.
O benefício final do produto é grande.	Será sugerida a realização de pequenos casos de aplicação dentro da distribuidora de energia elétrica para mostrar a eficiência do sistema.
O custo do produto é compartilhado com terceiros.	Não foi possível identificar ações.
O produto é utilizado em conjunto com ativos previamente comprados.	Não foi possível identificar ações.
O produto apresenta mais qualidade de prestígio ou exclusividade: preço-qualidade.	O objetivo é convencer a distribuidora de energia a realizar a inovação e apresentar para o seu público (clientes, consumidores e ANEEL) que esta inovação pode contribuir para uma melhor tomada de decisão.
Os compradores não podem estocar o produto.	Não se aplica a este fator, pois se trata de um software.

Para determinação da demanda, é necessário verificar a elasticidade da demanda. Isto permite um melhor entendimento da relação entre os preços e as vendas. Na tabela abaixo, são apresentadas as possíveis ações a serem realizadas de acordo com cada fator.

Fatores para o impacto na elasticidade da demanda	Como a sua empresa pode utilizar este fator? Idéias e ações
Substitutos ou concorrentes	A comunicação do aplicativo vai buscar posicionar o software como inédito (inovação tecnológica).
Percepção de preço maior	Como se trata de uma novidade, o cliente não tem referência de preço.
Mudança de hábito de compra	Como a empresa é nova no mercado, a mesma está buscando mudar o hábito de compra do cliente. Esta mudança de hábito está na justificativa do impacto da inovação.
Justificativa do aumento de preço	Não se aplica nesta fase do ciclo de vida do produto (introdução).

- Estimativas de custos: existem três tipos de custos; custos fixos, custos variáveis e custo total (soma dos custos fixos e variáveis). No caso, para cada cliente, é necessário identificar quantos profissionais irão trabalhar. Como se trata de um serviço de implantação, somente existem custos com pessoal, diárias, transporte. Os demais valores (fornecedores de mapas digitais etc.) são faturados diretamente com a distribuidora de energia elétrica.
- Análise dos custos, dos preços e das ofertas dos concorrentes: como o projeto é inovador, não existe um software similar. Contudo, existem empresas concorrentes com forte intensidade. Diante deste fato, a decisão de preço em face ao tipo de concorrente existente é de concorrência monopolística (valor percebido do produto e a intensidade de concorrência são maiores).

Valor percebido do produto	Intensidade de concorrência	
	Menor	Maior
Maior	Monopólio ou oligopólio diferenciado	Concorrência monopolística
Menor	Oligopólio indiferenciado	Concorrência pura ou perfeita

- Seleção de um método de estabelecimento de preço: entre os seis métodos existentes, foi escolhido o do "preço de valor percebido". Na tabela abaixo, existem informações a respeito das características desse método e sua real aplicação para o modelo de negócio do software.

Método	Conceitos, características e limitações	Vantagens e desvantagens para sua realidade em usar tal método
Preço de valor percebido	• As percepções de valor dos compradores, não custos, são fatores-chave para determinar preço. • A chave para o uso de valor percebido é determinar corretamente, através da pesquisa de marketing, a percepção do mercado em relação ao valor da oferta.	Como é um software novo, é necessário trabalhar o ponto da inovação e o benefício que isto traz para a área de planejamento e operação da distribuidora de energia elétrica. Trata-se de uma percepção do cliente e para isto é necessário que o protótipo esteja funcionando, caso contrário é difícil para o cliente.

(Cont.)

Anexo 2: Exemplo de Elaboração de PGEM

Método	Conceitos, características e limitações	Vantagens e desvantagens para sua realidade em usar tal método
	• É fundamental o pensamento do posicionamento do produto. • Medir o valor percebido de cada um dos benefícios do produto (precificação pelos componentes de valor): durabilidade, confiabilidade, serviço superior, garantias em peças, entre outros. • Deve-se mostrar ao consumidor por que o produto é mais caro, ou seja, o valor que a oferta de fato representa.	

- Seleção do preço final: para os fatores adicionais associados à definição do preço final, o mais importante para o projeto é a influência de outros elementos do compostos de marketing, caso do custo da comunicação e da força de vendas os quais podem chegar ao custo de 30% a 35% do valor do projeto.

Com relação à estratégia de adequação de preço, entre os seis existentes, foi decidido pela estratégia de "descontos e concessões" para realizar uma penetração de mercado, haja vista que a marca não é conhecida na área de distribuição de energia elétrica.

Estratégias de adequação do preço	Considerações
Descontos e concessões	Desconto para pagamento à vista, desconto por quantidade, descontos funcionais (oferecidos aos membros do canal de distribuição), descontos sazonais e concessões.

Neste planejamento, não foi contemplada nenhuma perspectiva de redes e ações coletivas na precificação.

Referências Bibliográficas e Bibliografia Consultada

AAKER, D. A. *Admistração estratégica de mercado*, 5ª edição. Porto Alegre: Bookman, 2001.

AAKER, D. A. *Marcas: brand Equity – gerenciando o valor da marca*. São Paulo: Negócios, 1998.

ABELL, D. F. *Defining the bussiness: the starting point of strategic planning*. New York: Prentice-Hall, 1980.

ALBRECHT, K. e BRADFORD, L. J. *A única coisa que importa*. São Paulo: Pioneira, 1993.

AMBRÓSIO, V. e SIQUEIRA, R. *Plano de Marketing: passo a passo serviços*. Rio de Janeiro: Richmann & Affonso, 2002.

ANDREASEN, A. R. e KOTLER, P. *Strategic marketing for nonprofit organizations*, 5ª edição. Upper Sadlle River: Prentice Hall, 1996.

ANDREWS, K. R. *The concept of corporate strategy*, 3ª edição. Illinois: Richard D. Irwin, 1987.

ANSOFF, I. H.; DECLERCK, R. P. e HAYES, R. L. *From strategic planning to strategic management*. Londres: Wiley, 1976.

BANGS JR., D. H. *The Business planning guide*, 8ª edição. Chicago: Dearborn Financial Publishing Inc, 1998.

BAUDRILLARD, J. *A sociedade de consumo*. São Paulo: Elfos, 1995.

BESANKO, D.; DRANOVE, D. e SHANLEY, M. *Economics of strategy*, 2ª edição. New York: John Wiley, 2000.

BOONE, L. E. e KURTZ, D. L. *Marketing contemporâneo.* Rio de Janeiro: Livros Técnicos e Científicos, 1998.

BUENO, W. C. *Comunicação empresarial: teoria e pesquisa.* Barueri: Manole, 2003.

CHESBROUGH, H. W. *Open Innovation.* New York: Harvard Business Press, 2003.

CHIAVENATO, I e SAPIRO, A. *Planejamento estratégico; fundamentos e aplicações.* Rio de Janeiro: Elsevier, 2003.

CHRISTENSEN, R. e RAYNOR, B. *O crescimento pela inovação.* Rio de Janeiro: Campus, 2003.

CHONKO, L. B.; ENIS, B. M. e TANNER, J. F. *Managing salespeople.* Massachusetts: Allyn and Bacon, 1992.

CHURCHILL, G. A. e PETER, J. P. *Marketing: criando valor para os clientes.* São Paulo: Saraiva, 2000.

COOPER, J. e LANE, P. *Pratical marketing planning.* Londres: Macmillian Press, 1997.

CRAWFORD, C. M. *New products management*, 5ª edição. New York: Irwin/McGraw-Hill, 1996.

DAVIDOW, W. *Marketing High Technology.* Free Press, 1986.

DAY, G. S. *Estratégia voltada para o mercado: processo para a criação de valor.* Rio de Janeiro: Record, 1990.

DAY, G. S. *A empresa orientada para o mercado.* Porto Alegre: Bookman, 2001.

DE GEUS, A. *A Empresa Viva: como as empresas podem aprender a prosperar e se perpetuar.* Rio de janeiro: Campus, 1998.

DIAS, S. R. et al. *Marketing: Estratégia e valor.* São Paulo: Saraiva, 2006.

DIAS, S. R. et al. *Gestão de marketing.* São Paulo: Saraiva, 2003.

DOUGLAS, E. *Managerial economics: analysis and strategy*, 4ª edição. New Jersey: Prentice-Hall, 1992.

DRUCKER, P. *Management: tasks, responsibilities, practices.* New York: Harper & Row, 1973.

ENGEL, B. e MINIARD, F. *Comportamento do consumidor.* Rio de Janeiro: Livros Técnicos e Científico, 2000.

ETZEL, M. J.; WALKER, B. J. e STANTON, W. J. *Marketing.* São Paulo: Makron, 2000.

EVERETT, R. *Diffusion of Innovations*, 5ª edição, Free Press, 2003.

FERRELL, O. C. e PRIDE, W. M. *Marketing: conceitos e estratégias*, 11ª edição. São Paulo, Atlas, 2001.

FRIDMAN, L. G. e FUREY, T. R. *The channel advantage.* Oxford: Butterworth-Heinemann, 1999.

FLETCHER, K. *Marketing management & information technology.* Hertfordshire: Prentice Hall, 1990.

FLEURY, A. e FLEURY, M. T. L. *Estratégias empresariais e formação de competências: um quebra-cabeça caleidoscópio da indústria brasileira.* São Paulo: Atlas, 2000.

GLADWELL, M. *O Ponto de desequilíbrio: pequenas coisas fazem uma grande diferença.* Rio de Janeiro: Rocco, 2002.

GIGLIO, E. *Comportamento do consumidor.* São Paulo: Pioneira, 2002.

GRANT, R. M. *Contemporary strategy analysis: concepts, techniques and applications*, 4ª edição. Oxford: Blackwell Business, 2002.

GRONROOS, C. *Marketing: gerenciamento de serviços.* Rio de Janeiro: Campus, 1994.

HILSDORF, L. A. *Negociações bem-sucedidas.* São Paulo: Academia de Inteligência, 2005.

HONORATO, G. *Conhecendo o marketing.* Barueri: Manole, 2004.

HOOLEY, G. J. *Estratégia de marketing e posicionamento competitivo*, 2ª edição. Prentice-Hall, 2001.

HOOLEY, G. e SAUNDERS, J. *Posicionamento competitivo.* São Paulo: Makron Books, 2002.

HOOLEY, G. J.; SAUNDERS, J. A. e PIERCY, N. F. *Marketing strategy and competitive positionning*, 3ª edição. Harlow: Pearson Education, 2004.

IACOBUCCI, D. *Os desafios do marketing.* São Paulo: Futura, 2001.

JAIN, S. C. *Marketing planning & estrategy.* Cincinnati: South-western Publications, 1993.

JOHNSON, G. e SCHOLER, H. K. *Exploring corporate strategy*, 2ª edição. Hemel Hempstead: Prentice-Hall, 1988.

KELLER, K. L. e MACHADO, M. *Gestão estratégica de marcas*. São Paulo: Pearson Prentice Hall, 2006.

KOTLER, P. *Marketing de serviços profissionais*. São Paulo: Atlas, 1986.

KOTLER, P. *Marketing management: analysis, planning, implementation and control*, 8ª edição. São Paulo: Prentice Hall, 2000.

KOTLER, P. e ARMSTRONG, G. *Princípios de Marketing*. Rio de Janeiro: Prentice Hall, 1993.

KOTLER, P. e KELLER, K. L. *Administração de marketing*, 12ª edição. São Paulo: Pearson Prentice Hall, 2006.

KOTLER, P. e MCDONNELL, E. J. *Implantando a administração estratégica*. São Paulo: Atlas, 2000.

LAMBIN, J. J. *Marketing estratégico*, 4ª edição. Lisboa: McGraw-Hill, 2000.

LEONE, N. M. C. P. G. As especificidades das pequenas e médias empresas. *Revista de Administração*, v. 34, nº 2, pp. 91-94, abril/junho, 1999.

LEVITT, T. *Marketing imagination*. New York: The free Press, 1985.

LILIEN, G.; KOTLER, P. e MOORTHY, K. S. *Marketing models*. Englewood Cliffs: Prentice-Hall, 1996.

LOVELOCK, C. H. *Services marketing*, 3ª edição. New Jersey: Prentice Hall, 1996.

LOVELOCK, C. H. e WRIGHT, L. *Serviços: marketing e gestão*. São Paulo: Saraiva, 2001.

MATTAR, F. e SANTOS, D. G. *Gerência de produtos. Como tornar seu produto um sucesso*. São Paulo: Atlas, 1998.

MCCARTHY, E. J. e PERREAULT JR., W. D. *Marketing essencial: uma abordagem gerencial e global*. São Paulo: Atlas, 1997.

MCGEE, P. e PRUSAK, F. *Gerenciamento estratégico da informação*. Rio de Janeiro: Campus, 1994.

MINTZBERG, H. *Structure in fives: designing effective organizations*. Englewood Cliffs: Prentice Hall, 1993.

MONTGOMERY, C. A. e PORTER, M. E. *Estratégia: A busca da vantagem competitiva*. Rio de Janeiro: Harvard Business Review book, Campus, 1998.

MOORE, G. *Crossing the Chasm*. Edição Revisada. New York: Collins, 2002.

MOORE, G. *Inside the Tornado*. Edição Revisada. New York: Collins, 2004.

NAGLE, T. T. e HOLDEN, R. K. *Estratégia e tática de preços*, 3ª edição. São Paulo: Pearson Prentice Hall, 2005.

NEVES, M. F. *Planejamento e gestão estratégica de marketing*. São Paulo: Atlas, 2006.

PARASURAMAN, A.; ZEITHAML, V. A. e BERRY, L. L. A conceptual model of service quality and its implications for future research. *Journal of marketing*, v. 49, pp. 41-50, 1985.

PARMERLEE, D. *Auditing markets, products and, marketing plans*. USA: McGraw-Hill, 2000.

PELTON, L. E.; STRUTTON, D. e LUMPKIN, J. R. *Marketing channels: a relationship management approach*. Boston: McGraw-Hill, 1997.

PINDYCK, R. e RUBINFELD, D. *Microeconomia*. São Paulo: Prentice-Hall, 2002.

PINTO, E. P. *Negociação orientada para resultados*. São Paulo: Atlas, 1998.

PORTER, M. E. *Estratégia competitiva: técnicas para análise da indústria e da concorrência*. Rio de Janeiro: Campus, 1986.

PORTER, M. E. *Vantagem Competitiva: criando e sustentando um desempenho superior*. Rio de Janeiro: Campus, 1992.

PORTER, M. E. *Estratégia Competitiva*. Rio de Janeiro: Campus, 2001.

PREDEBON, J. E. *Criatividade abrindo o lado inovador da mente*. São Paulo: Atlas, 2003.

RIES, Al. e TROUT, J. *Posicionamento a batalha por sua mente*. Edição do 20º aniversário. São Paulo: Pearson Makron Books, 2002.

RIES, Al. e TROUT, J. *As 22 leis consagradas do marketing*. São Paulo: Pearson Makron Books, 1993.

ROSENBLOOM, B. *Marketing channels: a management view*. Orlando: Dryden Press, 1999.

ROSENWALD, P. J. *Accountable marketing*. São Paulo: Pioneira Thomson, 2005.

SAMARA, B. S e BARROS, J. C. *Pesquisa de marketing: conceitos e metodologia*. São Paulo: Pearson Prentice Hall, 2002.

SCHULTZ, D. E. e BARNES, B. E. *Campanhas estratégicas de comunicação de marca.* Rio de Janeiro: Qualitymark, 2001.

SETH, J. N.; MITTAL, B. e NEWMAN, B. I. *Comportamento do cliente: indo além do comportamento do consumidor.* São Paulo: Atlas, 2001.

SLACK, N.; CHAMBERS, S.; HARLAND, C.; HARRISON, A. e JOHNSTON, R. *Adminstração da produção.* São Paulo: Atlas, 1996.

SVIOKLA, J. J. e SHAPIRO, B. P. *Mantendo clientes.* Rio de Janeiro: Makron Books, 1995.

THOMPSON, A. A. e STRICKLAND, A. J. *Planejamento estratégico.* São Paulo: Pioneira, 2000.

URDAN, F. T. e URDAN, A. T. *Gestão de compostos de marketing.* São Paulo: Atlas, 2006.

VALERIO NETTO, A. *Gestão de pequenas e médias empresas de base tecnológica.* São Paulo: Manole, 2006.

VAVRA, T. G. *Como manter a fidelidade dos clientes através do marketing de relacionamento.* São Paulo: Atlas, 1993.

WIEFELS, P. *The Chasm Companion: A Fieldbook to Crossing the Chasm and Inside the Tornado*, 1st edition. New York: Collins, 2002.

WRIGHT, P. *Administração Estratégica.* São Paulo: Atlas, 2000.

ZEITHAML, V. A. e BITNER, M. J. *Marketing de serviços: a empresa com foco no cliente.* Porto Alegre: Bookman, 2001.

Sobre o Autor

Antonio Valerio Netto é Doutor em computação e matemática computacional pela Universidade de São Paulo (USP). É técnico em informática industrial pela ETEP, bacharel em computação pela Universidade Federal de São Carlos (UFSCar) e mestre em engenharia pela Universidade de São Paulo (USP). Possui MBA em marketing pela Fundace (FEA-RP/USP). Em 2001, foi pesquisador visitante na Universidade de Indiana (EUA). Trabalhou cinco anos na área de P&D da Opto Eletrônica S.A. e, posteriormente, dois anos como consultor de novas tecnologias da Debis Humaitá, empresa do grupo DaimlerChrysler e um ano na T-Systems, empresa do grupo Deutsche Telekom. Em 2003, fundou a Cientistas Associados Desenvolvimento Tecnológico, da qual é o principal dirigente atuando no gerenciamento da divisão de tecnologia e do departamento de marketing & inteligência de mercado. Foi diretor da seção Brasil do *International Council for Small Business* (ICSB), consultor do programa SebraeTec do SEBRAE SP e professor de tecnologias emergentes e postura empreendedora do curso de MBA Negócios em Tecnologia da Informação da UFSCar entre 2003 e 2005. Possui mais de 75 publicações entre livros (*Realidade Virtual: Conceitos e Aplicações*, VisualBooks, 2002 e *Gestão de Pequenas e Médias Empresas de Base Tecnológica*, Manole, 2006), capítulos de livros, revistas e congressos internacionais e nacionais nas áreas de computação e engenharia. Possui uma patente. Coordenou em torno de 14 projetos tecnológicos financiados pela FINEP, CNPq, FAPESP e empresas privadas nos últimos quatro anos. Recebeu diversos prêmios e menções honrosas, como a do *Society of Automotive Engineer* (SAE) Brasil 2001 – melhor artigo técnico na categoria "Projetos".

Autor de Capítulo

Camilo Teles, MSc.

Mestre em rede de computadores pela Universidade de Salvador (UNIFACS). É bacharel em informática pela Universidade Católica de Salvador (UCSAL) e especialista em redes de computadores pela Universidade de Salvador (UNIFACS). Possui conhecimentos técnicos nas áreas de Internet, desenvolvimento de software embarcado, *call center*, entre outros. Atuou junto a empresas como Rede Bahia, Quatro/A, grupo Terra, Globo.com, entre outras.

Entre em sintonia com o mundo

QualityPhone:
0800-263311
Ligação gratuita

Qualitymark Editora
Rua Teixeira Júnior, 441 – São Cristóvão
20921-405 – Rio de Janeiro – RJ
Tel.: (21) 3295-9800 ou 3860-8422
Fax: (21) 3295-9824

www.qualitymark.com.br
e-mail: quality@qualitymark.com.br

Dados Técnicos:

• **Formato:**	16×23cm
• **Mancha:**	12×19cm
• **Fontes Títulos:**	Square721Cn BT
• **Fontes Texto:**	NewBskvll BT
• **Corpo:**	11
• **Entrelinha:**	13
• **Total de Páginas:**	256

Esta obra foi impressa pela
Armazém das Letras Gráfica e Editora Ltda.